中国新闻……

……闻传播学院

U0605709

传媒经济与管理研究

互联网平台治理研究专辑

MEDIA ECONOMICS AND MANAGEMENT RESEARCH

丁和根 喻国明 崔保国 主编

第9辑

 南京大学出版社

图书在版编目(CIP)数据

传媒经济与管理研究:互联网平台治理研究专辑 /
丁和根,喻国明,崔保国主编. —南京:南京大学出版
社,2022.6

ISBN 978 - 7 - 305 - 26029 - 2

Ⅰ. ①传… Ⅱ. ①丁… ②喻… ③崔… Ⅲ. ①传播媒
介—经济学—研究②传播媒介—经营管理—研究③网络公
司—企业管理—研究 Ⅳ. ①G206.2

中国版本图书馆 CIP 数据核字(2022)第 143213 号

出版发行 南京大学出版社
社　　址 南京市汉口路 22 号　　　　邮　编 210093
出 版 人 金鑫荣

书　　名 **传媒经济与管理研究——互联网平台治理研究专辑**
主　　编 丁和根　喻国明　崔保国
责任编辑 荣卫红　　　　　　　　编辑热线 025 - 83685720

照　　排 南京紫藤制版印务中心
印　　刷 江苏凤凰数码印务有限公司
开　　本 635×965　1/16　印张 16.75　字数 202 千
版　　次 2022 年 6 月第 1 版　2022 年 6 月第 1 次印刷
ISBN 978 - 7 - 305 - 26029 - 2
定　　价 45.00 元

网　　址:http://www.njupco.com
官方微博:http://e.weibo.com/njupco
官方微信:njupress
销售咨询热线:(025)83594756

《传媒经济与管理研究》编委会

目录 CONTENTS

【传媒运营实践研究】

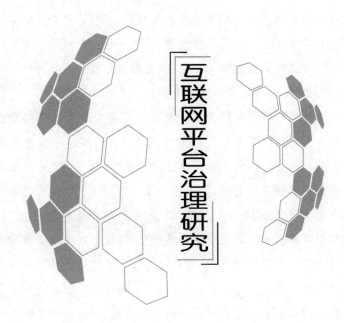

互联网平台治理研究

专辑主持人:崔保国

  主持人语:网络平台在网络空间中越来越凸显出其举足轻重的地位,平台治理也成为网络空间治理的重要课题和新的挑战。技术意义上的平台天然具有无边界性和跨国性,内容意义上的平台则具有鲜明的本地性和多样性,平台治理层面的规则供给目前主要来自大型平台企业,大型平台企业通过市场竞争获得了事实性的权力中心地位,但是在应对社会公共问题时却有心无力,平台层的权力逐渐失衡。

  本栏目收录的几篇论文分别从不同的角度考察研究网络平台治理问题和平台经济的影响问题。有论文从平台竞争力在产业链、生态链、价值链层面上产生的"虹吸效应"对中国影视业形成的挑战和影响,探讨基于良性市场秩序影视生态重构的平台竞争机制问题;有探讨算法对新闻编辑的全方位"改造",包括编辑职能和工作流程的变化,编辑专业性的后退以及编辑身份认同危机问题;也有从法国和欧盟视角探讨平台治理与数字经济发展的国际战略问题;还有探讨全球社会的新自由主义转向如何影响互联网媒体组织的发展方向,研究互联网平台公司跨空间、跨边界、跨领域的金融化扩张可能造成新的权力不对等问题,等等。

  网络空间治理不是一国一地的事务,应该在人类命运共同体的框架下展开,是一个全球治理体系与国家治理体系同构的过程。网络平台治理既要在网络空间全球治理体系中建构,又要结合本国现实面临的种种实际问题展开。

算法如何改造新闻编辑：
平台型媒体传播权力博弈

邓小院

摘　要　文章以平台型媒体中算法和新闻编辑的关系为研究对象，从传播权力博弈的角度，结合对两个代表性平台编辑和技术人员的深度访谈，尝试理清算法与编辑之间的关系衍变过程，展现新闻分发环节平台微观层面的运作机制。门户时代编辑主导新闻推荐，信息流模式下新闻编辑权力遭遇算法挑战。算法与新闻编辑围绕传播资源和话语权的争夺经历了三个阶段，其间算法实现了对新闻编辑全方位的"改造"，包括编辑职能和工作流程的变化、编辑专业性的后退以及编辑身份认同危机。

关键词　平台型媒体　算法　新闻编辑　新闻分发　传播权力

一、问题的提出

人工智能技术的广泛应用，正在全面重塑平台型媒体从新闻生产、分发到互动的全部流程。在实践中，随着人工智能技术的升级，算法对平台新闻分发过程的介入越来越深，平台的

作者简介　邓小院，女，清华大学新闻与传播学院博士研究生。研究方向：传媒经济与管理、互联网治理。电子邮箱：94015969@qq.com。

运营规则很大程度上随之被改写。以往作为平台关键角色的新闻编辑,在职权、价值、身份认同等方面面临算法挑战,一步步退守到人工智能技术辅助的地位,目前存在完全被技术替代的可能。人工智能技术在实践层面扮演怎样的角色,以及技术与人的关系问题成为学界研究的焦点之一。概括起来,目前的研究有三种观点。第一种观点强调技术的巨大优势,认为更加"个性化"的智能媒体使得新闻信息为用户而生,媒体越来越懂用户所想与所需;第二种观点坚持人的主导角色并对未来持乐观态度,认为在"人—机"共同主体结构中的新闻生产传播中,人依然是唯一主体,因为技术仅仅是"工具"而人才是终极目的[1];第三种观点认为人和技术可以"共存",双方根据各自优势和不同职能进行分工,实现人机融合。

在有关人工智能技术对新闻业的影响研究中,客观性和公共性是学者最为关注的两个方面。不少人认为,记者在选择和写作新闻时是人性化的,有同情、批判等价值取向和情感因素,这些是算法无法代替的。卡尔森(Matt Karlson)对此指出,这些理由同客观性的新闻规范不一致,主张将算法客观性和新闻专业主义的客观性分开。卡尔森认为,只要给予算法一定的标准,算法在对新闻价值的确定上,可能就会体现得比人类记者更为客观[2]。记者对事件中新闻价值的发现常常不可避免地带上记者自身的价值倾向,这种价值倾向是优势还是劣势尚有争议。关于客观性的讨论,业界对算法新闻的个性化通常较为乐观,学者们的反思则要激烈得多。卡尔森认为,新闻专业主义所界定的服务对象是社会公众的需求,这里的需求是作为整体的需求而存在的,算法理解的受众只是单个的个体,而对新闻专业主义所界定的"共同性"特征并不感兴趣。结果就是,处于新闻业中专业判断的核心问题从"人们需要关注什么"转变为个体化问题"这个人需要什么",这一转变意味着新闻公共性的削弱。安德森(C. W. Anderson)认为,算法没有促进公共性的动机,主动地为受众提供更优质的信息,或者过滤掉错误的信息,来提升受众的知识水平[3]。算法把关从表面上看扩大了人们的表达渠道,增加了信息匹配的精准度,事实上却以大量不具有公共性的私人话题、私人事件挤占媒介资源。互联网平台的算法基本是建立在平台自己信奉的商业规则之上,算法赖以决策的数据不断强化着"个人化、私人化"的特征,缺乏对公共性的考虑。在普遍采用算法推荐的互联网平台,新闻信息的公共价值成为最受关注的问题之一。

以上研究从实践和理论层面诠释了技术与人的关系问题,但探讨主要集中在中观和宏观层面,至于人与技术在互联网平台的生存和运作机制这样微观层面的研究则鲜有涉及。具体到"人"的主体角色,研究多指向平台算法与受众、内容生产者之间的双向关系,平台内部技术与内容推送者的互动关系则缺少关注。本文研究的是互联网内容平台新闻分发环节人与技术的关系问题,试图探讨的是算法和新闻编辑的博弈过程及其影响。

二、文献综述

2009 年,社会学和传播学研究者曼纽尔·卡斯特(Manuel Castells)在《传播力》(*Communication Power*)一书中提出:"网络社会中的权力就是传播权力。"[4]卡斯特所谓传播力中的"力"内涵是 power,区别于"权利"(right)这一概念。而"权力"这一概念最早为哲学家所用,后引入政治学和社会学研究,其内涵至少包括能力和影响力两个维度。

(一)权力概念的起源

霍布斯(Thomas Hobbes)是第一个系统论证"权力"概念

的政治哲学家。霍布斯从人的欲望、能力、自然现象、自然法则的角度定义和解释权力，认为"人的权力是一个人取得某种未来具体利益的现有手段"[5]，公共权力是大多数人权力的集中，拥有者可以是人，也可以是法人，如国家。马克斯·韦伯（Max Weber）将"权力"概念引入社会学研究。他发现，在一般的社会组织中同样存在着权力现象。韦伯把权力定义为"在社会交往中一个行为者把自己的意志强加在其他行为者之上的可能性"，认为"（国家就是）人统治人的关系，一种由合法暴力支撑起的关系。如果国家要生存，受支配者必须服从权力所要求的……政治的决定性手段——暴力"。事实上，"权力"成为政治学和社会学的核心概念，是从它进入国际关系学领域之后。国际关系学者汉斯·摩根索（Hans J. Morgenthau）在《国家间政治》一书中指出："国际政治，和所有政治一样，都是对权力的争夺。"[6]作为现实主义流派的核心概念，"权力"直接指向国家实力、国家利益等决定国家间关系的要素。随着这一概念在学术界的活跃，越来越多的学者将"权力"的内涵指向"影响力"。托马斯·戴伊（Thomas R. Dye）提出，权力是"担任某种职务的人，在做决定时所具有的能力或者潜力，而这个决定却会影响社会制度中的其他一些人"[7]。罗伯特·达尔（Robert Alan Dahl）则直接将"权力"等同于"影响力"，他认为"我们把权力或影响力的基本手段建立在直观认识上的想法十分类似于机械论中的力学知识"[8]。

　　然而，福柯（Michael Foucault）对"权力"的认定，不再将其限定在一方对一方施加影响，展现或行使某种能力的语境下。福柯认为，"权力在本质上是一种力量关系"，"权力随时随地都会产生，或者更明确地说，在任意两点的关系中都会产生权力。权力无处不在，并不是因为它包含着一切事物，而是因为它来自一切方面"[9]。基于这样的存在，权力实际上是各种因素、各种力量相互交织,控制与反抗并存的关系。卡斯特对权力的形成机制正是基于福柯"不同主体之间关系"的判断,认为权力"在生产与经验的基础上,通过潜在与实际运用的(实质与象征性的)暴力,而将某些主体的意志强加在其他人身上"。因此,权力不再仅仅是政治权力,而更广泛地指向社会权力。

(二)传播与权力实现

卡斯特从"权力"的视角出发来理解传播。"权力"和"传播"分别处于两个不同科学范畴,卡斯特通过"话语建构"将传播与权力实现关联起来。《传播力》一书多次引用福柯的权力理论表述,其中提到,权力形成的两种主要机制之间,存在着互补和相互支持的因素:暴力和话语[10]。在福柯看来,话语即权力:"权力是透过话语发挥作用的东西,因为话语本身是权力关系策略装置中的一个要素。话语是一系列运作于权力普遍机制中的要素"。[11]卡斯特显然认同这一观点,并对"话语"的权力做了进一步阐释:有权力的社会行动者有更多的资源和能力去定义社会,诠释现象和个体,并赋予物体意义。而这一定义、诠释和赋予的过程则是以拥有力量者的利益为重,以维护拥有力量者的力量为目的的,话语只是这一过程中的具体表现。因此,作为知识和语言的组合,话语是建构传播权力的关键,搭建起传播与权力之间的桥梁。控制传播和信息就可以获得权力,也就是卡斯特提出的"传播即权力"。卡斯特的传播力概念并未脱离政治学"能力"的范畴,即某一主体的意志强加于另一些主体,但更强调基于普遍的社会关系和社会制度的结构能力,即通过话语来实现规制的"影响力"。权力的实践一直建立在对信息和传播对控制之上。算法基于大数据所进行的新闻资讯的推送操作,在事实上形成了一整套传播的规范和法则,建立了算法的权力。

本文所指的传播权力有两个层面的含义:一是直接控制资源的能力,二是通过影响受众来影响社会的影响力。在实践层面,编辑的传播权力表现为专业判断、公共理念,以及由此带来的社会影响力,体现的是编辑作为"人"的职业主体精神。智能算法的传播权力则表现为效率,以及由此带来的商业收益,体现的是高度的工具理性。算法与编辑之间的博弈是对话语权和传播权力的争夺。在内容货币化的现实面前,实质是在内容质量和市场间取舍平衡,这个过程是动态的、不断调适的。学界对算法权力的研究,有认为算法基于大数据所进行的新闻资讯的推送操作,在事实上形成了一整套传播的规范与法则,建立起算法的网络权力[12]。平台媒体凭借自身的垄断地位建立起了新的传播规则,传统新闻机构的新闻生产必须按照平台制定的规则进行,一旦违背了平台媒体的意愿,新闻的推送率就会受到明显的影响[13]。算法通过实施"隐形的威胁"获得了权力[14]。另外一些学者关注智能化传播对网络内容生产者的影响,认为平台算法诉诸量化评估和工具理性,形成了一种隐蔽而日常的规训力量[15]。

三、研究问题

本文以网易新闻和百度 feed 为例,研究互联网平台微观层面的运作机制,通过研究算法与编辑围绕传播权力博弈的过程,去探究人工智能与人共处的机制以及可能的未来状况。具体而言,本文想要讨论的是以下三个问题。首先,算法和编辑双方为什么争夺传播权力?在实践层面,传播权力表现为对平台传播资源和话语权的控制,双方博弈和对抗围绕哪些焦点展开。其次,双方的争夺是如何进行的?这种博弈在平台从隐性逐渐变为显性,从数据质疑、业务争辩、团队规模缩减,到团队归属的变化,步步升级,其内在逻辑是什么。最后,这种争夺对编辑的改变是什么？门户时代,编辑是平台的绝对主导,他们自主决定给用户看什么;自媒体时代,平台和用户对信息推荐的数量、效率都提出了新的要求,编辑权力步步收缩,算法权力则逐渐扩张,编辑工作范畴从新闻退缩到重大新闻领域,有几乎完全被算法收编的倾向。梳理技术与新闻编辑之间关系的变化脉络可以发现,这一过程伴随着编辑的让步、妥协和对抗。对编辑而言,工作方式的改变之外,价值标准、职业伦理、身份认同等方面同样需要调适和改变。

四、研究方法

本文采用案例研究、参与式观察和访谈法进行研究。基于笔者在平台多年的工作经历,对自门户时代以来平台运作机制的演进有所观察。机器介入平台内容,分发并通过改进程序,不断贴合人的需求,与此同时,编辑的权力边界在不断收缩,这一过程使得媒介技术对人的主体性不断侵蚀。但这种微观的博弈过程外界难以知晓。

本研究以网易新闻、百度 feed 为案例,通过对 8 位在网易传媒、百度工作的新闻编辑、产品技术人员的深度访谈(其中网易员工 5 位,编号 W01—W05,百度员工 3 位,编号 B01—B03),揭示智能算法与编辑的关系脉络和共处机制,探讨技术与人在平台内容分发层面的博弈过程。从性别组成来看,受访人员中女性 5 人,男性 3 人。从岗位级别来看,中层管理者 3 人,新闻编辑 4 人,技术人员 1 人。从工作年限来看,8 人均有 5 年以上工作经历,其中 3 人工作年限超过 10 年。

五、研究发现

(一)算法与新闻编辑的关系衍化脉络

1. 门户时代编辑主导新闻推荐模式

以新浪新闻、网易新闻、搜狐新闻、腾讯新闻为代表的互联网平台型媒体,都经历了从门户时代到移动时代的转变。在传统门户时代的新闻生产流程中,编辑起着绝对主导作用。虽然网络编辑没有采编权,但在实际的新闻操作中,网络编辑的职权范围包括新闻稿件筛选、对稿件进行加工与整合、新闻重要性排序等。编辑团队自主决定网站页面展示哪些新闻、不展示哪些新闻,重要的新闻事件如热点或突发报道的标题如何制作,编辑可以依据专业判断遴选最优质的稿件,多角度呈现事件真相及相关分析。正是基于编辑个人及团队的专业判断和价值取向,在日积月累之下,媒体平台得以在用户心中形成各自的特色。2011 年,网易新闻推出品牌 slogan"做有态度的新闻门户",从日常新闻操作到社会热点事件,网易新闻力图呈现给用户的是一家有独立思考、独立价值观的媒体。这里的"有态度"代表的是网易新闻编辑们的价值取向,网易新闻的态度可以直接理解为"编辑的态度"。

被访者 W01 自 2008 年起在网易新闻工作,当时还处于门户网站时期,作为要闻编辑,她每天的工作是维护网易网站首页和网易新闻首页第一屏的新闻,她说:"作为要闻编辑,头条呈现什么内容以及怎样呈现是我们这个团队的核心工作,也是我们的核心价值所在。比如某天有两个热点,一条时政新闻、一条社会新闻,哪个排在头条、哪个排在第二条是由编辑团队的专业判断来决定的。这种判断就是通常意义上新闻工作者对新闻价值的确认,对新闻事件重要性的认知。"门户时代编辑主导的推荐模式,使得编辑价值得到充分发挥。编辑价值指的是新闻从业者的基本专业价值,包括信息发现、筛选、策划、深度挖掘与呈现的专业能力,核心是新闻专业主义。编辑价值背后体现的是价值观,也是人区别于机器的核心所在。

2. 信息流模式下,编辑权力遭遇挑战

随着移动互联网时代的到来,传统的门户网站纷纷向新闻客户端转型。与此同时,内容生产方式、用户阅读方式也发生了改变。自媒体的发展让新闻库的素材大大增加,用户对信息的需求量也随之增加,于是传统的编辑精选新闻模式转变为信息流模式。在这样的背景下,新闻客户端逐渐发展为平台型媒体。大数据和算法是平台型媒体的基础架构,通过用户的浏览痕迹来搜集用户的个人特征、兴趣和习惯,平台利用算法进行个性化精准推荐,将信息准确推送给用户。一方面,平台可以海量地提供即时性、泛众化的新闻信息;另一方面,平台也满足了用户个性化和差异化的需求。推荐越精准,用户的持续观看行为越有可能。在这样的逻辑下,平台致力于深挖用户数据,以增加平台的用户量和观看量等可实现商业化的数据。

2012年,"今日头条"凭借算法异军突起。"在当时的行业舆论中,今日头条并未像后来那样被认为是门户的竞争对手。新闻编辑对今日头条粗糙的内容普遍比较反感。直至2016年,网易新闻才决心发展机器算法,应对已经迫在眉睫的危机。"(W02)多个访谈对象提到,算法推荐的决策在网易内部经历了漫长的犹豫期,当公司决定放弃以往的编辑推荐模式,转为个性化分发时,不得不召开内部说明会,向新闻编辑阐明如此转变的原因。推荐方式的调整也意味着内部架构、岗位的重新分配,一部分编辑的工作内容发生了改变。也是在这样的背景下,2017年网易新闻更换了长达7年的品牌slogan,从"有态度"改为"各有态度"。一字之差,含义截然不同。自媒体时代,作为一家平台型媒体,网易新闻的态度不再来源于编辑部,表达态度的权力已经下沉到每一位愿意表达态度的内容生产者和用户手中。

在算法主导信息分发的环境下,传统编辑在价值、归属等方面不断遭遇挑战。"虽然门户网站的网络编辑自诞生之日起就被称为'小编',其工作也被外界误以为只是简单的'复制''粘贴',但实际上网络编辑手中的权力还是很大的。"(B01)尽管网络编辑不从事一线记者的采写工作,在实际操作中,转载、编辑新闻稿的过程仍然能够发挥一定的职业价值,比如新闻事件的判断、新闻稿件的选择、新闻标题的制作等,职责与传统媒体的新闻编辑有许多相同之处。在智能分发的环境下,信息量和用户阅读量的增加,使得平台对新闻稿件的评价标准也随之发生改变,以往凭借专业判断的编辑主权逐渐让渡给机器。机器依据用户的个人特征如兴趣、偏好等进行个性化推送,"千人千面",并有针对性地反馈用户数据。编辑中心制被打破了。相比新闻编辑,机器的价值在于数据处理能力。在新闻分发环节,机器可以完成从数据收集、用户分析到精准推送的全流程:通过算法学习,机器能够准确获知用户的行为特点、兴趣偏好,在对平台信息进行标签化的基础上,实现信息与用户的匹配,从而完成个性化分发的工作;在新闻判断上,机器同样可以利用大数据进行选题筛选,哪些是热点,哪些可能是潜在的热点,进而帮助编辑进行判断。

(二)算法与新闻编辑关系发展的三个阶段

2020年,网易新闻要闻编辑团队由内容部划归产品技术部。"这对内容部的同事来说,是令人震惊的消息。要闻是网易新闻最核心的编辑团队,即便是算法推行的这些年,他们仍然决定着用户每天看到的最重要的新闻。"(W02)团队归属的变化,是截至目前新闻编辑在面对算法威胁下的最新让步。当算法介入新闻分发环节,编辑与机器的博弈便开始了。从最初编辑选择性忽略算法、算法配合编辑,到后来算法不断质疑编辑专业价值,直至编辑团队被算法收编,其间伴随着新闻编辑的妥协、让步和对抗。

1. 初期:编辑为主、算法为辅,编辑选择性忽略算法

用户在使用平台型媒体时,每一次点击、评论、互动等行为都会被系统记录,与他们所阅读的文章特点,如新闻类别、关键词等,共同作为用户画像的数据,由此可以刻画出每一个用户的特征,以便在下一次阅读中能够为其精准推送。平台型媒体将算法引入新闻分发流程的初期,由于需要大量的基础数据积累,平台的推荐模式仍然以编辑干预为主。初期机器推荐的内容存在质量低劣、无法与用户需求精准匹配等诸多问题,备受用户、媒体及监管质疑。因而平台很大一部分编辑成为驯化机器的助手,他们为每条新闻遴选关键词、打标签,但平台上重要的新闻仍然由新闻编辑把控。"各栏目要求由编辑来更新一定数量的新闻,比如财经频道要求每个班次手动更新量达到多少条、科技频道多少条这样的要求,头条和要闻的重要位置更不用说。"(W02)与此同时,由于机器的介入,编辑团队也逐步压缩,一部分编辑岗位转为运营,"运营的职责在于挖掘可为平台提供更多优质内容的资源,比如一些头部的自媒体账号、机构账号等"。运营的工作与编辑存在明显区别,运营侧重于发现优质内容、对外联系、维护平台与作者之间的关系、举办活动等,与新闻编辑对于新闻事实的追求、坚守公共价值等方面存在巨大偏差。"这种转变对编辑个人和团队来说,都是阵痛。一些人留下来继续做编辑,一些人留下来但转岗成为运营人员,另外一些人选择离开平台。"(W01)

2. 中期:质疑与争辩,编辑专业价值遭遇挑战

除了对个体需求进行精确计算,算法还可以利用数据逻

辑,推导类属人群的需求,从而寻找最大多数的受众,这也是算法相较于编辑的巨大优势。在算法推荐占据一定推荐分量之后,编辑与算法之间的冲突愈加明显。早期的算法因为数据量不足,备受编辑团队质疑,但当算法逐步成熟之后,编辑的专业价值开始遭到技术的挑战。编辑通常以个人认知、行业经验为前提进行新闻判断,但算法的依据除了数据别无其他,于是,在一些新闻的判定上,两者出现冲突。"例如某条新闻稿,编辑认为是重要新闻,因此推荐到比较高的位置,但从后台反馈的数据来看,用户的点击率并不高,这时技术团队便会将其作为 bad case 反馈给编辑部门,双方定期开会逐个分析每条新闻的问题。通常情况下,两个团队之间会有比较激烈的争辩。就业务而论,这也是一种很好的反思和提升过程。"(B03)

3. 当前:一切以技术为准则,编辑被算法收编

经过 2016 年以来的发展,算法推荐慢慢解决了分发不精准的问题,外界批评减少,在平台内部也日益占据主导地位。如果说中期新闻编辑团队步步压缩,今天的情况则是技术即将对新闻编辑进行收编,新闻编辑团队存在的价值受到严峻挑战。在百度平台,虽然编辑团队依然独立存在,但编辑数量、工作范畴大幅压缩,而且必须是有多年工作经验的老编辑。除了每天最重要的新闻,主要负责重大/热点新闻报道的组织,比如重大灾难性事件、时政社会财经等领域的重大新闻等,编辑在这些报道中起到相对核心的作用,包括新闻发现/判断、关键节点引导、稿件筛选(机器只论标题、不论内容质量,机器推荐的高流量稿件并非质量最佳)、评论约稿等。但在推荐效率方面,机器推荐逐渐赶上人工推荐。编辑推荐下平台的活跃用户量、新增用户量、点击率等核心数据步步下跌,可能是编辑团队被收编的原因之一。如果技术团队带领下的平台数据出现上升,无疑会夯实技术收编编辑的基础。

　　造成算法与新闻编辑传播权力争夺的直接原因,在于平台总流量是有限的,分给算法的流量越多,编辑的流量就越少,反之亦然。以百度 feed 为例,"每天信息流产品可控的总流量是固定的,百度旗下新闻、百家号、好看视频、小视频等产品线都会参与流量池的分享。除了平台内部的政策倾斜,在日常业务中,新闻作为 feed 信息流的重要组成部分,通常按照新闻本身的重要性实时进行流量调节,如果后台数据达不到相应标准,稿件就会被调节到更低的位置"(B02)。正是基于这样的现实,编辑推荐的内容如果出现点击率不高、打开率不足等情形,就会遭遇技术团队的质疑,"因为在技术团队看来,同样的流量如果分配给算法,推荐效率可能更高。但反过来,编辑团队并没有机会去挑战或问责技术团队的推荐效果,因为背后是机器和算法,除非能够指出策略存在的问题,否则对编辑而言技术门槛过高"(B03)。不论是百度 feed 信息流还是网易新闻,平台以流量换广告的盈利模式是决定性因素,只有持续增长的日活跃用户量 DAU(Daily Active User)才能保证平台对广告主的吸引力,也是平台持续生存的基础。在内容货币化、生产智能化的现实面前,算法与新闻编辑的博弈,实质是平台在市场和内容质量之间取舍平衡,尽管这个过程是动态的、不断调适的,但无疑算法占据了压倒性优势,市场某种程度上间接主导了内容质量。

六、研究结论:算法实现对新闻编辑的全方位改造

　　过去的传媒产业,龙头企业是以内容生产为主的传媒集团,而现在的传媒产业,龙头企业是以内容分发为主的大型网络平台。这是一场产业革命式的转变[16]。算法从介入新闻分发到占据绝对主导地位,只用了短短几年时间。那么,新闻

编辑是如何参与这样的变革的？他们在与算法博弈的过程中是怎样让步和对抗的？在职能和工作流程、专业性、身份认同等方面都发生了哪些深刻变化？

（一）编辑职能和工作流程的改变

算法进入平台的内容分发领域之后，编辑除了人员数量上的收缩，更大的问题来自岗位职能的转变。编辑以往只需要对专业性（新闻的重要性、时效性、客观性等原则）负责，现在不得不面对数据的压力和挑战。一方面，编辑需要选择他/她认为有价值的新闻；另一方面，在推荐效果、数据表现方面也要经得起考验。因此，作为解决以上问题的方法，编辑工作流程发生了根本性变化，编辑除了看新闻稿，还必须时刻关注后台的数据变化，也就是每条新闻实时的流量情况，包括曝光量、点击量、打开率、分享率等一系列数据。边看后台边工作成为这些平台型媒体新闻编辑日常工作的常态。某种程度上，数据已经是编辑判断、决策的依据和助手，还是说恰恰相反，编辑已经沦为机器的助手，这个问题尚值得深思。早期的平台，编辑系统后台里只有简单的新闻标题、来源、链接等几个关键标签，后来逐渐增加点击量数据，到今天这些数据项已经增加到十余种。一篇新闻稿的质量和推荐效率也可由这些数据进行推导。

（二）新闻编辑专业性的后退

时效性是互联网新闻的生命线，也是互联网新闻业最重要的时代特征。在实践中，迫于时效性的压力，平台的新闻编辑需要在内部和外部的竞争中取得优势，就必须第一时间发现并推荐重要新闻。外部的竞争来自竞争对手、自媒体和社交媒体，内部则是以技术团队为代表的算法。在突发类新闻报道中，编辑因为抢时效而出现事实错误而导致假新闻的事件时有发生。在时间紧迫的情况下，编辑通常按照新闻来源来判断稿件的权威性和真实性，例如袁隆平去世的消息，首发媒体为官方媒体,平台在转载的时候通常不会进行二次核查,因为信源本身足够权威。于是各大新闻客户端、平台纷纷推送 push,很快微博、微信朋友圈都是袁隆平去世和网友悼念的消息。多位接受访谈的新闻编辑谈到,"抢时效"成为日常工作中压力最大的一部分,因为推荐不够"快速"而导致的失误会严重影响编辑的业绩考核,这是编辑们最焦虑的问题之一。编辑专业性后退的第二个原因则在于数据对编辑判断的影响。数据一定程度上反映了用户对某条新闻的态度,但也在一定程度上干扰了编辑的专业判断。点击率高的稿件新闻价值是否就一定高于点击率低的稿件?一些社会新闻趣味性强,用户可能出于好奇点击浏览,但这些新闻并不一定重要。反之,一些重要新闻可能因为存在一定的阅读门槛,流量数据并不好看,但因为是某个领域的重要政策或重大发现,新闻价值仍然很高。编辑在推荐新闻时难免受到后台数据的左右,出现选择困难甚至自我怀疑,作出违背专业精神的决策。编辑在专业上的退步,直接影响平台内容的质量,长期也会影响平台的品牌价值,对用户来说,是否也会造成信息价值的缺失,进而导致社会整体的变化,也是值得讨论的。

(三)编辑的身份认同问题

在面对算法挑战的过程中,编辑在价值标准、职业伦理、身份认同、情感归属等方面都悄悄发生着变化。门户时代的网络编辑有相对清晰的身份标识,信息流模式下编辑成为算法的辅助者,使得他们的身份定位出现偏差。算法主导下的新闻编辑,其身份在新闻从业者和互联网从业者的交叉范围内,他们在专业判断上同时遵循新闻价值标准和技术标准,但在情感上的归属感较弱。"在新闻从业者眼中,互联网平台的新闻编辑是非专业的,处理新闻只是简单的复制粘贴;在互联网从业者眼中,他们又是缺乏技术的,他们不懂互联网更不懂算法。"

(W04)种种尴尬处境让这些平台新闻编辑的身份认同出现危机,角色身份也逐渐边缘化。常江教授提出新闻生产主体的技工化问题,他通过对 84 位一线新闻从业者的深度访谈发现,"新闻从业者"作为一个职业化群体的自我认知模式的变化:"新闻"的话语或渐进、或迅速地被吸纳进"数字"的话语,越来越多的新闻从业者接受"内容生产者"这一技工化的身份标签,并日趋习惯于以实用(如传播效果)而非价值(如新闻专业性)纬度的标准来评判自己的工作。新闻职业自身在数字化的过程中逐渐强化媒介(科学)属性,弱化新闻(人文)属性,原本附加在传统新闻学体系上的种种不言自明的道德要求不可避免地被稀释[17]。在体制、市场、技术等多种压力下,离职转型成为一些媒体从业者对现有媒体环境、工作环境的不满而形成的抵抗。

数字技术的迅猛发展不但为新闻业培育了新的生产方式和理念,也给新闻业及其从业者带来了空前的不确定性。一方面,在新技术的冲击下,真实、客观等专业价值受到实践的质疑。新闻编辑与算法在传播权力的博弈中,从选择性逃避,到让步、对抗甚至被收编,伴随岗位职能的变化、工作流程的调整,更为重要的是,编辑的专业性逐渐后退,技术主义、数据主义取而代之。新闻编辑本身陷入自我怀疑的境地,新闻专业队伍持续流失,用户接收的新闻质量不断下滑。另一方面,数字技术的发展让新闻在信息中的分量降低,新闻业在社会结构中的重要性削弱。传播权力由新闻编辑让渡给算法的过程,也是新闻业在社会权力结构中后退和让步的过程。

注释

[1] 杨保军:《简论智能新闻的主体性》,《现代传播》2008 年第 11 期。

[2] Carlson, M. (2015). The Robotic Reporter. *Digital Journalism.*

3(3).

[3] Anderson, C. W. (2013). Towards a Sociology of Computational and Algorithmic Journalism. *New Media and Society*. 15(7).

[4] [美]曼纽尔·卡斯特:《传播力》,汤景泰、星辰译,北京:社会科学文献出版社,2013 年,第 43 页。

[5] [英]霍布斯:《利维坦》,黎思复、黎廷弼译,北京:商务印书馆,2017 年,第 62 页。

[6] Morgenthau, H. J. (1985). *Politics among Nations: The struggle for Power and Peace*. New York: McGraw-Hill. Inc, p. 31.

[7] [美]托马斯·戴伊:《谁掌管美国——里根年代》,张维、吴继淦、刘觉俦译,北京:世界知识出版社,1985 年,第 9 页。

[8] [美]罗伯特·达尔:《现代政治分析》,王沪宁、陈峰译,上海:上海译文出版社,1987 年,第 31 页。

[9] [法]米歇尔·福柯:《规训与惩罚》,北京:生活·读书·新知三联书店,2009 年,第 49 页。

[10] [美]曼纽尔·卡斯特:《传播力》,汤景泰、星辰译,北京:社会科学文献出版社,2013 年,第 9 页。

[11] [法]米歇尔·福柯:《话语的秩序》,载许宝强、袁伟选编《语言与翻译的政治》,肖涛译,北京:中央编译出版社,2000 年,第 7 页。

[12] 喻国明、杨莹莹、闫巧妹:《算法范式在新闻传播中的权力革命》,《编辑之友》2018 年第 5 期。

[13] Nielsen, R. K. & Ganter, S. A. (2018). Dealing with Digital Intermediaries: A Case Study of the Relations between Publishers and Platforms. *New Media & Society*. 20(4).

[14] Bucher, T. (2012). Want to be on the Top? Algorithmic Power and the Threat of Invisibility on Facebook. *New Media & Society*. 14(7).

[15] 翟秀凤:《创意劳动抑或算法规训——探析智能化传播对网络内容生产者的影响》,《新闻记者》2019 年第 10 期。

[16] 崔保国、陈媛媛:《2020—2021 年中国传媒产业发展报告——

兼论新世纪传媒 20 年》,《传媒蓝皮书:中国传媒产业发展报告(2021)》,
北京:社会科学文献出版社,2021 年,第 1—18 页。

[17] 常江:《数字新闻学:一种理论体系的想象与建构》,《新闻记者》
2020 年第 2 期。

The Game of Communication Power between Algorithms and News Editors on Platishers

Deng Xiaoyuan

Abstract: This paper takes the relationship between algorithms and news editors on platishers as the research object. From the perspective of the game of communication power, combining with in-depth interviews with editors and technicians from two representative platforms, it tries to clarify the relationship between algorithms and news editors, and to show the micro-level operation mechanism in the news distribution link. In the web portal era, editors dominate news recommendations, and the power of news editors under news feed model is challenged by algorithms. The competition between the algorithms and news editors for communication resources and discourse right has gone through three stages. During this process, algorithms have completely remodeled news editors, including changing work process, loss of news professionalism, and aggravating editors' identity crisis.

Key words: Platishers; Algorithms; News Editors; News Distribution; Communication Power

平台经济反垄断视角下的权力形态

刘金河

摘 要 对权力的有效制衡是平台经济监管的核心逻辑,理解平台经济反垄断的关键在于理解平台权力的运作形态。平台权力指互联网平台具有为社会行为体赋权的属性,控制平台的主体拥有极大的社会权力。平台作为具有可供性的主体,实现了平台权力的运作。平台社会中的权力在微观上是对行为的规制和对观念的规训,其成功运作形成了宏观上对社会意义进行定义的权力效果,权力由此从平台走向了社会。平台的不均等赋权形成新的权力中心,处于其中的是拥有平台的私营公司。本文以脸书为观察样本,测量了其通过旗下社交媒体平台所获得的权力,观察了脸书和其他行为体之间形成的权力关系,揭示了一个超越传统政府的平台社会权力中心正在形成。平台经济监管的核心是规范权力,平台经济反垄断是对权力聚集的底层所进行的介入和治理。这不仅是一个促进经济繁荣的科技创新问题,更是一个保持社会良好秩序的核心治理议题,而对权力形态的充分考察正是这项事业开展的前提。

关键词 平台经济 平台权力 反垄断 数字规训 平台治理

作者简介 刘金河,男,北京大学新闻与传播学院助理教授。研究方向:传媒经济与互联网治理。电子邮箱:liujinhe2010@sina.com。

> 对于任何范围的想象,权力最深远的形式不是金钱,而是观念的支配。
>
> ——奥利弗·霍姆斯(Oliver Holmes)[1]

以平台经济为核心的数字经济事关国家发展大局。习近平总书记指出,要规范数字经济发展,完善数字经济治理体系,促进数字经济健康发展[2]。平台经济反垄断是近年来最重要的国家经济政策之一,也是影响传媒生态的最重要因素之一。2020 年年底,中央政治局会议提出加强平台经济监管,贯彻落实强化反垄断和防止资本无序扩张。2021 年 3 月,中央财经委员会第九次会议进一步明确提出,要"把握平台经济发展规律,建立健全平台经济治理体系"。一系列监管措施随之出台,相关执法案例引起了社会的极大关注。平台经济的发展规律和所带来的社会影响都亟须更多的学理研究,平台经济监管的依据和逻辑是学术界的重要研究议题。

互联网平台最早可以追溯到集市,但是与集市不同的是,互联网平台本身具有实体和目的。从社会意义角度讲,本文所研究的互联网平台是指基于互联网技术的、为多用户提供开放行为的互动空间,且其本身也是利益相关方之一[3]。正是平台在数字时代越来越扮演社会基础设施的角色,具有强大的社会政治影响力,因此平台往往带有权力色彩。从本质上讲,私营平台公司对平台是一种支配,而这种支配的表现正是权力。经济的垄断归根到底是权力集中引发的结果,对平台经济进行反垄断、释放更多的创新活动,从根本上是对权力的规范。因此,使用"权力"工具来分析平台经济中的集中与垄断是一个有效的途径,不仅可以庖丁解牛般打开互联网平台治理中的核心问题,也孕育着新理论建构的可能性。

"平台权力"(Platform Power)是一个简洁有力的概念,能够一下子指出问题的要害，也是理解平台治理困境的关键所在[4]。平台权力指平台具有为社会行为体赋权的属性，控制平台的主体拥有极大的社会权力。从另一个角度，平台权力也可以理解为平台上聚集了权力。权力聚集带来了原有权力的流散，进而产生新的权力结构，形成新的权力中心和垄断状态。过去，平台权力往往被狭义地理解为平台拥有者的市场支配地位，也被称为经济权力或者市场权力，其所关涉的价值在于保持良好的市场竞争机制以追求消费者权利最大化。但这种概念需要被重构，需要更深入地理解平台对社会的深刻影响，这种价值关涉需要从消费者权利拓展到公民福祉和社会制度架构的公平与正义[5]。因此，在全球掀起数字平台反垄断大潮的背景下，应冷静思考"为什么反""反什么""拿什么反"以及"怎么反"这些关键问题[6]。本文在对经典权力理论的继承和拓展基础上，试图分析平台上所聚集的权力的形态和运作机制，以期分析平台经济的底层逻辑和提供反垄断监管的理论依据。

一、平台作为一种经济形态

在过去 40 年前四分之三的时间里，世界市值前十名的榜单主要是金融公司和工业制造公司，但是在最近 10 年里形势发生了根本的变化。2021 年全球市值前十大公司中七家为互联网科技公司[7]。如果再检视这七家互联网公司，可以发现全部都是基于互联网平台业务的科技公司（如微软的 windows 操作系统、苹果的 iTunes、亚马逊的在线商店、谷歌的 YouTube、脸书的 Facebook、阿里巴巴的淘宝、腾讯的微信和 QQ）。进一步说，除了微软[8]和苹果是以软件和硬件起家之外，其余五家（亚马逊、谷歌、脸书、阿里巴巴、腾讯）都以提供互联网平台为起家业务，可以称之为平台基础型企业。平台利用数据汇集和算法技术,整合数据、算法等各种生产要素,将其市场力量延伸到横向、纵向甚至混合市场,形成平台派系和数据生态系统[9]。

平台经济被前所未有地提高到了经济引擎的位置,以至于有人高喊"平台正吞噬这个世界"[10]。从经济属性出发,平台往往被称为双边平台或多边平台,同时基本与双边市场与多边市场等同使用。诺贝尔经济学奖获得者让·梯若尔(Jean Tirole)和法国经济学家让·夏尔·罗歇(Jean-Charles-Rochet)给出双边市场的初步定义,即双边市场是一个或者几个允许最终用户交易的平台[11]。平台知名研究者戴维斯·埃文斯(David Evans)在 2003 年根据功能将平台定位为市场制造者、受众制造者和需求协调者三种类型,强调平台的协调属性(coordinate)。而后他进一步将平台比喻为媒人,称之为"触媒"(catalyst),即促进交易的催化剂[12]。不过在 2016 年,他使用了"匹配者"(matchmakers)的概念,即将不同需求群里连接起来的中间人[13]。国内最早提出平台经济学的徐晋对平台的定义是引导或者促进双方客户之间交易的空间或者场所[14]。王勇、戎珂强调多边市场中的平台与中介不同的是让不同类型的用户进行直接联系,同时指出平台是资源配置和组织的方式,处于确保信息流、资料流和商品流三流合一的担保位置[15]。方军等进一步将平台提到市场设计者的极高地位,作为第三种主要资源配置与组织方式,与市场、企业并列[16]。平台也是数字传媒的主流形态,传统媒体纷纷转型平台型媒体[17]。过去的传媒产业大多是以内容生产为主的传媒集团,而现在的传媒产业大多是以内容分发为主的大型网络平台[18]。有学者直呼:"新型主流媒体不做平台做什么?"[19]

21 世纪初经济学家开始建构基于平台的双边市场理论,其中最核心的是平台定价机制。2003 年梯若尔和罗歇合作发表的重要论文《双边市场中的平台竞争》[20]开创性地以数学模型体现了平台组织的特点,从价格结构出发,对双边市场给出初步定义,由此奠定了平台经济学的基础。他们指出价格结构影响平台的交易量。埃文斯也指出,"不对称定价"行为对于双边市场平台来说是普遍和理性的行为[21]。此后,马克·阿姆斯特朗(Mark Armstrong)用网络外部性的概念解释了平台定价的不对称机制,也就是当网络外部性很强且一边吸引的用户数量足够多时,平台会出现低于边际成本的定价情形[22]。

平台是数字经济的主要资源配置与组织方式[23],平台经济是数字经济的主要形态[24]。农业经济中的主要组织是家庭,来实现土地和劳动力的结合;工业经济中的主要组织是企业[25],把资本和劳动结合起来;而在数字经济中,平台是把数据和其他要素结合起来的主要组织[26]。不过平台自古就有,最早如集市,近来如传统信用卡公司,都为交易提供了场所。但是数字技术让平台发生了根本的变化,使之可以承载几乎没有上限的交互行为,也使之成为没有时间的流动空间[27]。与之前的平台相比,互联网平台具有两个显著的差别:一是高速流动、快速反馈的数字化信息流源源不断地创造新的信息;二是庞大的社交连接了无数个体,使个体层面的大规模社会化协作成为可能[28]。总结起来,互联网平台的核心在于放大了网络的乘数效应[29],也称为网络外部性(network externality)或网络效应(network effects)。网络效应指平台或者应用程序的一边的用户使得它对于另外一边的用户更有价值,经济学家往往称之为网络外部性或梅特卡夫定律。通俗来讲,就是在一个网络里,使用的人越多,每个使用者的收益越大[30]。另外,在平台模式中存在两大类网络效应,即同边网络效应和跨边网络效应。同边网络效应,指的是当某一边市场群体的用户规模增长时,将会影响同一边群体内的其他使用者所得到的效用;

跨边网络效应,指的是一边用户规模增长,将影响另一边群体使用该平台所得到的效用。陈威如和余卓轩以开心网为例说明了这两种效应在社交媒体平台中的应用与体现[31]。

二、平台经济的权力向度

2020 年,美国总统特朗普因推文被推特公司贴上了"事实核查"标签而与该社交媒体巨头掀起了一场争吵,表示要出台新的管制措施;脸书宣布一项新政策,将俄罗斯、中国、伊朗等国家掌握的媒体机构账号打上国家媒体标签;214 名科学家在一封公开信中,呼吁脸书首席执行官扎克伯格处置脸书平台上的不实信息,特别是特朗普煽动暴力的言论。在中国,一篇《困在系统里的骑手》[32]将外卖平台公司与骑手的紧张关系卷入舆论场中央,关于"平台二选一""大数据杀熟"等平台垄断问题因为国家市场监管总局发布《关于平台经济领域的反垄断指南》而再次成为人们讨论的焦点,大型平台公司进入社区生鲜团购被指夺走底层买菜人的营生,类似平台—社会问题不足而一。若仔细辨别会发现,从政治到经济再到百姓生活,都能看到平台公司的权力在背后运行。

平台经济是推动经济增长的新动能,互联网平台作为平台经济的微观基础,展现出强大的生命力。在一个主要由私营平台公司搭建起的平台社会,权力这一古老的社会关系发生了怎样的变化?私营平台企业所拥有的权力已经超越了传统公司的权力范围,进入了公共领域,该如何理解这种新的权力形态和运作方式?我们首先需要从方法论上做出回应。

(一)权力的内涵

权力是一个古老的概念。罗素主张权力之于社会学犹如能于物理学一样,是最为基本的元素之一[33]。权力首先存在于经验,然后进一步抽象于理论之中。从经典权力理论传统到媒介权力理论传统,权力的本体论和方法论不断发生变化。就概念范畴来说,在社会体系和人类行为中,有一个广义的"权力",即我们能在多大程度上以及怎样获得我们所欲之物?换一种说法,即权力是达到人们想要实现的任何目标的"一般手段"(a generalized medium)[34]。在此广义概念之下还有一个更为政治学家所偏爱的狭义"权力",即我们为取得所欲之物而支配他人做事的能力[35]。

作为古老的概念,人类对权力的认识经历漫长的历史,形成了丰富的内涵定义。西方经典权力理论传统视权力为一种强制和说服的能力,媒介权力理论传统核心在于传媒具有改变人的心智进而影响社会建构的能力,中国传统权力观着眼于宏观的政治权力,关注统治者与人民的关系。相对于权利作为一种资格,权力指向的是一种特殊的能力。这种能力在微观上指向的是一种人与人的关系,并在宏观社会层面上能够形成一种非对称的社会关系。在继承了既有权力理论传统的基础上,面对理解数字社会的目标,本文在微观上将权力定义为对他人的行为和观念的支配能力,在宏观上将权力定义为根据主体偏好塑造社会形态的能力,即拥有权力的主体具有定义社会意义的能力。权力是一种特殊的能力,这种能力在微观上指向的是一种人与人的关系,并在社会层面上能够形成一种非对称的社会关系。微观上,这种定义更接近于韦伯式权力观和福柯式权力的结合,而宏观上,更倾向于媒介权力观和中国权力观的传统。这种定义采用一种包容的方式,将权力、影响力全部纳入其中。因为我们所面临的数字社会是一个权力弥散且运作于无形的社会,所以采用一种最大包容性的权力定义有助于对问题的挖掘和对矛盾的抓取。同时,本文的目标并不在于发展权力理论本身,而是用权力这个工具来解剖网络空间中的主体关系[36]。

如福柯总结其研究时所强调的,"我研究的总的主题不是权力,而是主体"[37]。这里他指的是,用权力来研究主体的客体化。本研究有着同样的旨趣,作者在意的是主体关系,而不是权力本身。事实上,平台社会里的权力本身没有变化,但是权力影响方式发生了变化。也就是权力没有变,但是通由权力产生的关系发生了变化。这个赋权的过程引发了权力流散,加速了社会权力结构变迁[38]。从另一个角度,平台权力也可以理解为平台上聚集了权力。因此权力聚集带来了原有权力的分散,进而产生新的权力结构。需要进一步指出的是,平台权力区别于平台能力(platform ability/capacity)以及平台影响力(platform influence)。能力是权力产生的前提,权力包含行使能力的意志。同时,影响力是权力行使的结果。因此,平台能力是平台权力发生的前提,平台影响力是平台权力行使的结果。

(二)权力的对象

本文不断关涉政治学意义上的权力概念,并进一步将权力放在更为广阔的社会行为和社会关系所组成的体系结构中,分析在这个体系中不同行为体之间的影响关系如何发生变化。数字时代最重要的表现之一是平台带来社会权力结构变化。实现这种变化是权力在微观和宏观两个层面的有效运作,也就是对微观个体的行为和观念的支配以及对社会规范和意义的塑造,这个过程本文称之为平台权力的运作机制。

微观权力运作以行为和观念为基本对象。行为是社会性的基本承载,人通过社会行为获得了人生意义。因此,对行为的干预是权力运行中最直接且最具社会性的部分。观念是需要被关涉的核心对象,是权力最深远的影响。论及权力,美国著名大法官霍姆斯感慨:"对于任何范围的想象,权力最深远的形式不是金钱,而是观念的支配。"[39]曼纽尔·卡斯特(Manuel Castells)在《传播力》中开篇就指出,权力关系很大程度上通过传播过程在人们心灵中得以建构[40]。正如互联网心理学奠基人约翰·R. 苏勒尔(John R. Suler)所言,在某种意义上,网络空间是一个心理空间,即心理上可触摸的空间,在总体上体现了共同的人类心理——它的功能、知识、目的和期望[41]。同时,线上行为并不简单地等同于线下行为,动机、需求、欲望和能力以一种与推动线下行为完全不同的方式推动着线上行为[42]。在这种心理化或者精神化的空间里,人的存在在于主体性的意识,是价值和精神的呈现。因此,支配观念的权力成为最强有力的权力形态之一。哈耶克看得更远,"观念的转变和人类意志的力量,塑造了今天的世界。"[43]

从宏观的社会角度,对应于国家—市场—社会的基本结构,权力根据主体大体上可以分为国家权力、经济权力、社会权力三个类型。国家权力是由政府行使的对内实施公共管理、对外代表国家行使主权的公共权力,主要集中体现为政府权力。社会权力是由社会团体、组织以及公民在一定范围内参与社会管理的权力以及监督政府权力的权力。经济权力更倾向于市场交易规则,指根据市场地位不同,市场主体所拥有影响交易的权力主要由企业所拥有。平台权力的主体是平台企业,但是已经不局限于市场规则的经济权力范畴,其在一定程度上分享了原来的国家权力和公民社会权力,是一种新的综合权力形态。这种宏观权力结构的变化是数字时代社会结构变化最突出的特征之一。

平台作为主体不是指权力主体—客体这种逻辑意义上的主体,而是指平台承载了权力转移,进而获得社会意义上的主体地位[44]。首先,平台是一种力量强大的传播媒介,特别是基于 Web 2.0 技术,平台具有互联性和交互性两种重要的媒介属性,为社会行为体赋权,无论是平台使用者还是平台拥有者。其次,平台是网络空间中行为的公共载体,是数字社会的基础设施,形成并调整各类社会关系,因此聚集了权力。无论是作为一种媒介还是作为基础设施,平台均获得公共性,因此,平台作为主体有了聚集权力的能力。权力通过平台行使,权力在平台上开始汇集。

从教育、传媒、医疗、能源到政府,平台的崛起掀起了经济、社会各个方面颠覆式的变革[45]。在这场革命中,平台主导了互联网和我们的经济,将世界塑造成我们所知道的样子,其已经成为一种全球现象,并正在吞噬这个世界[46]。这种对经济和社会的塑造能力同时也是一种社会权力关系塑造能力,权力往往和能力紧密结合在一起,平台也因此承载了权力。

平台作为互联网的具象化,成为人与互联网之间的直接操作界面。像网络空间里的城市一样,平台承载了无数的人类行为活动。同时,平台本质是技术代码,代码规定了行为的方式,因此,平台也规定了行为的方式。用生态心理学家詹姆斯·吉布森(James J. Gibson)的可供性理论(Affordance Theory)[47]来说,平台为人们的行为提供了某种可供性,也在一定程度上规定了行为的可能性。比如,只有 Facebook 提供了点赞功能,用户才能给喜欢的帖子按下赞赏的按钮。另外,从更一般意义来看,Facebook 本身作为新型的社交工具,创造了人们在网络社交的新生活方式。也就是说,社交媒体平台本身就是一种巨大的技术可供性。

对权力来说,平台也提供了可供性,一种让权力可以找到新的运作方式的可能性。整体上,数字时代的权力运行在网络空间中,权力对象被数字化,权力运作方式也是数字化。在这个如第二人生的空间里,权力的运作方式可以称之为"权力的数字化"。但这不是虚拟化,因为权力的发生是实实在在的,其后果的意义和线下真实的世界没有本质区别。在网络空间里权力虽然通过代码执行指令而实现,但是下达指令的依然是人,归根到底,数字化的权力依然是人和人的关系[48]。平台既不是中立的,也不是无价值的结构;它们在其架构中有特定的规范和价值[49]。在某种程度上,平台即场域(field)[50],是权力运作的竞技场。

三、平台权力的运作机制

权力是一个抽象的概念,但是其运作可被观察。拉扎斯菲尔德指出,如果一个群体拥有权力,那么至少某些权力指标在某些情况下是可以被测量的[51]。在权力运作的各个不同场合并不是每一个权力指标都必然会出现,那么制定多重指标就显得十分必要。苏珊·斯特兰奇(Susan Strange)主张权力的判断要通过对结果所施加的影响来进行[52]。这对我们测量平台权力提供一种方法论上的启发。

平台权力分析路径以平台具有赋权属性为前提,提出平台为相关方赋权,但是每个主体所获得的权力大小不均等,形成一种新的权力中心。处于这种中心的是平台拥有者,往往是私有公司。本研究选取脸书为观察样本[53],分析的平台为其旗下的 Facebook[54]、Instagram 以及 WhatsApp 等社交媒体平台。所以,这里要测量的权力是脸书通过其所拥有的社交媒体平台所获得的权力,观察的是脸书和其他行为之间形成的权力关系。

权力关系的运作产生了权力结果。权力是对行为和观念的干预,在社交媒体平台上,是指一个行为体通过平台对另一个行为体施加对行为和观念的干预。因此,本文提出一种针对脸书权力的测量方法:观察对象——对行为后果和观念改变的直接观测;观察范围——从平台到社会。比如,在平台上权力的行使表现为平台所有者(同时也是管理者)采取直接删帖的方式迫使用户服从其平台规则和对用户分享观念的间接塑造；在社会层面,平台拥有者通过对事件采取措施来规范社会大众的行为,如脸书在剑桥数据泄露事件之后采取新的隐私政策；同时,在观念层,平台拥有者通过平台塑造着新的社会观念和规范,如脸书所倡导的"社群"以及无国界的"全球社群"理念。(见表1)根据平台权力分析路径,脸书的这种权力是一种对其平台上的用户行为和观念进行支配的能力,是一种有意施加的影响。

表1 脸书平台权力测量示意表

	行为	观念
平台	删帖	分享
社会	事件	社群

（一）对行为的规制

从微观来看,权力是对行为和观念的支配。权力是一种特殊的能力,其所强调的是一种包含在能力之内的关系,也就是能形成一种非对称的社会关系的能力。因此,脸书所拥有的权力是对其平台上的行为体的行为和观念的支配能力,包含脸书与其他社会行为体形成的非对称的关系。

脸书对其平台上的用户行为有直接的规制能力,典型体现为对社交媒体平台上注册用户言论的规范(最常规的方式是删帖,最严苛的方式是封号)[55]和对其开放平台上开发者应用开发行为的规制。前者是一种显现的权力行使方式,是权力最为直接的表现方式,即强制力；后者是一种间接但影响更为深远的权力运作方式,因为通过对代码架构的设计和控制是规训行为的底层力量,这种观点因劳伦斯·莱斯格（Lawrence Lessig）在《代码》中提出"代码即法律"而深入人心[56]。

Facebook 平台上最重要的行为规范是《社群守则》[57],超过一万字的文本(中文)几乎涵盖了线上社交生活所有可能的行为。《社群守则》在实际上扮演着平台基本法的角色,是脸书法律系统——准确说是政策系统[58]中最重要、影响面最广且执行效率最高的一份文件。《社群守则》是 Facebook 平台上超过 24 亿用户的全球网民都必须遵守的政策文件,而且全球只有一个版本。《社群守则》明确规定:"这些社群守则适用于全球各地的用户,涵盖所有内容类型。内容全面、范围广,是守则的设计宗旨……我们要求每一位 Facebook 社群成员都遵守这些指南。"[59]根据《社群守则》,脸书可以对在 Facebook 上的用户进行限制言论、移除言论乃至注销账号等惩罚措施[60]。在某种意义上,网络空间被称为另一个地球[61],在这个人造地球里,人的存在是比特形态,网络账号就如人的身体,被限制和注销,相当于现实世界中的被监禁和被判处死刑。因此,根据《社群守则》作出的处罚在脸书社会里不亚于现实中的刑法。脸书在全球范围雇佣 3 万人审核团队对平台上的内容进行人工鉴别,同时开始开发和使用人工智能技术作为辅助[62]。脸书定期发布的《社群守则执行报告》中显示,仅 2019 年第一季度就有万亿级的 9 类违规类型被移除:成人裸体和色性活动(1940万条)、欺凌和骚扰(260 万条)、儿童裸体和对儿童的性剥削(540 万条)、假账户(22 亿个)、仇恨言论(400 万条)、管制物品:毒品(90 万条)和枪支(67 万条)、垃圾邮件(18 亿条)、恐怖主义宣传(ISIS、基地组织和分支机构)(640 万条)、暴力图片(3360 万条)[63]。另外,脸书经常依据《社群守则》针对不同国家的不同事件进行专项删帖,如前文所提到的 2019 年 8 月对中国大陆背景的涉及香港事件的账户和内容进行删除、2018年缅甸罗兴亚危机中删除缅甸官员相关账户[64]以及因 2016年干扰美国大选事件而对俄罗斯进行持续性地查封相关账户[65],以及以"协调的操纵行为"(Coordinated Inauthentic Behavior)为依据对来自不同国家的账户进行持续性的删除[66]。

图1 《社群守则》两种禁令的标志：禁止与限制

(二)对观念的规训

Facebook 平台是对现实世界的全面复制和复原[67]。诚如福柯的理论所揭示的,规范构成了社会文化的结合剂,被用于基础的法律和法规。在互联网平台上,这种规范事实上指的是用户的观念,也就是已经被接受的定义如何行为的规则,在更广泛的影响上形成一种文化。这种观念典型如 Facebook 所倡导的"共享"[68]、"开放"、"连接"、"社群"以及更为微观的"在线身份"[69]、"点赞"[70]。实现对观念支配的最好的权力方式莫过于规训了,这也是当代权力运作的重要手段。脸书在线社会的建立史在某种意义上就是用户的规训史。当然这个过程中用户也不断塑造 Facebook 的形态,不过这里强调的是规训的单方意志,也就是脸书对用户观念的培育。从媒介权力的角度讲,这就是一种编网权[71],平台作为一种媒介的规训能力,形成了数字规训的时代景观。

有两个例子可以很好地展示这个规训的过程,一是 Facebook 的 NewsFeed(消息动态,有时也翻译为消息流或新闻动态),一是个性化广告推送。NewsFeed 是 Facebook 上用户好友信息动态呈现中心,Facebook 用户起初并不喜欢 NewsFeed,但他们后来都开始接受它了[72]。互联网里的广告往往不会是大家喜闻乐见的,最开始连扎克伯格也抵制广告,但 2008 年原谷歌全球在线销售和运营部门副总裁谢莉·桑德伯格(Sheryl

Sandberg)加入脸书之后开始寻找广告模式,其最核心在于把广告跟用户进行个性化匹配,让广告成了可接受的故事。如今这种广告模式已经融入用户的生活,并且深受广告主喜爱。

四、平台权力的社会后果

在微观上,权力呈现出对行为的规制和对观念的塑造;在宏观上,权力实现了对社会形态的影响和塑造。更进一步说,权力的运作定义了社会的意义。平台权力在微观上的成功运作形成了宏观上的权力效果——对社会的定义,这个过程可以称之为权力从平台走向社会。平台获得的权力被称为“超级权力”[73],其所引发的更为深刻的后果是社会权力结构的变迁[74],甚至已经开始挑战和分享民族国家以政府为中心的治理体系[75]。脸书成功建立了一个超越现实主权国家和族群社会的线上的全球社会,在某种意义上就是这种权力极大实现的隐喻,同时也是数字社会的权力本质的隐喻。正如何塞·范·戴克(José van Dijck)所言,即使 Facebook 作为平台失去优势,它的理念已经深深地渗透线上社会性的方方面面,它的表达和方式将持续很长一段时间[76]。平台权力对社会的宏观影响来源于平台内在的媒体属性和社交属性,分别体现在对媒介权力的重新塑造和对社会规范的重新定义。本文从权力的测量方法入手,考察脸书权力的具体内容,并追随着权力的影响,从平台逐步走向社会,试图呈现出完整的脸书平台权力体系。

(一)平台权力改变传媒生态

近年来,互联网平台的崛起已经成为影响新闻业转型的关键要素[77],媒体平台化和平台媒体化是新闻业的重要变化[78],社交网络在新闻分发过程中扮演了日渐重要的角色[79]。脸书近几年积极进军新闻业的效应就是,脸书正在取代传统主流媒体而成为新的"信息把关人"和"议程设置者",其所使用的程序算法取代专业记者、编辑而成为决定新闻价值和公共议程的"软利器"[80]。值得注意的是,除了在既有 Facebook 个人动态中心分享新闻源外,2019 年 10 月脸书进一步推出独立的 Facebook News 功能,提供类似国内"今日头条"的新闻个性化推送服务,由此走向一个更为典型的提供新闻服务的媒体[81]。根据皮尤研究中心的调查,社交媒体已经成为美国人获取新闻的重要渠道,2015 年 Facebook 用户中超过 63% 通过 Facebook来获取新闻,相对于 2013 年的 47% 有大幅上涨[82]。2019 年,该中心继续发布调研报告,88% 的美国人承认,社交媒体公司至少对人们看到的新闻来源有一定的控制权,但是越来越多的人对这种控制感到担忧[83]。2017 年,哥伦比亚大学新闻学院Tow 数字新闻中心发布的"平台新闻业"报告认为,社交平台与新闻生产正在加速整合,平台公司与新闻机构融合再造,美国新闻业的发展迎来第三次浪潮[84]。

这种变化深远的意义在于,一方面推动了平台与传统主流媒体的融合,为重塑新闻业开拓出新的路径,促成了"平台新闻业"(Platform Journalism)的崛起[85];另一方面则带来了传播权力的转移,使以脸书为代表的技术寡头成为控制公共生活和媒介生态的决定性力量[86]。

(二)平台权力改变社会生态

当规则被广泛了解,而遵守它们成为一种共同的价值观之后,规则就"塑造了'正确的'或'得体的'社会秩序"[87],由此进入社会规范的范畴。脸书对社会带来的更为深入和持久的影响在于对社会规范和社会观念的塑造,这种影响超越了国界,是对全球社会产生的持续不断且强有力的改造。最为典型的例子当属 2017 年扎克伯格高调发布的《建立全球社群》宣言(评论往往用 manifesto 一词)。在万字长文里,扎克伯格纵观了人类从部落到民族国家的几千年历史,提出下一步人类社会应有的形态是"全球社群"(global community)[88],他呼吁全世界各地人民联合起来通过五种路径实现这个远大的理想。这五种路径对应五个支柱,即互助的社群(supportive communities)、安全的社群(safe community)、消息畅通的社群(informed community)、公民参与的社群(civically-engaged community)、包容的社会(inclusive community)。

如果说全球社群只是脸书一厢情愿的远大理想,现实世界依然处于割裂和碎片化之中,那么在网络空间行为的标准制定方面脸书已经实实在在地往前走了不少。早在 2014 年脸书免费互联网项目 Internet.org 在全球范围开始推进的时候,扎克伯格提出互联(connectivity)是一项基本人权[89]。在剑桥数据泄露事件之后,脸书极力推进数据和隐私的保护标准,形成了隐私保护新原则,如关注隐私的社交网络[90]和数据治理标准体系,如数据可携带权的定义与实施[91],进而引领甚至定义了全球隐私保护和数据治理[92]。更为具体的,脸书作为影响力最大的社交媒体,在网上社交行为引导方面具有权威的影响力,2019 年 Facebook Messenger 团队和现代社交礼仪权威机构德布雷特联合推出了首份正式的数字时代传播指南——《数字信息传递的艺术:数字时代的交流礼仪》,给出了 10 条简练而实用的指南[93]。2020 年 2 月,脸书进一步提出线上言论的基本准则,提炼出在线内容监管的四大问题,并提出了五项新原则:激励、互联网的全球特性、言论自由、技术、相对称和必要性[94]。而最近脸书转型元宇宙(metaverse),给世人提供一个全新的线上世界/虚拟宇宙,并正规划着这个世界/宇宙运行的规则以及人们的行为规范。可以说脸书不仅定义了其平台上的行为规范,还深刻地塑造了现实社会的新规范和新观念,在某种意义上,哈贝马斯所言的公共领域变成了脸书攻城略地的目标。如果世界让脸书定义线上社会性的规范，那么将会建立一个由脸书提供的世界[95]。我们从脸书最重要的宪章性文件《脸书原则》(Facebook Principles)的开篇就可以感受到这种改造世界的强烈意愿：

> 我们打造 Facebook 的目的在于让世界变得更加开放和透明，我们相信这可促进大家的互相了解，并建立更稳固的联系。Facebook 通过给予个人更强大的分享和联系的能力以促进开放和透明，为实现这些目标，Facebook 建立了几个特定的原则作为指南。实现上述目标必须在法规、技术和与时俱进的社会规范的约束内。因此我们建立了这些原则，作为使用 Facebook 服务之权利与义务的基础。[96]

五、结语：平台经济监管的核心是规范权力

"我相信如果我们今天从头开始制定互联网规则的话，我认为我们不会要让私人公司自己来制定那么多根本性的决定，比如什么言论是可以接受的、怎么样阻止选举干扰以及隐私规则是什么。"[97] 扎克伯格在与全球顶级学者就脸书遇到的核心问题展开讨论的开场白中，描述了脸书已经承担了制定互联网基础规则的事实，而且其言下之意，这种权力与责任已经超出一般公司所应承担的范围。正如对话者斯坦福法学院院长珍妮·马丁内斯(Jenny Martinez)所补充的，"这是因为，像脸书这样的公司确实具有非常强大的全球性权力，而这种权力在影响人们生活或者控制言论方面的能力方面非常像一个政府"[98]。

平台经济反垄断的根本目的是破除权力的集中和垄断。

一个良好的市场经济应该是权力相对分散、各方力量相对均衡的状态。正如本文案例所分析的,拥有主流社交媒体平台的脸书影响力在某种程度上已经超越了政府,它所塑造的是一个新的平台社会,而它本身也正成为这个社会背后那只巨大的无形的手。在更为普遍的范围内,互联网平台成了生活的新场域,平台社会已经是一个复杂的生态系统[99]。在这个社会中,私营平台公司掌握了管理人们行为和规训人们意识的平台权力。而当这种平台权力被极端地恶意使用,平台社会不仅变成福柯意义上的圆景监狱,更是一种无处脱逃的全景监狱,所有人都将生活在平台公司的注视之下。我们必须警惕平台成为私营公司的封建领地,提防人们成为数字时代的数据农奴。对权力的有效制衡是平台经济反垄断和规范发展的核心逻辑。平台经济反垄断是对权力聚集的底层所进行的介入和治理,不仅是一个促进经济繁荣的科技创新问题,而更是一个保持社会良好秩序的核心治理议题。平台经济监管的核心是规范权力,而对权力形态的充分考察正是这项事业开展的前提。

注释

[1] [美]奥利弗·霍姆斯:《法律的道路》,李俊晔译,北京:中国法制出版社,2018 年,第 87 页。

[2] 习近平:《不断做强做优做大我国数字经济》,《求是》2022 年第 2 期。

[3] 本文将平台限定在基于互联网技术的平台,严格来说应该用"互联网平台"这一概念。但由于在当今互联网时代的语境中,"平台"与"网络平台""数字平台"等概念往往都指互联网平台,特别是"平台"一词简练明了,使用者众,因此遵循惯例,本文主要使用"平台",对其他概念亦不做区分。

[4] 崔保国、刘金河:《论网络空间中的平台治理》,《全球传媒学刊》2020 年第 1 期。

［5］van Dijck, J., Nieborg, D. & Poell, T. (2019). Reframing Platform Power. *Internet Policy Review*. 8(2).

［6］孙晋：《数字平台的反垄断监管》，《中国社会科学》2021 年第 5 期。

［7］数据来源：普华永道。

［8］1975 年，鲍罗·艾伦和比尔·盖茨这两位好友共同为 Altair 个人电脑编程并将所编写的程序许可给 Altair 个人电脑制造商，该编程语言是微软的第一款产品，而操作系统业务是从 1985 年开始的。参考维基百科：https：// zh. wikipedia. org/wiki/% E5% BE% AE% E8% BD%AF。

［9］杨东、臧俊恒：《数字平台的反垄断规制》，《武汉大学学报》（哲学社会科学版)2021 年第 2 期。

［10］［美］亚历克斯·莫塞德、尼古拉斯·约翰逊：《平台垄断：主导 21 世纪经济的力量》，杨菲译，北京：机械工业出版社，2017 年，第 1 页。

［11］Rochet, J. C. & Tirole, J. (2003). Platform Competition in Two-sided Markets. *Journal of the European Economic Association*. 1(4).

［12］［美］戴维·S.埃文斯、理查德·施马兰西：《触媒密码：世界最具活力公司的战略》，2011 年。埃文斯和施马兰西 2007 年提出"触媒"一词，原因是与化学反应中的催化剂一样，多边平台也会促成反应的发生，但是后来他们在新书《连接》中承认这名字并不受欢迎。

［13］［美］戴维·S.埃文斯、理查德·施马兰西：《连接：多边平台经济学》，张昕译，北京：中信出版社，2018 年。

［14］徐晋：《平台经济学——平台竞争的理论与实践》，上海：上海交通大学出版社，2007 年。

［15］王勇、戎珂：《平台治理》，北京：中信出版社，2018 年。

［16］方军、程明霞、徐思彦：《平台时代》，北京：机械工业出版社，2018 年。

［17］张志安、李蔼莹：《变迁与挑战：媒体平台化与平台媒体化——2018 中国新闻业年度观察报告》，《新闻界》2019 年第 1 期。

[18] 崔保国、陈媛媛:《2020—2021 年中国传媒产业发展报告——兼论新世纪传媒 20 年》,崔保国主编:《中国传媒产业发展报告(2021)》,北京:社会科学文献出版社,2021 年,第 4 页。

[19] 喻国明:《新型主流媒体:不做平台型媒体做什么?——关于媒体融合实践中一个顶级问题的探讨》,《编辑之友》2021 年第 5 期。

[20] Rochet, J. C. & Tirole, J. (2003). Platform Competition in Two-sided Markets. *Journal of the European Economic Association*. 1(4).

[21] Evans, D. S. (2003). The Antitrust Economics of Multi-sided Platform Markets. *Yale Journal on Regulation*. 20(2).

[22] Armstrong, M. (2006). Competition in Two-sided Markets. *The RAND Journal of Economics*. 37(3).

[23] 方军、程明霞、徐思彦:《平台时代》,北京:机械工业出版社,2018 年,第 3 页。

[24] 崔保国、刘金河:《论数字经济的定义与测算——兼论数字经济与数字传媒的关系》,《现代传播(中国传媒大学学报)》2020 年第 4 期。

[25] 企业的本质属性是节约市场交易成本的组织,企业家是资源支配者。参见[美]罗纳德·H. 科斯:《企业、市场与法律》,盛洪、陈郁译,上海:上海人民出版社,2014 年,第 31—33 页。

[26] 王勇、戎珂:《平台治理》,北京:中信出版社,2018 年,第 2 页。

[27] 没有时间的流动空间(timeless space of flows)来源于信息社会学家曼纽尔·卡斯特。他用这个概念指出,在互联网上连接是时时刻刻的,甚至是永久的。

[28] 方军、程明霞、徐思彦:《平台时代》,北京:机械工业出版社,2018 年,第 9 页。

[29] 中国信息化百人会课题组:《数字经济:迈向从量变到质变的新阶段》,北京:电子工业出版社,2018 年,第 182 页。

[30] 此定义参见:[美]阿姆特瑞特·蒂瓦纳:《平台生态系统:架构策划、治理与策略》,侯赟慧、赵弛译,北京:北京大学出版社,2018 年,第 33 页。

[31] 参见陈威如、余卓轩:《平台战略:正在席卷全球的商业模式》,北京:中信出版社,2013年,第22—25页。

[32] 赖祐萱:《外卖骑手,困在系统里》,《人物》2020年9月。

[33] [英]伯特兰·罗素:《权力论》,吴三友译,北京:商务印书馆,2012年,第6页。

[34] Parsons, T. (1968). On the Concept of Value-commitments. *Sociological Inquiry*. 38(2).

[35] [美]肯尼思·E.博尔丁:《权力的三张面孔》,张岩译,北京:经济科学出版社,2012年,第2页。

[36] 本研究意在用权力这个工具分析互联网平台的复杂现象,而非在于创制新的权力内涵,故而在界定权力概念之时采用了一种实用主义立场,即以有益于解剖研究问题为导向的概念工具限定。

[37] [法]米歇尔·福柯:《主体与权力》,汪民安编:《自我技术:福柯文选Ⅲ》,汪民安译,北京:北京大学出版社,2016年,第108页。

[38] 刘金河:《权力流散:平台崛起与社会权力结构变迁》,《探索与争鸣》2022年第2期。

[39] [美]奥利弗·温德尔·霍姆斯:《法律的道路》,李俊晔译,北京:中国法制出版社,2018年,第87页。

[40] [西]曼纽尔·卡斯特:《传播力(新版)》,汤景泰、星辰译,北京:社会科学文献出版社,2018年,第i页。

[41] [美]约翰·R.苏勒尔:《赛博人:数字时代我们如何思考、行动和社交》,刘淑华、张海会译,北京:中信出版社,2018年,第30—31页。

[42] [美]艾莉森·艾特瑞尔:《导论》,艾莉森·艾特瑞尔主编:《互联网心理学:寻找另一个自己》,于丹妮译,北京:电子工业出版社,2017年,第4页。该书整合了一批领先的互联网心理学权威人士的研究成果,话题广泛而全面,是关注互联网心理学的研究者值得参考的著作。

[43] [英]弗里德里希·冯·哈耶克:《通往奴役之路》,王明毅、冯兴元、马雪芹等译,北京:中国社会科学出版社,1997年,第39页。

[44] 之所以将平台放置于主体的地位在于一种方法论上的革新。国际政治经济学奠基性学者苏珊·斯特兰奇《权力的流散》一书试图摆

脱国家中心主义(以国家为基础的社会科学)的羁绊,打破片面的社会科学的藩篱,试图寻求"谁或什么对变革负责"和"谁或什么行使权力——改变结果及改变他人选择的权力"两个"谁"问题的答案。本文受这种思路启发,因为最终我们要探寻的是在平台崛起过程中,"谁"改变什么,"谁"得到什么的问题,所以将平台作为主体提供了一种透视变革过程的视角,将围绕其中的关系特别是权力关系作为分析对象。从这个意义上说,平台作为主体不是指权力主体,而是改变权力的主体,同时也是一种分析视角。参见庞中英:《译序——斯特兰奇的国际政治学》,[英]苏珊·斯特兰奇:《权力的流散:世界经济中的国家与非国家权威》,肖宏宇、耿协峰译,北京:北京大学出版社,2005 年,第 8 页。

[45] [美]杰奥夫雷· G.帕克、马歇尔·W.范·埃尔斯泰恩、桑基特·保罗·邱达利:《平台革命:改变世界的商业模式》,志鹏译,北京:机械工业出版社,2019 年。

[46] [美]亚历克斯·莫塞德、尼古拉斯·约翰逊:《平台垄断:主导 21 世纪经济的力量》,杨菲译,北京:机械工业出版社,2017 年,第 2—4 页。

[47] 可供性(affordance)的概念最早由生态心理学家詹姆斯·吉布森在 1977 年提出来。生态心理学认为,在自然进化过程中动物与环境长期的相互作用关系使其逐渐获得了依据刺激本身特性获得直接经验的能力。吉布森提出了直接知觉理论,试图探索人与物的深层互动关系。在此基础上,他创造了可供性概念,指出环境的信息为动物的行为提供条件,而这种信息并非以对动物的好坏来区分。根据这种定义,可供性包含三个基本要素:行为主体、客体特征和行为。以"坐"为例,首先,行为主体必须具有"坐"这个能力或者特性;其次,提供"坐"的物品必须具有一定的高度、平滑度、支撑度等物理形态;最后,"坐"这个行为是在主体接受了客体信息后可以自然而然发生的。See Gibson, J. J. (2014). *The Ecological Approach to Visual Perception: Classic Edition.* Hove: Psychology Press.

[48] Lessig, L. (2006). *Code: And other Laws of Cyberspace (Version 2.0).* New York: Basic Books.

[49] van Dijck, J., Poell, T. & de Waal, M. (2018). *The Platform Society: Public Values in A Connective World*. Oxford: Oxford University Press, p. 3.

[50] 皮埃尔·布迪厄在分析思想、社会组织、不同形态的材料和符号权力时引入了场域概念。场域被定义为在各种位置之间存在的客观关系的一个网络,一个架构或一种社会背景。场域是一个充满斗争性的场所,进入场域的个体都必须遵守其特有的表达代码。See Bourdieu, P. (1993). *The Field of Cultural Production: Essays on Art and Literature*. New York: Columbia University Press, p. 30.

[51] Lazarsfeld, P. F. (1966). Concept Formation and Measurement in the Behavioral Sciences: Some Historical Observations. *Concepts, Theory, and Explanation in the Behavioral Sciences*, New York: Random House, pp. 144-202.

[52] [英]苏珊·斯特兰奇:《权力的流散:世界经济中的国家与非国家权威》,肖宏宇、耿协峰译,北京:北京大学出版社,2005 年,第 45 页。

[53] 脸书作为人类史上最大的社交媒体,是平台社会的一个典型案例,其拥有四个主流社交媒体平台,为全世界超过 27 亿网民直接提供网上社交服务(2019 年),从另一个角度来看,也是对超过 27 亿人产生直接的影响。单就平台 Facebook 而言,其《社群守则》(Community Standards)全球只有一个版本,虽然语言不同,但是内容一样,这意味着在 Facebook 平台上的 24 亿用户都必须遵守脸书制定的统一规则。

[54] 本文用"Facebook"指代作为媒介平台和产品的脸书,用"脸书"指代作为公司的脸书,以示区分。另外需要说明的是,近期脸书母公司改名为 Meta,但为了更符合人们熟悉的语境,本人依然使用脸书一词。

[55] 这种对社交媒体平台上用户言论的规范是每一个平台的基本管理职能和功能,每一个社交媒体平台都有相关的禁令性行为守则,如 YouTube 的《社区准则》、Twitter 的《推特规则》、微博的《社区公约》、微信的《个人账号使用规范》、抖音的《社区规则》,等等。

[56] Lessig, L. (2006). *Code: And Other Laws of Cyberspace (Version 2.0)*. New York: Basic Books.

〔57〕Facebook：《社群守则》，中文版，2019 年 9 月。《社群守则》不断迭代更新，此处选取 2019 年 9 月份版本：https：// www. facebook. com/ communitystandards/。

〔58〕Facebook 上的政策文件是一个复杂的系统，主要有《脸书原则》《社群守则》《服务条款》《数据使用政策》以及针对特定用户类型的《开放平台政策》《广告发布政策》《Facebook 商业交易政策》，其中《脸书原则》是最为根本的价值观基础，是其他文件订立的依据；《社群守则》影响力最大，是规制平台用户的最直接执行规则。

〔59〕Facebook：《社群守则》，前言，2019 年 9 月。

〔60〕脸书于 2018 年 1 月首次发布《社群守则》内部执行流程，包括守则的起草和执行团队。See Facebook, "Publishing Our Internal Enforcement Guidelines and Expanding Our Appeals Process," April 24, 2018. 来源：https：// newsroom. fb. com/news/2018/04/comprehensive-community-standards/.

〔61〕大众所熟知的微信登录页面是一个人面对一个地球，在某种意义上，隐喻着打开微信后就进入另一个星球。牛津大学互联网研究院（OII）编著的一本关于互联网与社会的文集在 2015 年被翻译成中文用的标题就是《另一个地球》，形象生动地表达了互联网＋社会形成人类新的活动空间。参见〔美〕马克·格雷厄姆、威廉·H.达顿编：《另一个地球：互联网＋社会》，胡泳等译，北京：电子工业出版社，2015 年。

〔62〕根据脸书 2018 年 5 月发布的首份《社群守则执行报告》所披露，脸书从全球范围招募 1 万至 2 万人组成的内容审查团队，但到 2019 年 3 月增加到 3 万人。这个团队由不同语言的人组成，涵盖了全球 50 种语言，脸书提供统一的培训和考核。扎克伯格在 2018 年 4 月美国参议院听证会上也表述了同样的数据和事实。See Facebook, "Understanding the Facebook Community Standards Enforcement Report Q4 2017‒Q1 2018 (Preliminary Report)," May 2018; "Understanding the Facebook Community Standards Enforcement Report Q4 2018 ‒ Q1 2019," May 2019. 来源：https：// transparency. facebook. com/community-standards-enforcement (accessed in October 7, 2019).

[63] 脸书于 2018 年 5 月首次发布《社群守则执行报告》，第一期内容时间范围为 2017 年 10 月至 2018 年 3 月，第二期为 2018 年 4 月至 2018 年 9 月，第三期为 2018 年 10 月至 2019 年 3 月。详细见报告网址：https://transparency.facebook.com/community-standards-enforcement。

[64] BBC：《自由世界里失控的仇恨 Facebook 缅甸野蛮生长史》，2018 年 9 月 12 日。

[65] 中新网：《扎克伯格再出手"打假" 脸书删除疑干扰美选举账号》，2018 年 8 月 2 日；观察者网：《俄卫星社上百相关账号遭脸书删除 回应：纯属政治决定》，2019 年 1 月 18 日。

[66] Facebook, "Coordinated Inauthentic Behavior Explained," December 6, 2018. 来源：https://newsroom.fb.com/news/2018/12/inside-feed-coordinated-inauthentic-behavior/.

[67] 此结论来自笔者的观察。笔者通过参与式的研究方法，在大约两年的 Facebook 使用过程中，有意体验 Facebook 所提供的各种功能，加入各类小组以及关注各类的博主。可以说，Facebook 就像一个物产丰盈的社会，可以满足人们各种日常生活需求，比如可以加入各种社交群组，可以开小店卖东西，可以开包厢请大家一起看电影，可以在自己的主页上画出旅行的航班地图，可以和朋友一起在线玩游戏，甚至开通了官方约会功能。当然，脸书也不断声称要打造一个真实的在线社会，从现实效果来看，其确实在很大程度上实现了这种构想。而元宇宙技术的进一步发展将极大地助推这种效果的实现。

[68] 何塞·范·戴克所描述的脸书那种势在必行的共享（imperative of sharing）. See van Dijck, J. (2013). *The Culture of Connectivity: A Critical History of Social Media.* Oxford: Oxford University Press, pp. 45-47.

[69] Facebook 和其他同期社交平台最主要的差别在于其要求用户要实名化，这也是其所强调的"你只有一个身份"。参见[美]大卫·柯克帕特里克：《Facebook 效应》，沈路等译，北京：华文出版社，2010 年，第 10 章。

[70] Collins, K., Gabrie J. X. & Dance, G. "How Researchers

Learned to Use Facebook 'Likes' to Sway Your Thinking," *New York Times,* March 20, 2018. 来源：https://www.nytimes.com/2018/03/20/technology/facebook-cambridge-behavior-model.html.

［71］编网权是卡斯特建构的网络社会的传播权力，包括网络准入权（networking power）、网络规范权（network power）、网络控制权（networked power）、网络建构权（network-making power），总结起来就是一种通过控制传播网络而生成的权力。参见［西］曼纽尔·卡斯特：《传播力（新版）》，汤景泰、星辰译，北京：社会科学文献出版社，2018 年。

［72］Arrington, M. "Facebook Users Revolt, Facebook Replies," *Tech Crunch,* September 6, 2006.

［73］方兴东、严峰：《网络平台"超级权力"的形成与治理》，《人民论坛·学术前沿》2019 年第 14 期。

［74］刘金河：《权力流散：平台崛起与社会权力结构变迁》，《探索与争鸣》2022 年第 2 期。

［75］刘晗：《平台权力的发生学——网络社会的再中心化机制》，《文化纵横》2021 年第 1 期。

［76］van Dijck, J.（2013）. *The Culture of Connectivity: A Critical History of Social Media.* Oxford: Oxford University Press, p.67.

［77］张志安、冉桢：《互联网平台的运作机制及其对新闻业的影响》，《新闻与写作》2020 年第 3 期。

［78］张志安、李霭莹：《变迁与挑战：媒体平台化与平台媒体化——2018 中国新闻业年度观察报告》，《新闻界》2019 年第 1 期。

［79］杭敏、李唯嘉：《社交网络时代国外新闻媒体商业模式创新》，《中国出版》2019 年第 6 期。

［80］史安斌、王沛楠：《传播权利的转移与互联网公共领域的"再封建化"——脸谱网进军新闻业的思考》，《新闻记者》2017 年第 1 期。

［81］Facebook, "Introducing Facebook News," October 25, 2019. 来源：https://about.fb.com/news/2019/10/introducing-facebook-news/; Facebook, "How Facebook News Works: Building a More De-

pendable and Relevant News Experience on Facebook," Available at ht-
tps://www.facebook.com/news/howitworks.

[82] Pew Research Center, "The Evolving Role of News on Twitter
and Facebook," July, 2015.

[83] Pew Research Center, "Americans Are Wary of the Role Social
Media Sites Play in Delivering the News," October, 2019.

[84] Bell, E. J. Owen, T., Brown, P. D., et al. (2017). *The
Platform Press: How Silicon Valley Reengineered Journalism,* Tow
Center for Digital Journalism, Columbia University. 中文编译版见骆世
查编译:《硅谷如何重塑新闻业——哥大新闻学院 Tow 数字新闻中心
"平台新闻业"报告》,《新闻记者》2017 年第 7 期。

[85] 白红义:《重构传播的权力:平台新闻业的崛起、挑战与省思》,
《南京社会科学》2018 年第 2 期。

[86] 史安斌、王沛楠:《传播权利的转移与互联网公共领域的"再封
建化"——脸谱网进军新闻业的思考》,《新闻记者》2017 年第 1 期。

[87] Collet, P. "The Rules of Conduct," in P. Collet eds. (1977).
Social Rules and Social Behavior, Lanham: Rowman and Littefield,
p.8.

[88] Mark Zurkerberg, "Building Global Community," 2017. 来源:ht-
tps://www.facebook.com/zuck/posts/10154544292806634.

[89] Zurkerberg, M., "Is Connectivity a Human Right?," 2013.
Available at https://www.facebook.com/isconnectivityahumanright.

[90] Zurkerberg, M., "A Privacy-Focused Vision for Social Net-
working," March 7, 2019. 来源:https://www.facebook.com/notes/
mark-zuckerberg/a-privacy-focused-vision-for-social-networking/10
156700570096634/.

[91] Facebook, "Charting a Way Forward on Privacy and Data Por-
tability," September, 2019. 来源:https://newsroom.fb.com/news/
2019/09/privacy-and-data-portability/.

[92] Sonnad, N., "Mark Zuckerberg has a different definition of

'privacy' than you and me," *Quartz,* March 7, 2019; Isaac, M.,
"Facebook's Mark Zuckerberg Says He'll Shift Focus to Users' Privacy,"
The New York Times, March 6, 2019.

［93］Facebook Messenger, Debrett's, *The Art of Digital Messa-ging: A Guide to Communication in the Digital Age,* September 2019.
来源: https: // messengernews. fb. com/wp-content/uploads/2019/09/
The-Art-of-Digital-Messaging_A-Guide-to-Communication-in-the-Digital-
Age. pdf.

［94］Facebook, "Charting a Way Forward: Online Content Regula-tion," February, 2020. 来源: https: // about. fb. com/wp-content/
uploads/2020/02/Charting-A-Way-Forward_Online-Content-Regulation-
White-Paper-1. pdf? utm_source=morning_brew.

［95］van Dijck, J. (2013). *The Culture of Connectivity: A Critical History of Social Media.* Oxford: Oxford University Press,
pp. 67.

［96］Facebook Principles, 来源:https: // www. facebook. com/prin-ciples. php.

［97］扎克伯格 2019 年个人挑战之"科技与社会的未来系列访谈"第
四场:"A Conversation with Mark Zuckerberg, Jenny Martinez and Noah
Feldman," June 27, 2019.

［98］扎克伯格 2019 年个人挑战之"科技与社会的未来系列访谈"第
四场:"A Conversation with Mark Zuckerberg, Jenny Martinez and Noah
Feldman," June 27, 2019.

［99］van Dijck, J. (2021). Seeing the Forest for the Trees: Visual-izing Platformization and Its Governance. *New Media & Society.* 23(9).

The Form of Platform Power from the
Perspective of Anti-trust

LIU Jinhe

Abstract： The effective check and balance of power is the core logic of platform economic regulation. The key to understanding the antitrust of platform economy is to understand the form and relationship of platform power. Platform power means that the platform has the attribute of empowering social actors, and the subject controlling the platform has great social power. Internet platform, as a subject with affordance, realizes the operation of platform power. In the micro, power in the platform society is the regulation of behavior and the discipline of ideas. While moved from the platform to the society, the successful operation of platform power has achieved the effect of defining the societal norms in the macro. The unequal empowerment of the platform forms a new power center, in which the private companies are located. Taking Facebook as the observation sample, this paper measures the power it obtains through its social media platform, observes the power relationship between Facebook and other actors, and reveals that a platform social power center beyond the traditional government is forming. The core of platform economic regulation is to regulate the platform power. Platform economic antitrust is the intervention and governance of the bottom of power gathering, which is not only an innovative problem to promote economic prosperity, but also a key means to maintain good social order, and the understanding of power form is the premise of this cause.

Key words: Platform Economy; Platform Power; Antitrust; Digital Discipline; Platform Governance

网络视频平台竞争力"虹吸"机制与影视生态重构

金文恺

摘　要　以提供网络视听内容服务为主体的网络视频平台,在其演进过程中,表现出强劲的市场竞争力,对传统影视市场结构产生冲击。本文以"虹吸效应"作为隐喻表达,分析平台竞争力的生成机制,研究平台"虹吸效应"这一竞争机制对影视市场和社会产生的正负面影响。其正面影响:市场竞争推动影视产业平台模式形成,影视价值链整合助力产业质效提升,平台流动体验丰富影视文化功能。其负面影响:导致影视市场的竞争失序,技术权力驱动流量先导,资本运作驱动垄断割据,消费至上加剧泛娱乐化。在此基础上,指出防范平台"虹吸效应"负面影响的方向:审视影视规制依据,重构影视生态,创新规制效能;既鼓励平台发展,又利用传统媒体内容生产优势、参与国际影视竞争、推进影视强国目标。

关键词　网络视频平台　平台竞争力　虹吸　影视生态

网络视频平台在影视产业链和影视内容市场中表现出强大的资源聚合力、影视内容输出力、用户市场占有力,并通过技术更迭、要素驱动、模式创新形成了新的产业链和生态圈。爱

作者简介　金文恺,女,清华大学新闻与传播学院博士。研究方向:传媒产业、互联网治理。电子邮箱:wickyjin@yeah.net。

奇艺、优酷、腾讯视频、芒果 TV 等占据在线影视领域优势地位的头部平台,早已从内容分发渠道边缘向着影视产业的"C 位"迁移。它们以独具的核心竞争力撬动着影视业整体的转型变革,也集中反映出影视市场、影视文化生态的问题和重构趋势。

一、网络视频平台竞争力生成的"虹吸效应"

互联网技术的更新迭代带来整个社会信息基础设施的根本性变革,推动着整个社会信息传播模式和信息消费范式的转变。"社会加速造就了新的时空体验,新的社会互动模式,以及新的主体形式",[1]在信息社会加速中生长起来的网络视频平台,创造了网络世界的信息新时空,成为影视生产和消费互动模式的主要平台。

既有的网络视频平台研究,主要有产业经济学、新制度经济学、媒介生态学三种取向(见表 1)。它们层层递进、分别解决三个维度的问题:产业经济学解决的是平台缘何崛起、占有何种资源、怎么占有资源;制度经济学重在分析平台垄断问题和治理层面;媒介生态学研究平台系统对包括受众在内的不同行动者的影响。

表 1 网络视频平台三种研究取向比较

研究范式	理论依据	核心对象	关键问题
产业经济学范式	产业经济学	平台	资源的占有
制度经济学范式	新制度经济学	制度	垄断与治理
媒介生态学范式	媒介生态学	系统	对受众、社会的影响

如表 1 所示,产业经济学关乎网络视频平台竞争力;制度经济学关乎网络视频平台的问题规制;媒介生态学则为思考良性生态的构建提供了路径。

　　网络视频平台的竞争力指向影视流媒体化对于传统影视业和影视产业整体的深层影响。竞争力概念的意涵包含两方面,一是优势资源获取,二是资源配置与整合能力;[2]表现为"资源基础论"和"企业能力论"两种理论观点。从网络视频平台的演进发现,网络视频平台不断更新升级其网络化、数字化等新技术要素,不断开发和拓展影视观看新渠道、新场景要素,网络视频平台正在重构观看场景,突破影视产业格局和规则,抢占传统电视台和院线的资源版图。这些竞争力要素的重组反映出平台背后的技术-资本-文化-社会的互动关系。以(百度)爱奇艺、腾讯视频、(阿里巴巴)优酷土豆为主的视频类聚合分发/自制平台,芒果 TV 为主的传统广播电视的互联网化平台,哔哩哔哩(B 站)等为主的视频类自媒体分享/自制平台,在电影、电视剧、综艺节目等文化内容产品的生产、传播中,突破了院线播映和电视频道播映的传统影视播映渠道,对于传统影视产业带来了革命性变革。

　　网络视频平台背后不同的集团背景和不同的资源集聚能力,导致了头部网络视频平台之间在市场上不同的竞争优势,形成平台间不同的商业竞争力,出现了平台竞争的独特的"虹吸现象"。"虹吸现象"原本指的是物理学意义上的一个连通器原理:某个连通液体的装置器,由于存在引力与位能势差的原因,液体会单向流动,从压力大的一边流向压力小的一边。这种现象也被称为虹吸效应,它会使得存在于地下的水分从虹吸管流向大气中而造成水分流失。[3]在经济学中,"虹吸现象"作为隐喻概念,被用来解释这样一种特定的市场竞争机制,即发达地区出于区位优势的条件,对周边欠发达地区的投资、生产要素以及主要资源产生了强大吸引力,表现出向自身内吸收的效应。它使得条件差的地区出现人才、创新、资本等生产要素的流失而导致减缓发展的负效应;同时,条件好的地区"抽夺"

要素形成正效应、加速发展。[4]科技巨头为了维护垄断性竞争地位,一个重要手段就是利用自身强大的技术优势、资本优势和巨大市场份额的位能势差优势,制造巨头企业对小企业投资的"虹吸效应"。

互联网平台的崛起,造成中国影视产业的资本、内容和消费资源向平台端聚集;"虹吸效应"可以有效地阐释互联网平台崛起造成中国影视产业资本、内容和消费资源向平台端聚集的过程与机制。中国网络视频平台从网络视频播放平台发展到向影视产业链上下游的延伸,即既拥有版权,又制造内容,需要巨大资本的支持。平台经营话语背后往往暗含着权力的合谋。和传统媒体集团比较,网络视频平台演化出强大的市场吸聚功能,以爱奇艺、腾讯视频、优酷为例,它们所拥有的资产规模、版权量及投资的新内容体量,远超过中央电视台、湖南广电和上海文广,表现出产业链延伸、资源扩展和集团化的"虹吸效应"。然而,网络视频平台巨头一直未摆脱亏损经营的"尴尬"局面。漂流在资本市场上的亏损营收,只能依靠平台背后特殊而庞大的组织生态的"神秘"效能,支持视频平台维持和发展规模庞大的会员用户、滚动吸聚。这不仅是平台背后的技术要素竞争,更反映在视频平台内容创新和平台商业模式创新之上的平台资本要素的竞争。网络视频平台竞争力生成引发媒体业态变革的机制,正在于最大化地发挥了经济学中的市场竞争"虹吸效应"。正是这样一种"虹吸现象"的存在,造成了"爱优腾芒"等头部平台与其他视频平台之间不同的资源吸聚能力。

二、网络视频平台的"虹吸"机制:资本、内容与文化消费

网络视频平台的"虹吸效应"表征着网络视频平台竞争力

生成机制,也是考察视频平台崛起对于中国影视产业资本、内容和消费资源向平台端聚集的过程与机制的独特视角。

其一,网络视频平台"虹吸效应"源于技术与资本的合谋。在网络视频平台"虹吸效应"下,互联网资本向视频内容渠道这一新领域不断地渗透。电商领域的巨头阿里巴巴向优酷注入资本,互联网搜索巨头百度收购爱奇艺股份。互联网平台的演进,[5]首要的是互联网变成资讯中介,更高效、更接近用户的平台成为主导。影视内容作为平台连接用户的手段,成为用户接入的界面与端口。看中了影视内容的特殊价值,在互联网技术优势的加持下,网络视听领域活跃的资本青睐各大头部平台,互联网平台的集团化发展更加显露出资本本性的强大影响力。

表2 网络视频平台"爱优腾芒 B"2020 年营收状况表(亿元)①

营收类别/平台	芒果超媒(%)	爱奇艺	腾讯视频	优酷	B站
总营收	140.02 亿/12.01%↑	297.00 亿/2%↑	*	*	120.00 亿/77%↑
净利润	19.63 亿/69.79%↑	−70.00 亿/32.04%↑	—	—	−30.12 亿/131.69%↓
会员数	3613 万/96.68%↑	1.017 亿/5%↓	1.23 亿/16%↑	*	1790 万/103%↑

表2显示了"爱优腾芒"和 B 站 5 家网络视频平台 2020 年

① 依据各平台发布的 2020 年财报整理。腾讯视频 2020 年未单独公布财报状况。优酷所属的阿里大文娱 2020 财年营收 269.48 亿元,同比增长 12%,增长主要来自将阿里影业合并财报。优酷自 2016 年 12 月公布其达 3000 万用户数后,没再公布明确数字,只是公布年度增长百分比,按其公布年均 30% 左右增长率,约 5000 万以内,有媒体质疑这一"暧昧的增长叙述"距"亿级"会员规模差距可能不小(具体数据应以优酷公布为准)。另据极光大数据,2021 年第一季度,爱奇艺月均日活用户超过 9000 万;腾讯视频紧随其后,8000 万左右;优酷在该季度 2 月的日活峰值仅 4300 万。

营收状况。从中可以看出,2020 年,尽管总量尚有差距,芒果的总营收、净利润和会员数都在稳步上升;爱奇艺的总营收达到 297 亿元,依然维持在多年亏损状态,但全年运营亏损率相较 2019 年的 32％缩减至 20％;B 站总营收增长最高,达 120 亿元。会员用户数方面,爱奇艺稳定在一亿以上规模;腾讯视频付费服务会员数超过爱奇艺,成为第一大视频用户平台;B站用户出现了较大增长,较 2019 年增长 103％,达到 1790 万;芒果 TV 会员数增长率为 96.68％,达到 3613 万。2021 年 8 月,B 站日活跃用户突破 6500 万,超越优酷。

其二,网络视频平台内容生产和分发吸聚用户资源。从最初的免费播映影视内容以获得广告收入,到集聚会员用户推动收费观赏影视内容,原生于互联网技术基础上的网络视频平台打破了传统媒体的经营业态和商业形态。它以技术优势为手段,以资本效益为驱动,以商业模式创新为条件,在影视产业和资本市场上产生了强大的吸聚效力,吸纳影视产业的生产要素和创意资源。传统影视产业的评价体系由表征市场的票房或收视率以及代表口碑的影评和评奖构成。而数字化网络视频平台建构的新行业评价体系,分账模式下的会员制分众化观看评价把对质量优劣的电影及剧集筛选和评价集中在用户手中,赋予"用户本位评价"的地位。网络视频平台上的"热播""排行"等推荐算法重新界定了"受众",体现出数学原则对美学原则、数理逻辑对影视文化的接管与改造。[6]用户数据在观看大数据下聚合,影响上游的影视产品生产创作环节,导致网络视频平台呈现出向相似形式融合的趋势,同时又都存在着不断扩大规模的内驱力,因此,封闭和垄断就成为它们对抗竞争对手的重要手段。[7]

其三,创新商业模式,重构产业链,获得影视内容市场的优势地位。网络视频平台开发互联网思维,利用视觉影像技术和用户增值服务激励消费的方式,不断创新影视文化消费新形态和影视消费互动新模式,激发用户的网络平台线上观看行为、增强线上用户黏性,最大限度地获取用户流量,把用户转化为会员,吸聚网民注意力,再把注意力资源转化为平台的经济价值。视频平台建构着新的文化消费生态。进入亿级会员用户新阶段的爱奇艺、腾讯视频,聚集了巨量用户资源。优酷不断更新分账规则、激励内容合作方,芒果超媒加快"内容＋电商"的跨界模式。反映在影视产业结构的变革上,网络视频平台打通产业链上下游各环节。经过了十多年的发展演化,中国互联网企业三大巨头 BAT(即百度、阿里巴巴和腾讯)的触角伸到了影视产业的各个环节。网络视频对传统影视业直接的影响是对传统播映场景造成冲击,撬动传统电影产业固守的院线播映阵地,改变了电视台单一渠道播放电视剧的格局,引起了影视产业链的变化。对于院线播映电影渠道来说,"互联网＋"融合深入到影视产业的各个环节,全产业链上的影视公司与互联网公司合作。对于产业整体而言,视频平台集聚网络资源、社会资源、影视消费者资源,利用了网络数字资源,在播放的产业链下游和创意、制作的产业链上游,以及广告呈现、品牌传播等增值附加等方面,都有着自身的独特优势。网络视频业由边缘到中心的演化表明它不是结构化了的产业,而是非结构化的产业。

其四,塑造着影视文化消费的新景观。电视作为"家庭媒体"和"客厅文化"象征的落幕,以逐步降低的开机率为表征,电视剧"大众化"播放逐步被用户分众化导向的网络视频平台所分流。对于电视媒体通过电视剧播放的传统渠道获得向广告商"二次销售"的经营模式来说,电视观众转向网络视频平台用户的"平台化分流"趋势所造成的冲击是巨大的。这意味着电视媒体机构面对不可逆转的媒体融合趋势,需要加快深度融合步伐,跟进 5G 通讯技术、大数据和人工智能技术变革的节奏,改变传统内容播映的单一模式,坚持张扬传统电视媒体的主流文化价值观基因,在有线电视、数字电视、互联网电视的三网融合进程中,打通连接用户个体消费者的节点。网络视频平台将资本投入到网络文学等 IP 资源开发;将注意力经济的运作规则延伸到整个影视产业链上游和下游的各个端口。网络视频平台由此而迅速发展起来,与院线和电视抢夺观众,拉动了总量有限的受众人群和总量有限的用户时间,塑造着影视文化消费的新景观。这显然超越了传统影视产业评价体系所能够发挥的功能。政策规制已经生成了优秀作品引导机制,电影"三重"创作导向。未来,影视产业再接纳专家体制的影视评论和评价,与"用户本位评价"结合,则可以建构"用户市场+行业专家+政府规制"评价机制,实现评价机制和管理规制的融合。

三、网络视频平台"虹吸效应"的影响

网络视频平台竞争力形成的背后,是其"虹吸效应"不断深入市场的过程。从本质上看,网络视频平台竞争力及竞争机制,释放了平台的技术优势和资本力量,在资源聚合、影视生产、消费、创意传播等多方面形成区别于传统影视产业的新生态,给影视生态带来了正负面的多维而深层的影响。

(一)网络视频平台"虹吸效应"的积极影响

在行业优胜劣汰趋势下,网络视频平台抓住了调整的机遇。规范影视业税收秩序、限制片酬等高压整改背景下,中国影片备案数量明显减少,行业主动去库存;国产影片制作方开始注重内容本身,优质国产影片占比逐步提升。网络视频平台的崛起也促进中国影视产业出现可喜的变化。

首先,多样化影视内容需求与生产出现。建立在网络空间的平台技术优势,开拓了数字化影视内容播放渠道,自制作品

有了投放平台,扩大了多样化影视内容需求,带来整个影视制作业的下沉。降低了影视生产的进入门槛;过去只有专业、大型的影视制作公司才能制作的影视内容,向社会化制作、拍摄延展;甚至是小作坊、小剧组都开始参与影视拍摄、制作。

其次,网络视频平台促进影视内容创新。互联网时代,网络平台成为平台社会的结构性元素;爱奇艺和腾讯视频的会员用户规模过亿,网络视频平台的文化环境既影响着用户文化心理,又塑造着影视文化生态。新的内容生产与消费模式对内容质量提出更高的标准。审查标准的统一化,网络电影与院线电影的内容边界在融合,二者的题材和表现形式区别缩小,网络电影难以用初期依靠刺激性元素、"打擦边球"的手法继续吸引眼球。这使得网络电影的内容吸引力成为关键。网络电影尽管在怪兽片、现实主义作品、"女性向"作品等方面取得了一定的突破,但内容的多样性和创作水准有待提升。而优质内容与制作成本相关,虽然网络电影成本在增长,但与院线电影仍难相比。如何用低成本制作出与院线电影有差异、但内容上有吸引力的作品,成为网络电影良性发展的核心问题。

第三,影视产业形成新的商业模式和社会赋能。由于影视市场整体疲软,网络视频平台减少补贴,分账剧模式下平台与网络电影制片方的风险与收益共担。网络电影制作公司不能依赖视频平台补贴,因而探索优质网络电影的营销变现的多元化商业模式,必然是平台方和制片方共同面对的又一关键问题。网络视频平台已经开发了部分影片单片付费模式、院网同步+海外发行的多渠道发行放映、IP网络电影衍生品开发和商务合作等新的盈利模式。一方面,平台促进了电影院线改进电影观影环境、升级影院服务模式;另一方面,新冠疫情防控下,电影《囧妈》临时宣布由传统院线放映转向网络视频平台首播,"院转网"的线上播映,影视产业"C位"向视频平台迁移的现象加剧,这是媒介化数字影视技术赋能的必然结果。在新冠疫情防控这样广泛而特殊的社会风险管控过程中,平台提供了影视文化消费和社会稳定的辅助功能。数字网络空间技术和影视内容赋予了网络视频平台以媒体角色和责任,促进了视频平台的媒介化演化,不仅具有文化产业与文化事业的作用及影响,更有应对社会风险的技术张力和文化应力。

(二)网络视频平台"虹吸效应"的消极影响

网络视频平台的竞争力运作逻辑的背后是资本的力量。网络视频平台在保持影视市场优势地位、强化自身竞争力的过程中,带来了诸多负外部性影响。

流量先导,运营失据。尽管影视内容观赏属于精神文化消费生活,但既然是"消费",与网络视频平台就存在着供给的关系。内嵌于平台经济的算法进化到了"将劳动、交通工具、食品餐饮、技术研发、城市物流等一系列的元素组成了一个结合体";[8]内容网络、人际网络和物联网络三者再次在网络视频平台上"相互连接并且深度融合",[9]内容成为产品向着价值关系变现的联结要素。网络视频平台的影视内容将演化为与"人—物—场"的互动关系,平台从表象的影视产品的精神供给地,真正转向资本逻辑运作在社会和文化实践中;内容不过是资本附加其上、又被算法结构化在平台化社会的"媒介"。正如芒果TV副总裁方菲所说,打造一个"视频＋内容＋电商"的全新视频内容电商模式,当小芒 APP"种草""割草"有所收获之时,与其说是网络视频平台拥有了促销带货的更大权力,不如说是被动弥补数字经济退潮。

垄断割据,生态失衡。在网络传播形态的历史嬗变中,传播权力的配置呈现向平台聚集的"中心化"趋势。互联网资本向视频内容渠道这一新领域不断地渗透;网络视频平台背后的巨头 BAT 直接介入电影产业,加速了影视产业结构颠覆性变革。网络视频平台不仅作为影视内容与消费者之间的中介功能，资本的集中和垄断的趋势，实质上改变着影视文化社会空间中的权力分布，撬动了权力结构。2021 年 4 月，包括"爱优腾"在内的 70 余家影视机构和 500 余位影视工作者联合声讨短视频平台侵权。6 月，"爱优腾"三大平台再次公开抨击短视频侵权。紧随其后，短视频平台激烈回应，亦引发市场热议。国家版权局、国家电影局先后发声，表示将严格监管"XX 分钟看完一部电影""短视频追剧"等短视频传播中对于影视内容的侵权行为。长短视频之争，表征了影视—网络视频产业链的外部竞争同样激烈。长视频发展多年，已形成从立项开始的全流程外部监管；而短视频平台则几乎仅仅依靠平台的自律监管，对"擦边球"内容仍是事后监管，违规成本低。用户、创作者、影视从业者、平台等多方利益的矛盾与冲突渐趋尖锐，市场秩序规范与良性生态构建的要求越来越凸显。

泛娱乐化，标准失度。网络视频平台的泛娱乐内容生态成为经营重点。网络视频平台泛娱乐内容文化形态演化催生了"会员经济"模式；平台进一步开发用户潜力，把打造会员经济生态圈、会员用户闭环建构作为平台影视产业链的一个核心，建构泛娱乐内容生态。"泛娱乐"内容不仅有电影、演唱会等，也包括话剧、音乐剧、相声、小品等戏剧文化领域，乃至体育运动。这些娱乐内容不分线上与线下，尤其是处于线下的现实时空场景中的娱乐活动，都可以通过精心的活动策划，如明星见面会、明星探班、提供高清画质、杜比音响等专属活动等，多个特色化权益吸引着用户成为会员；平台再把线下娱乐内容纳入平台线上的"会员娱乐生态"，形成"平台—会员泛娱乐生态"。进一步，平台将视频付费向多维付费转变，在不同维度上拓展会员权益。平台打造会员泛娱乐生态体系的目的，在于要构建泛娱乐内容文化生态与产业互联。平台线上线下的泛娱乐趋势,从"影视综"向泛娱乐领域融合延展,带来了泛娱乐化的标准失度。

四、规制平台竞争,建构良性影视生态

"虹吸效应"作为网络视频平台竞争机制与影响的表征,凸显出视频平台对于影视生态的多维、深层影响,是观察影视业生态演化和发展的一个新视角。当前,平台与垄断化研究方兴未艾。国家层面,全球影视文化产业的竞争规制存在两种不同模式,一是以美国为代表的市场竞争行为为主、监管为辅的模式;二是以中国为代表的影视行业监管与竞争规制并存的模式。前者易造成市场资源集聚的产业垄断;后者注重"两个效益"并行而社会效益优先的价值准则,通过适度政府补贴、优惠税率、政府奖励、政策引导、惩处和取消播放权益等一系列方式,扶持影视业主流文化发展繁荣。中国当代影视内容市场的形成和发展,得益于制度创新和市场推动两种力量的综合建构;市场成为培育互联网平台优质企业快速发展的放大器;由此导致国家的影视内容政策规制从产业外部加剧调控。文化建设是国家的责任,影视产业政策规制和影视内容市场规制需要以影视内容的价值创造与社会主义核心价值观培育和传播为中心,促进影视业的良性发展。网络视频平台面临着治理和发展的双重任务,需要认真对待、处置平台竞争失序和影视生态失衡这两方面的难题。从国家文化意识形态和文化建设需要的角度,探索如何规范网络视频平台的竞争机制,建立起生态平衡、健康发展的影视市场秩序,这是研究平台竞争规制、促进平台治理和发展所应着力的方向。

(一)审视视频平台规制的依据

其一,平台传媒生态属性定位依据。网络视频平台的演进

特征显示,中国网络视频平台呈现出从视频站点提供在线视频播放服务,向着竞争性视频网站和媒体型视频平台发展的总体特征。网络视频平台的发展,是在影视文化服务和传媒娱乐市场领域开展竞争性交易并持续扩大其竞争效能的过程。以商业平台为面貌的网络视频平台具有传媒机构的特殊属性。以互联网技术为基础,网络视频平台是影视内容与商业消费及社交分享相结合的影视文化媒体平台。此外,随着互联网技术的创新发展,并且与资本不断结合嵌入社会领域,网络视频平台成为社会文化消费和文化建设的一个基础构件。

其二,平台影视产品意识形态属性定位依据。资本逻辑的特征,是利润最大化、机会最优化;基于利润最大化和机会最优化的是资本避险特征。党中央一直高度重视和强化影视产品意识形态属性,赋予了影视产品战略思维意识。对网络视频平台规制的基本逻辑包括:一是意识形态的导向;二是价值的公益性和市场的中立性;三是促进优秀文化供给最大化的社会责任。

其三,平台内容服务属性定位依据。传媒生态属性决定了网络视频平台的媒体特殊属性;同时,平台"核心交易"——平台为用户制造价值并转化为自身价值的交易过程,受到国家政策和行业法规的保障与约束。不仅是传统广电媒体的网络延伸平台,也包括"爱优腾"等原生网络视频平台,坚持和广播电视的网络视听实行一套标准、一体管理。网络视频节目是我们新时代的电视,国家政策规制重新定位网络视频平台,将之纳入"新型广播电视"范畴的新思路。

(二)建立良性市场秩序的规制路径

其一,权利对等,责任对等。2018 年,国家广播电视总局发布的《关于进一步加强广播电视和网络视听文艺节目管理的通知》,对网台统一标准,在内容和艺术形式上对网络电影提出了要求;同时,行业协会正在制定行业规则和质量标准。这些来自外部的动因,与内部动因即网络用户的观影行为对网络影视质量的高要求相同步,从外部规制和市场竞争促进,双方面推动网络影视的质量提高。网络视频平台是中国影视走向产业化之后兴起的市场化影视主体。它对于中国影视市场的繁荣和快速发展发挥了更大的角色作用。此前,中国电影市场依赖国家体制内一股力量建设,显得势单力薄。在视频平台经营领域,国家版权保护对于"爱优腾"等网络视频平台企业的影视播出版权保护是对等的、双向的、平等的。这也意味着网络影视视频企业,应当强化自身对于市场规制逻辑的遵守,提高自身社会责任意识、提升影视视频企业参与社会主义文化建设的主体意识。

其二,管理规制完备,塑造积极的影视市场行动主体。竞争规制分析表明,中国对于网络平台及影视业的竞争规制体系建设,已经做到影视视频内容管理规制相对完备、综合管理规制相对完备、制度监管规制相对完备。一方面,国家规制手段采取惩与奖结合,服务与审核及监控结合;另一方面,大力倡导社会主义核心价值观内容创作、推动现实主义题材、红色革命文化、先进文化和传统优秀文化的精品力作的创作,在影视产业链的文本内容创作生产的供给侧加强生态建设,这是更为重要的。在这方面,可以充分发挥既有的平台优势,并调动影视生态各个关键主体的作为,使之成为良性影视生态构建的积极的市场行动主体、影视内容生产主流价值观的积极塑造主体。

其三,平台内外施策,尊重影视文化内容生产的特殊规律。影视文化内容生产的特殊规律,就是其文本生产的特征:个体创作、团队协作、长周期生产。这不是简单的依赖雄厚资本,也不是简单移植互联网企业模式就可以实现的。阿里巴巴在电商领域的数据模型、风控体系、规范化的制度并未能成功移植到优酷。其症结在于文化内容生产的特殊规律。它需要良性影视生态的建构,意味着网络视频平台在秩序治理与平台架构中,向着平台生态系统演化的两个层面拓展:一是互联网平台内部生态系统动力和创新能力结构要素的处理;二是社会和国家层面对平台的制约与规制。这两个层面结合才可能形成完整的平台内容市场秩序和影视业的良性影视生态。从构建平台内部良性生态的角度说,要在"舆论导向+内容安全+文化价值"方面形成合力,要利用行政规制手段、版权保护、平台自治发挥效能,将"机构主体"与"人的主体"作为网络视频平台内部良性生态的核心主体要素。从平台外部的影视生态方面讲,要推进平台良性生态与社会的多重嵌套,兼顾社会和经济价值,平衡电影产业链制片和电影院线与视频平台的市场博弈,注重负外部性对于影视市场的冲击,建立调节机制。

(三)利用传统媒体内容生产优势,促进良性影视生态

对于媒体深度融合中,面临着生存危机重压的传统电视媒体,需要进一步探索深度融合转型之路。芒果 TV(湖南广电)的模式探索给传统媒体的深度融合以希望和样本。在激烈的市场竞争和复杂的技术与内容市场模式转型中,尽管其最终能否成功尚未可知,传统广电业已然出现了大幅减少开机时间、节目成本上升、人员发不出工资的生存问题。"爱优腾"等网络视频平台在市场竞争中的成功、巨量资本投入,与传统广电业大面积亏损之间形成强烈反差。传统电视,一方面在市场竞争中与技术和资本双重加持的科技资本类网络视频平台无法匹及、直落下风;另一方面,传统电视媒体的转型是大势所趋,媒体深度融合进程加快,旧有的模式和舒适区已经不再,竞争力机制创新成为传统媒体的一个新命题。

(四)创新规制效能,有序引导影视视频市场

影视产业高风险的根源在于内容要素。网络电影的内容一直是全行业所关注的重点问题。数量和质量成反比、票房盈

利和影片口碑出现倒挂、优质内容缺失成为目前网络电影市场面临的核心问题。内容要素的意识形态化是影视文化管理的核心,也是国家意识形态和法律监管的对象。中国电影业接受国家目标要求影响,受到国家力量驱动。国家目标要求表现为两个侧重点:国家对于电影的基本使命目标和国家意识形态、价值观建设目标。中国电影的国家目标要求从两个方面驱动视频平台进入电影赛道:一是宣传导向上,通过会议、文件引导;二是管理规制上,国家政策规范引导平台参与网络电影业。2019 年,一系列与网络视听节目相关的政策文件陆续出台,让网络电影的创作、审查等有章可循,积极规范引导网络电影产业化发展。其中影响最大的是,2019 年 2 月 15 日起实行的《国家广播电视总局办公厅关于网络视听节目信息备案系统升级的通知》。新备案系统设置了"规划备案"与"上线备案"两道关卡,分别在项目展开前和成片上线前把关,将企图投机取巧混入网络电影市场的影片拒之门外。网络视频平台顺应国家要求和付费观影对优质影视内容的市场需求,融入电影事业洪流。

(五)推动高质量影视内容生产融入国际国内"双循环"新发展格局

没有高质量影视内容生产就没有电影之强。高质量影视内容生态是中国从影视大国向影视强国发展推进的一个重要方面。不断推动中国电影从"高原"向"高峰"迈进,需要建构高质量影视内容生产新生态,参与国际影视市场竞争,融入国际国内"双循环"新发展格局。

网络视频平台走向国际市场、参与国际市场影视竞争,是平台崛起后的必由之路。作为中国国际传播力的构成部分,要将平台竞争力打造成走向国际市场的生态优势,为讲好中国故事、传播中国声音提供能量。影视是向世界表达一个国家的精神和形象的最好载体。美国好莱坞电影、奈飞剧集等通过高度发达的娱乐文化产业，向全球输出美国精神，形成典型的美国国家形象和国民精神叙事方式，塑造道义高地。以中国社会主义核心价值观为指导的影视文化新生态，需要包括传统广电主流媒体、影视业主流机构、网络视频平台在内的所有文化机构、工作者参与建设。要积极引导独具创新优势和强大市场竞争能力的网络视频平台参与国际国内"双循环"新发展格局下的良性影视文化生态建设，发挥其独特的作用。构建国际国内影视市场"双循环"新发展格局，也是网络视频平台参与构建国际国内"双循环"新发展格局下的良性影视生态的必要使命。打造国际一流网络视频平台，实现从电影大国向电影强国跨越，加大中国精神、"中国梦"对于国际影视文化交流，扩大中国精神、中国梦、人类命运共同体等主题的全球范围传播。网络视频平台在发展过程中，对标国际竞争力强的电影巨头好莱坞和奈飞等视频平台，汲取创新要素，获得了国内市场的快速发展；同时，在海外市场也推出了不少影视作品，产生了较大影响。但是，要在国际影视市场竞争中从自发到自觉，获得更主动的话语权，还需要积极研究海外市场。

由于各国和地区在政治、经济、文化领域的巨大差异，影视产业的国际市场是复杂的。要专门研究具体国别影视市场消费特性，充分了解具体国家历史、宗教、文化与政治的特点；要具体研究视频平台播放影视内容在对象国消费主体的体验差异，寻找切合特定对象国群体消费心理的平台服务手段，创新服务模式，提升跨文化影视市场竞争力。网络视频平台应在参与中增强国际市场竞争力，建设更具中国特色、更有国际竞争力的影视市场文化主体。

总之，防范网络视频平台"虹吸效应"负面影响的方向在于，审视影视规制依据，重构影视生态；既鼓励平台发展，又利用传统媒体内容生产优势，参与国际影视竞争，推进影视强国目标建设。

注释

［1］［德］哈特穆特·罗萨:《新异化的诞生》,郑作彧译,上海:上海人民出版社,2018 年,第 64 页。

［2］余庆泽、毛为慧、袁泽沛、魏畅宇:《基于能力要素的第三方电商零售平台核心竞争力评价分析——以京东等 5 家企业为例》,《现代管理科学》2019 年第 11 期。

［3］刘和东:《国内市场规模与创新要素集聚的虹吸效应研究》,《科学学与科学技术管理》2013 年第 7 期。

［4］杜明军:《区域一体化进程中的"虹吸效应"分析》,《河南工业大学学报(社会科学版)》2012 年第 3 期。

［5］方军、程明霞、徐思彦:《平台时代》,北京:机械工业出版社,2018 年,第 98—102 页。

［6］陈家洋:《推荐算法与流媒体影视的算法文化》,《电影艺术》2021 年第 3 期。

［7］［加］尼克·斯尔尼塞克:《平台资本主义》,程水英译,广州:广东人民出版社,2018 年,第 125 页。

［8］孙萍:《如何理解算法的物质属性——基于平台经济和数字劳动的物质性研究》,《科学与社会》2019 年第 3 期。

［9］喻国明、耿晓梦:《算法范式对媒介逻辑的重构》,引自《传媒蓝皮书:中国传媒产业发展报告》,北京:社会科学文献出版社,2020 年,第 46 页。

The Competitive Siphoning Mechanism of Online Video Platforms and the Reconstruction of Film and Television Ecology

JIN Wenkai

Abstract: The online video platform, which mainly provides online audio-visual content services, has shown strong market competitiveness during its evolution, which has had an impact on the traditional film and television market structure. Using the siphon effect as a metaphorical expression, the paper analyzes the generation mechanism of platform competitiveness and investigates the positive and negative impacts of the platform siphon effect on the film and television market and society. The positive effects include: market competition drives the formation of platform models in the film and television industry, the integration of film and television value chains helps improve the quality and efficiency of the industry, and the platform flow experience enriches the cultural functions of film and television; the negative effects include: the disordered competition in the film and television market, technology power driving the traffic precedence, capital operation driving the monopoly and fragmentation, and consumerism aggravating the pan-entertainment. On this basis, this paper points out that the direction to prevent the negative impact of the platform siphon effect lies in reviewing the basis of film and television regulation, reconstructing the film and television ecology, and innovating the effectiveness of regulation, i. e. encouraging the development of platforms while taking advantage of traditional media content production, participating in international film and television competition, and promoting the goal of a strong film and television nation.

Key words: Online Video Platform; Platform Competitiveness; Siphoning; Film and Television Ecology

中国互联网平台公司的金融化与资本扩张机制研究

黄贺铂

摘　要　全球新自由主义转向深刻影响着互联网媒体组织的发展方向,互联网平台公司跨空间、跨边界、跨领域的金融化扩张可能造成新的权力不对等。本研究聚焦中国互联网平台公司腾讯的金融化历程,剖析腾讯公司所有权结构与股东价值、金融化水平及趋势、用户平均收益与市盈率、投资收购等运营指标。研究发现,互联网平台公司通过金融化投资迅速集聚资源并融入全球资本积累循环体系,互联网平台公司的金融化易造成其在媒介生产经营逻辑上过分关注资本市场与股东价值,催生资本积累模式和平台治理模式的最终转变,并造成某种程度上互联网信息权力过度集聚问题。同时,中国互联网平台公司的发展离不开国家力量和跨国金融资本,有其自身的特殊性,国家力量规制着金融资本过分扩张,防止其全面金融化。

关键词　金融化　资本扩张　互联网平台公司　腾讯

作者简介　黄贺铂,男,重庆大学新闻学院助理研究员,博士。研究方向:传播政治经济学。电子邮箱:njuhhb@126.com。

基金项目　重庆市自然科学基金项目"'一带一路'背景下我国网络游戏产业的海外资本扩张与国家治理研究"(编号:cstc2020jcyj-bshX0117);重庆大学中央高校基本科研业务费"青少年社交媒体使用的劳工化与安全引导研究"(编号:2020CDJSK07XK01)

一、研究背景与问题的提出

国家的触角和流动的资本在社会再生产领域中延伸、扩张,跨空间、跨边界、跨行业的社会再生产可能造成新的权力不对等。近年来,全球互联网公司发展迅猛,信息与通信技术的数字融合发展为全球金融资本流通提供必要的基础设施,全球资本主义体系的金融化重塑了跨国传媒集团发展战略,而互联网公司的资本化与金融化亦成为大势所趋。全球各大传媒集团纷纷采取(被)收购、跨国投资、跨媒体等组合发展战略,这些传媒集团没有刻意分割互联网应用、数字电子、移动电话的发展路径,也并未模糊广播、计算机、电信和消费电子产品之间的传统界限[1]。千禧年后,全球新自由主义转向与媒体组织公司的内部运作联系密切,而互联网媒体经济与金融的动态和节奏也越来越紧密同步。我们有必要将互联网科技传媒公司置于国家公共治理的视野之下,严肃地探讨互联网平台公司金融化现象与全球政治经济的多重勾连,认识互联网金融资本的多样性,并考察其可能带来的各种社会后果。本研究以腾讯公司为例,通过剖析中国互联网公司金融化的实现机制,厘清中国互联网公司与政府、全球互联网市场、全球媒体政治经济态势之间的动态关系。

互联网科技公司已经和传媒领域杂糅在一起,互联网公司同时具备科技公司和媒体公司的发展属性,已然改变媒体领域的政治经济格局。互联网公司金融化(Financialization)议题研究越来越受到关注,随着互联网信息技术、媒体组织与金融资本的发展交织在一起,社会实体经济透过各式各样的金融活动扩大资本再生产,实体经济的生产、交换、分配、消费与金融资本交织愈发紧密。全球地理空间变得更具可塑性,赛博空

间的征服扩张足迹已经遍布全世界,并逐渐形成超越现实的
"数字化城邦"。与"英国式"的殖民地掠夺不同,伴随着"美
国式"的全球化扩张进程,金融资本在当前全球社会经济流
通中发挥着举足轻重的作用,金融化的原因、内容和形式可
能因国家、地区、组织而异,取决于不同的政治、历史、制度和
社会条件[2]。

　　中国互联网公司便发酵于如此复杂动态的全球环境之中,
互联网资本的复杂来源与国际金融相互作用,进一步将中国互
联网公司推向全球市场[3],其背后资本扩张机制值得深究。基
于此,本研究提出如下具体问题,发展中国家经济体的金融化
很大程度上被视为金融全球化的某种结果或产物,在中国互联
网公司发展的复杂金融背景下,作为互联网公司的腾讯,在国
家力量和资本力量的共同作用下,其政策环境、资本所有权、传
媒业务发展战略呈现什么样的态势?腾讯作为互联网公司是
如何进行资本化与金融化的?互联网公司金融化对其资本积
累、经营逻辑、平台治理模式、全球资本网络发展等方面带来何
种影响?在中国的特殊语境下,政府又如何对中国互联网公司
的金融化进行国家规制?

二、金融化的理论逻辑

　　20 世纪 60 年代,金融化问题已经引起资本主义社会重
视,凯文·菲利普斯(Kevin Phillips)在其著作《沸腾时刻》
(Boiling Point)中明确使用金融化(Financialization)一词,而
美国《每月评论》(Monthly Review)杂志的哈利·马格多夫
(Harry Magdoff)和保罗·斯威兹(Paul Sweezy)等则对金融
化进行明确考察[4][5]。"二战"后社会财富增长,相对稳定的资
本主义社会环境为金融工具多样化和投资扩张铺平了道路,日

趋壮大的中产群体纷纷加入投资行业。20 世纪 70 年代,资本主义国家出现不同程度的经济滞涨,20 世纪 80 年代,以美国为代表的发达资本主义国家的劳资关系、收入分配状况不断恶化,民众选择增加杠杆来维持劳动再生产,保障基本生活质量,但社会不稳定性与金融风险增加[6]。

"金融化"是新自由主义最独特、最核心的运作扩张机制。伴随着新自由主义的转向,新阶段的资本主义版图自 20 世纪 80 年代开始扩张,并以"新自由主义、全球化、金融化"的崛起为特征,爱泼斯坦(Epstein)认为"金融化"包括金融动机、金融市场、金融行动者和金融机构在全球经济运行中的作用[7]。这种概念相对广义,强调金融化与世界经济的相互作用,不过并未提供任何研究框架与适用空间。克里普纳(Krippner)认为"金融化"主要通过金融渠道而非贸易或商品生产来获得利润积累,金融化已经成为美国突出的经济特征,金融在经济增长中比重越来越大[8]。金融化使得社会经济中的实体经济(包括服务产业)逐渐转向金融资本领域,并出现金融膨胀到经济滞涨的循环,这种金融资本带来的新型"社会—经济"关系由美国开始向全世界渗透[9]。的确,新自由主义全球化与金融化深刻交织,虽造成某种程度同一性、财富聚焦与部分经济繁荣,但也带来区域经济动荡和发展不平衡。

马克思对金融资本持谨慎态度,金融资本来源于利润或工资,其本身并不产生利润;同时,金融资本是一种对货币的控制权力,这些货币尚未被创造出来,但被认为是在未来被创造出来的支付权力。马克思将所有的金融资本都描述为虚构资本:"铁路、矿业航运公司等的股份代表真实资本,即在这些企业中进行投资和运作的资本,或者是股东预付给这些企业的资金的总和。"马克思认为,因为金融资本(信贷、贷款、抵押贷款、股票市场、金融衍生品、债务等)是未来的一种选择,所以它是人为的,风险很高[10]。金融资本的过分扩张会造成全球经济实体过分金融化,甚至加剧资本主义体系的社会危机。例如,约翰·福斯特(John Foster)声称美国的房地产泡沫成了金融化的基础,这可能会导致经济急剧下滑和全球金融混乱,由于资产泡沫导致金融业的不稳定,资本变成了投机,随后严重的资本主义危机正等在门槛上[11]。

社会经济持续的金融化会带来资本主义经济的周期性停滞。由于资本家严重依赖经济金融增长来扩大他们的资本,而金融上层结构显然又不能独立于实体经济生产而扩张,金融化将永远无法克服经济生产内部的停滞,陷入某种周期循环。换句话说,金融化确实是"一个超越特定金融泡沫的持续过程",美国资本主义的金融化正在扩张,因为非资本机构大量参与资本市场,资本积累越来越依赖于金融而非生产[12]。资本积累过程的金融化,让整个资本主义世界经济更加脆弱,更加依赖于金融层面,而非生产基础(即实业)的增长,其结果是金融体系越来越容易出现周期性破裂的资产泡沫,"金融化"更强调阶段性,对企业经营逻辑造成长期结构影响,并可能造成某个经济发展阶段的投机泡沫膨胀[13]。与之相对的是"投资狂热"理论,该理论涉及短期经济,企业经营随着短期经济暴涨或暴跌。我们可以预见的是,全球金融化进程将使得(包括互联网公司在内)生产组织和利润都向金融资本转移,忽视实体经济自身的生产价值与生产效率,这样的后果是金融化程度越高的区域将获得更高程度的"剩余积累",造成产能过剩,继而造成停滞与利润下降,这样又回到经济萧条时刻资本家"倒牛奶"的光景了。

然而,金融化是否会像其倡导者一样,促进互联网产业、传媒业衍生出更健康的竞争态势,还是会像批评者一样过分注重投资与整合,都值得考量。社会金融的跨领域程度超乎想象,不仅是技术，更是货币、资本流动的思考框架与意识形态，全球经济的新自由主义转向使得经济体系整合成为庞大国际金融体系，萧条与繁荣共存。一方面，风险危机与金融社会发展共存，国际金融透过债务、股票等杠杆投资商品对实体经济与虚拟经济重新进行经济资源配置。另一方面，金融杠杆与债务不再是经济困境的标志，而是金融抱负和信心的体现，公众承担风险与不稳定性成为金融社会显著特征之一。

三、腾讯公司的金融化与资本扩张

当前中国互联网跨国公司积极融入全球化生产并进行金融化，这种金融化多以跨国组织模式为基础，中国互联网公司的各个组织、子结构、社交网络也日益全球化，资本、权力、货币、商品、人员、信息的流动在全球得到高速处理和运转。互联网科技媒体公司的金融化有三个主要特征：一是作为公司股东的财务利益日益集中；二是通过并购为增长融资的负债增加；三是公司资产作为"投资组合"中的"金融"概念，并寻求自身金融价值的最大化。

基于此，本研究主要从四个维度来考量：(1) 所有权结构（Ownership Structure），包括董事会，所有者与董事之间的联系等（Linkages between Owners and Directors）。(2) 自身金融化水平，主要包括金融资本持有比例和金融投资比例。(3) 用户平均收益（Average Revenue Per User，ARPU）与市盈率（Price Earnings Ratio，P/E ratio）。(4) 全球金融网络（Global Finance Networks）：资本收购与并购[14][15]。腾讯公司金融化的指标构建与剖析均从上述四个维度来考量。

需要说明的是，本研究数据资料来源选取港股"腾讯控股

[00700]"为研究样本,数据主要来自万德(WIND)、国泰安经济金融数据库(CSMAR),涉及宏观数据指标主要取自国家统计局官网,并搜集公司年度财务报告数据,结合风投公司对腾讯的分析数据、证券公司研究报告、企业公告、报纸杂志等数据资料;文本方面,结合腾讯数次转型期间公司股东就腾讯公司战略发展、投资与金融化等相关议题发表演讲,腾讯发展危机和转型文章被以专题形式发表,或主要股东接受记者采访等;同时,加上手工资料搜集,将2004—2019年这15年间收集的关于腾讯公司和中国互联网公司的资料汇总起来,进而分析腾讯金融化投资的内外部动因及其所处的全球具体语境,审视腾讯金融化过程中异质性的政治经济力量。

(一)所有权结构与股东价值

互联网跨国公司经历外国直接投资(Foreign Direct Investment,FDI)到风险投资(Venture Capital,VC)和可变利益实体(Variable Interest Entity,VIE)结构的多个阶段,目前,腾讯公司采用的是可变利益实体(VIE)类型架构,即境外注册上市实体与境内业务运营实体分离,境外上市与境内业务运营相互影响,是一种变通性质的运营组织架构。《外商投资产业指导目录》(Foreign Investment Industry Guidance Catalog)中对外国投资有所限制,中国企业可以采用VIE类型结构涉足更广泛的领域。新浪便是利用VIE对其主营业务进行变通的运营,开创"新浪模式",并于2000年成功在美国纳斯达克上市。从那以后,无论是外国投资者还是国内投资者,在中国很多限制或禁止外商投资的领域开始复制使用VIE结构。由于外资在某些领域的所有权和控制权受到政策限制,风险投资而不是对外直接投资成为中国电信和互联网业务的首选资金来源。VIE结构通常由在境外司法管辖区注册的壳公司和在中国注册的多个经营实体组成。VIE 结构可谓一举两得：它避开外资所有权的限制，同时保证外国投资者的利润和利益分配，并将控制权牢牢掌握在中国公司手中，VIE 结构的设计和设置表明，中国互联网企业在相对不受限制地进入资本市场和绕过国家对外资拥有增值电信服务的限制方面，依赖离岸司法管辖区，所有这些努力都消除了资本积累的摩擦[16]。

2004 年 6 月，腾讯公司作为第一家在香港主板上市的中国内地互联网企业在香港联交所主板上市（名为腾讯控股，股票代码 700），总计发行 4.2 亿股，招股价 3.7 港币/股。腾讯的上市是腾讯公司自身发展的里程碑，也是腾讯全面金融化进程的一个重要节点，就腾讯金融化动机而言，无非是获得更高的资本来盘活产业链，这种金融化、资本化的最终目的则是实现利润最大化的目标。

2004 年腾讯上市时，公司股权结构如下：(1) MIH QQ（南非媒体集团 Naspers 子公司）：35.62%。(2) Advance Data Services Limited（腾讯 CEO 马化腾全资持有）：13.74%。(3) Best Update International Limited（张志东全资持有）持股：6.12%。2019 年，南非媒体集团 Naspers 仍然是腾讯的最大股东，控制着腾讯约三分之一的股份（即 MIH TC 所持股份 31%）。上述银行、风险投资基金（VC）和其他机构投资者已经获得腾讯的大量股权和优渥的回报，我们可以发现，银行持有的股份所有权，对冲基金、风险资本和其他类型的机构投资者在互联网、媒体和电信行业都扮演着重要角色。不过值得注意的是，马化腾及其全资附属公司的股份由 2004 年上市之初的 13.74%稀释为 2019 年的 8.58%，而摩根大通也持有该公司 6.2%的股份，这比较符合跨国科技公司成长的一般轨迹，即随着公司的发展，其创始人所控制的份额会逐渐降低，转而被更多股东和专业公司来把持。马化腾也对股东 Naspers 评价颇高,"南非大股东 17 年如一日,到前几天才卖一点点,这样的股东很难找"[17]。

如同其他中国互联网公司一样,腾讯"股东价值"理念及所有权结构会影响整体公司经营"金融化",公司的运营者将战略目标设定为金融导向与资本导向,比如购买股份、并购、合资,等等,这些运营策略也彰显出公司尽量达到"股东价值最大化"的经营目标,公司的现金流更多来源于金融投资,并以股利、利息、资本等形式出现,现金流也逐渐流到债权人或股东手上[18][19]。然而,这种理念也会带来"金融化"经营逻辑贯穿企业的后果,"股东价值"倡导公司经营的唯一目的是"让股东赚钱",而分发股利和股价的上涨是评估公司优劣的重要(甚至唯一)指标,这涉及公司经营策略转变,公司不再倾向于将自身视为"独立法人地位的实体",而是在市场上参与交易的某种"投资组合",公司股东的关注点从产业转向资本市场[20]。

表 1 腾讯公司所有权变迁

2002 年	MIH(Naspers 子公司)从李泽楷、IDG 收购近 45.5% 股权,成为第一大股东。
2003 年	腾讯进行股权调整,为上市准备,收回 IDG 所持有股份。
2004 年	腾讯 IPO 发行 4.2 亿股公众股,董事会包括:马化腾、张志东、Antonie Andries Roux、Charles St Leger Searle、李东生、Iain Ferguson Bruce、Ian Charles Stone; 股权占比:MIH(Nasper 子公司)35.71%;马化腾 13.74%;张志东 6.12%。
2005 年	股权发生变更,MIH(Nasper 子公司)35.62%;ABSA 银行有限公司(由 Nasper 和由 Barclay 银行全资控股)10.46%;马化腾 13.14%;张志东 5.26%。
2010 年	MIH China, 34.33%; Advance Data Services Limited, 12.11%; ABSA Bank Limited, 10.08%; JPMorgan Chase & Co.(摩根大通),5.26%(其中包括淡仓,0.25%)。

（续表）

2018 年	腾讯大股东 Naspers 将出售至多 1.9 亿股腾讯控股股，持股比例将从 33.2% 降至 31.2%。
2019 年	MIH31%；马化腾 8.58%；摩根大通 6.2%；刘炽平 0.55%。
2020 年	摩根大通减持比例降至 4.98%。

（二）金融资产持有率与金融投资率

本研究借鉴奥汉加兹（Orhangaz）、宋军和陆旸与张成思和张步昙的方法[21][22][23]，考量金融资产在总资产中占比（FAR）和投资金融资产的现金流在企业投资活动现金流中的占比（FIFR），从静态和动态两个维度对微观公司金融化程度进行度量。从资本循环角度而言，企业金融化则说明企业的货币循环绕过商业资本与产业资本，货币资本直接投入金融市场，企业逐渐淡化实体的"生产与消费"经营活动。

1. 金融资产持有比例（Financial Asset Ratio，FAR）

金融资产持有比例（FAR）可以直接反映企业的金融化水平高低，按照我国企业会计准则的规定，金融资产主要包括：库存现金、银行存款、应收账款、应收票据、其他应收款项、股权投资、债权投资和衍生金融工具形成的资产等。上市的财务报表中金融收益与金融资产都能直接表现出互联网公司自身的金融化程度及自身金融资产持有程度，互联网公司将其资产用于经营性投资或金融投资，其投资行为最终在财务报表中体现为持有金融资产。

$$FAR = \frac{FA}{Asset} =$$

$$\frac{TFA + FAAS + HTM + SI + LIS + LID + IRE}{Asset} \times 100\%$$

式（1）

式（1）中，FA（Financial Asset）为金融资产，Asset 为企业的总资产，TFA（Trading Financial Assets）为交易性金融资

产,FAAS（Financial Assets Available for Sale）为可供出售金
融资产,HTM（Held-to-Maturity Investment）为持有至到期
投资,SI（Short-term Investment）为短期投资,LIS（Long-
term Investment on Stocks）为长期股权投资,LID（Long-
term Investment on Debt）为长期债权投资,IRE（Investment
Real Estate）为投资性房地产[24]。

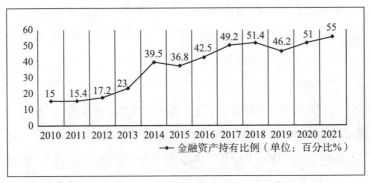

图1 腾讯控股（0700）近十年金融资产持有比例（2010—2021年）

图1显示了腾讯公司2010年至2020年金融资产持有比
例的趋势以及水平。一方面,从动态来看,腾讯公司的金融投
资比例总体呈上升趋势,从2010年15%一路上扬至2014年
接近40%,在2018年上升至高点50.6%,2021年升至55%,
说明腾讯公司金融化程度呈现逐年上升趋势,并在近五年均保
持在40%—55%之间,逐渐达到稳定状态。另一方面,从静态
而言,近五年腾讯公司的金融投资比例均维持在45%上下,呈
现出较高的水准,企业将较多的资本投至金融资产。综合来
看,腾讯公司将较多资本投到金融市场,尤其是"可供出售的金
融资产""长期股权投资"占据较多份额,以期通过投资或金融
操作获取更多市场收益。另外,其"投资性房地产项目"从
2012年的21674000元、2013年的22000000元,上升至2014
年的268000000元,扩张近10倍,而从2015年到2016年的投

资又呈现出数量上的飞跃,这与我国整体房地产扩张进程息息相关,从而开启新的金融财富积累新阶段,当然可能会对公司某些实体部门造成"空心化"的影响,呈现出"不务正业"的整体形象。综合来说,作为互联网上市科技公司,实体部门的发展份额与腾讯自身投资战略息息相关,腾讯也曾经历过业务扩张阶段,但过多消耗腾讯的业务资源,正如腾讯刘炽平所言,"腾讯 10 年投资了 800 多家公司,其中 70 多家已经上市,160 多家市值超过 10 亿美金。腾讯持股超过 5%的公司,总市值超过 5000 亿美金。这是另一个腾讯的体量"[25]。

2. 金融投资率(Financial Invest Flow Ratio,FIFR)

上市公司运用资本进行经营性投资或金融投资,其投资行为最终在财务报表中体现为持有金融资产,主要包括四个部分:购建固定资产、无形资产和其他长期资产支付的现金;投资支付的现金;取得子公司及其他营业单位支付的现金净额;支付其他与投资活动有关的现金。其中,投资支付的现金是指企业进行权益性投资和债权性投资支付的现金[26],投资支付的现金占投资活动现金流出的比例(简称"金融投资率",Financial Invest Flow Ratio,FIFR)直接衡量企业金融化的水平及趋势。金融投资率(FIFR)公式如下:

$$FIFR = \frac{FI}{ICF} = \frac{FI}{LTA + FI + MA + OTHERS} \times 100\%$$

式(2)

式(2)中,FI(Financial Invest)为投资支付现金,ICF(Invest Cash-Flow)为投资活动现金流出,LTA(Long-term Asset)为购建固定资产、无形资产和其他长期资产支付的现金,MA(Mergers and Acquisitions Cash-Flow)为取得子公司及其他营业单位支付的现金净额,OTHERS 为其他与投资活动有关的现金流出。[27]

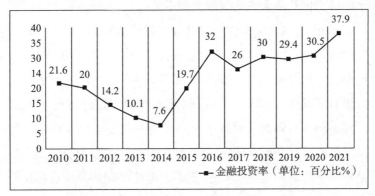

图2　腾讯控股(0700)近十年金融投资率(2010—2021)

图2显示了腾讯公司2010—2020年投资活动的现金流出中金融投资活动的比例及趋势。一方面,从静态来看,腾讯近年来的金融投资率整体低于35％,2016年与2018年均超过30％,最低点为2014年,不到10％。这说明腾讯公司在当期的投资现金流出中,用于权益性投资与债权性投资支付的现金绝对比例并没有特别高。另一方面,从动态而言,纵观十年金融投资趋势,2015年前的金融投资率处于相对低位的区间,除2014年外,大多处于10％—20％区间。2016年后,则飙升到30％左右,值得注意的是,2017年后,腾讯公司自身市值上涨以及游戏收入增加会稀释金融投资的份额,继而呈现出金融投资率略微下调的趋势。但在2021年,腾讯金融投资比例一路上扬至37.9％。尤其在2019年,腾讯财报将"金融科技与企业服务"类目单独列出来,"投资活动的现金流出"并未将"金融科技与企业服务""云服务"等板块列入考量,故2019年金融投资率指标不到30％。但剥离出来的类目"金融科技业务收入"已增长38％,成为收入增长核心引擎,该项增长主要反映较高的内容成本、金融科技服务成本及渠道成本,金融科技及企业服务业务的收入成本也同比增长35％,至738.31亿元,反映出腾

讯金融支付及云业务的规模扩张迅猛。

另外,金融投资率中"长期资产比例"是衡量企业进行长期投资的重要指标,并以此作为金融投资率(FIFR)的佐证指标,这个指标与金融化程度呈现负相关的关系。2015—2021 年,腾讯长期资产比例不到 50%,相对较低(实业公司一般为 60%—80%),侧面说明腾讯金融投资率也处于相对高位。腾讯发展战略已从前期的"产品开放"导向转为"投资导向",尤其是对许多互联网创业公司进行投资,整个公司的关注目标从开发互联网产品转向投资互联网平台公司,希冀金融投资能够规避腾讯自身业务扩张带来的不成熟,这样"腾讯自身能更专注做好平台与业务"[28]。金融科技产品方面,2015 年 7 月,人民银行等十部门发布《关于促进互联网金融健康发展的指导意见》,鼓励金融创新,为第三方支付机构和网络平台提供资金存管、支付清算等配套服务,腾讯以微信为支点,在金融科技板块衍生出支付、贷款和理财三大业务,推动支付创新与金融,理财平台将互联网流量金融化。

(三)用户平均收益(Average Revenue Per User,ARPU)与市盈率(P/E Ratio)

回顾腾讯近十年的收益及财务状况,其用户平均收益体现出高股价低盈利的特征。以 2015 年为例,腾讯在 2015 年收入为 1028.63 亿元,其中,微信活跃用户为 6.97 亿,QQ 活跃用户为 6.2 亿,各类社交用户(微信、QQ、QQ 空间、收费增值服务注册账户等用户)合计超过 18 亿人次,腾讯用户平均收益为 57.1 元;以 2017 年为例,腾讯全年收入为 2377.6 亿元,微信每月用户超过 10 亿人次,总用户超过 20 亿人次,腾讯用户平均收益约为 119 元;2019 年腾讯年收入为 3772.89 亿元,微信月活跃人数接近 12 亿人次,总用户超过 20 亿人次,用户平均收益为 188.64 元,2020 年腾讯用户平均收益达到 241 元,近五年的用户平均收益提升,说明腾讯各项业务变现能力正在提升。值得注意的是,腾讯手游近五年的户平均收益维持在 120—200 元,远高于行业平均水平。然而,相对于谷歌 2015—2019 年的用户平均收益均超过 500 元而言,腾讯用户平均收益偏低;剥离游戏业务,腾讯的广告业务、社交网络与 Facebook、Twitter 相比也有一定差距。

就腾讯市盈率而言,腾讯 2018 年为 31.78,2015—2019 年一直徘徊在 35—50 之间,2010—2021 年的中位数为 35.24[29],而谷歌长期处于 23—30 之间,苹果则处于 15—20 之间[30]。市盈率越低,表明投资收回成本的周期越短,因此投资价值越高。腾讯盈利能力和用户收益一般,相比于谷歌,腾讯整体股价相对被高估。

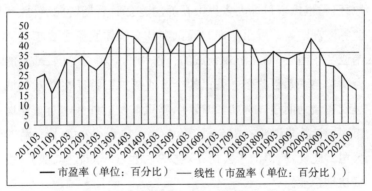

图 3 腾讯控股(0700)近十年的市盈率(2011—2021 年)

然而,纵观整个中国金融大环境,相对于内地的沪深股市上市公司,腾讯已经算资产运行较为合格。如果我们对比在内地股市交易的互联网公司,分析其盈利能力与股价之间的差异,就会发现其间的差距要比腾讯大得多。例如,许多 A 股上市公司利润甚至不如一家餐馆或者一套房的利润[31]。中国经济、资本、货币很多被导向房地产之中,中国主要城市的房地产和互联网公司一样,也走向金融化的道路,并成为资本积累的一种形式。全球健康股市市盈率指标大概在12.5,在港交所上市的中国互联网公司平均市盈率为34.05;而在上海证券交易所和深圳证券交易所交易,互联网科技公司的平均市盈率是66.86,显然,中国内地股票市场的互联网公司平均市盈率交易处于相对高位的水准,甚至超过许多其他行业的市盈率。

(四)资本收购与金融网络

自2010年起,腾讯的并购领域急速增加,投资范围越来越广,几乎对互联网各个分支进行全方位的覆盖。就腾讯收购、并购和金融投资方面而言,腾讯的收购公司类型涵盖多样,涉及多达23个细分行业,包括文娱传媒、消费零售、民生教育、金融科技、企业服务及海外投资等领域;从地域而言,腾讯的金融化步伐早已走向国际化,其投资、并购覆盖全球20多个国家和地区,腾讯投资目标大多集中在韩国、美国,后期转向英国、芬兰等欧洲国家。腾讯的即时通讯和社交媒体服务主要扩展到南亚和东南亚,而在游戏领域的合作和投资则与美国、韩国的资本单位联系更紧密。腾讯的全产业链投资特征在游戏领域呈现得最为明显。例如,2005年,腾讯首次对外并购对象深圳市网域计算机网络有限公司、韩国GoPets Ltd.公司,皆为游戏公司。此外,腾讯的子公司和被投资方也在不断收购、兼并、投资初创企业。

如图4所示,2010—2018年腾讯投资规模与交易数额均呈现上升趋势,2018年投资到达顶峰,投资企业近200个,涉及金额达600亿美元,2019—2021年交易额有所回落。腾讯投资利润比例从2015年的6%左右一路上扬到2018年的20%,2018年创新高,而在2019—2021年又迅速回落至5%,这也和腾讯投资企业轨迹相吻合。就腾讯的长期债务水平(Debt Levels Over Time)而言,在腾讯2014—2018年大肆"买买买"的并购狂潮下,其债务水平已经突破1.0甚至达到1.5,

图 4　腾讯公司近十年的投资规模(2010—2021 年)

相比于 0.5 的指标,其债务水平已经处于高位。总之,腾讯乃至 BAT 通过收购和金融投资积累对市场逐渐形成垄断,正刺激中国的互联网泡沫,加剧中国股市的波动性[32]。换句话说,这三大巨头都通过收购和投资在新兴领域占据主导地位。

垄断资本经济为少数垄断者和寡头创造巨额盈余,这些寡头均是垄断经济的受益者,在互联网领域,互联网巨头可以放弃产品创新,仅仅通过收购和投资产生巨额盈余,许多初创企业都被纳入这些帝国的无疆版图。另外,垄断资本的生产过程将限制生产能力的勃兴,限制创新研发的空间,如果互联网巨头继续通过收购初创企业来扩张其帝国,这些巨头的足迹便占据整个市场,进而压缩初创企业提供新想法的生存空间;同时,这样大肆收购带来的资本积累仅仅与金融有关,而与生产(实业)无关,导致资本积累变成单一的收购行为。经历近 20 年的发展和壮大,腾讯公司似乎在收购、投资的道路上愈演愈烈,并深陷"金融化"泥沼之中,频频被质疑"没有梦想"。当前,中国经济总体发展趋势正逐步放缓,面对下跌的股价、蒸发的市值以及乏力的增长点,腾讯宣布新一轮的战略升级,调整其组织架构,在原有七大事业群(Business Group, BG)基础上进行重组整合,由消费互联网向产业互联网升级进化,也是对自身"连接"使命和价值观传承的努力。

我们可以发现,以腾讯为代表的互联网公司正变得越来越跨国化,考虑到中国本身在全球政治经济环境下不断变化的角色,在信息产业和治理的战场上,中国与其他国家的相互作用和博弈存在着不确定性。不过,毋庸置疑,腾讯正在成为一家全球性的互联网公司,并积极参与中国社会经济发展与结构转型的过程。腾讯公司的跨国扩张需要考量国内外的政治经济环境,例如中国政府对互联网行业的监管和管制,中国的市场转型和全球再整合,以及跨国数字资本主义的扩张。全球通信产业的跨国化和全球新自由主义运动是同步进行的,以腾讯为例,2010 年后,其核心业务主要分为四个方面:云、支付、安全、LBS(Location Based Services,无线电通讯网络基于位置的服务),安全是互联网生态的"基础设施"。另外,腾讯的跨国投资主要包括外包、跨界联盟,分包,投资,基金等方式,尤其是外国直接投资、并购、研究与发展合作、合资企业、战略伙伴关系和其他实践。具体而言,腾讯的跨国活动采取了多种形式:市场扩大服务;投资或收购外国媒体和数字公司的股份;在数据中心和网络系统上的研究与开发协作;与外国公司在共同发展服务方面的战略伙伴关系;与来自不同媒体行业的巨头的战略备忘录。

值得注意的是,中国国家政策对国内互联网公司资本并购与战略发展有着举足轻重的作用。中国互联网迅猛的发展离不开国家宏观政策的支持与公共治理,国家鼓励媒介集团和互联网公司在海外拓展业务,特别是在对中国具有战略重要性的国家和地区,以增强国家的软实力。中国互联网治理与竞争的政策主体多为官方机构,互联网产业成为国家支柱产业离不开国家信息技术层面的政策支持,腾讯的发展同样倚赖于国家公共政策和电信基础设施发展计划,并在此基础上将社会公共生活与互联网发展连接起来。

2016 年后,中国国家政策"十三五"规划将优先发展信息与通信产业,中国互联网公司早已和外商投资相结合,但外国资本并不能获得中国互联网产业的控股权益,一方面,大型美国互联网公司(脸书与谷歌)已经被禁止向中国大陆市场提供服务,其他诸如微软、亚马逊、苹果等公司也受到严格限制;另一方面,总部位于中国的互联网公司(阿里、腾讯)仍然独立于外国控制,比如,阿里有很多股份是由美国雅虎与日本软银公司所有,但是阿里巴巴并不受外国资本的领导[33]。通过"互联网+"计划和"十三五"规划,国家已经明确地将促进本国信息产业发展作为未来的战略目标。此外,随着"一带一路"倡议的提出,中国移动通信服务商和通信设备制造商已经大规模走向海外,并取得了卓越的成就[34]。中国已经将可观的资源投入到"一带一路"的方案之中,该项目不仅涉及中亚和东南亚地区,而且延伸到欧洲,海上丝绸之路则从印度尼西亚由印度洋到达非洲。"一带一路"也将电信和互联网囊括到基础设施战略中,例如,信息丝绸之路(Information Silk Road)将促进"跨境陆地光缆网络、卫星信息通道和跨大洲的海底光缆项目"[35]。在全球资本放松管制和私有化的背景下,全球通信行业的新自由主义重组浪潮主要是通过并购实现的。跨境交易也在逐渐自由化,2000 年后中国已经放宽外国投资的增值服务,即允许外国投资者拥有高达 50% 比例,这些服务包括获得服务许可证、基本电信业务等[36]。Dal Yong Jin 指出,中国对国有通信行业外资所有权的政策有所放松,并从美国向亚洲和拉美国家蔓延,不断增长的信息技术和互联网产业证明了这种新自由主义转型的连续性[37]。总之,中国已经越来越成功地为本国互联网公司保留高增长的市场。从"走出去"政策到"一带一路"的推进,中国政府对外开放的基本国策依旧坚定地执行。

中国互联网公司并未依附强国的发展,而是自身探寻出一条适宜之路融入国家资本主义市场并不断壮大,更保存了自身互联网产业发展的独立性。在电信以及互联网行业的法律层面,中国政策为互联网公司的初期成长以及跨国扩张提供较为宽松的支持条件,包括国家对外国直接投资、风险投资、可变利益实体等外资准入政策的落地,为腾讯等互联网公司的资本化与金融化腾出充足的空间和发展道路。国家力量在解决腾讯公司与其他科技公司的法律冲突和纠纷中至关重要,工业和信息化部协调相关的互联网纷争让中国互联网产业的发展走向良性的道路,在此基础上,互联网公司传递出社会公正与利益均衡的诉求,并提供一定程度的公共表达空间与话语权力。国家对外政策的实施为互联网公司国际传播拓宽道路,互联网企业的跨国资本扩张之路能够依循国家政策的道路渗透至世界更多角落:从国家的对外开放、"走出去"、"一带一路"等政策,到最近几年"互联网+"战略的实施,互联网企业能够更积极参与到国际互联网体系中,处理中国与世界经济的连接,互联网企业以开放、平等的姿态积极参与世界传播秩序的建设。

四、研究结论

作为中国互联网公司的领头羊,腾讯将越来越多的资金与精力投入到高收益率的金融行业,并试图发挥金融资产的"蓄水池"效应,弱化"挤占"效应。本研究通过对腾讯的股权变迁、股票发行模式分析,基于现行财务报表体系,从现金流量表、资产负债表等角度建立金融资本持有比例、金融投资比例、用户平均收益、市盈率等指标,检验腾讯的金融化投资动因,从不同角度对腾讯的金融化程度进行剖析,并针对腾讯金融化投资过程中存在的问题进行总结。

第一,从资产负债表角度出发,互联网平台公司的金融化是指互联网公司(非金融业)持有的金融资产规模与比重呈现递增趋势。腾讯经历业务扩张的时代,试图通过金融投资获得更多财富积累。资产逐利性的引导下,腾讯等互联网平台公司会选择持有更高收益的金融资产,尤其是"可供出售的金融资产""长期股权投资"等。第二,从现金流量表出发,互联网平台公司的金融化是指互联网平台公司(非金融业)在相关投资现金流中持有更高收益的金融资产。近年来,腾讯发展战略也从"产品开放"导向转为"投资"转向。这种转向某种程度上已然影响腾讯的企业战略,即腾讯在互联网产品创新中坚持"灰度机制",通过对其他平台优势产品迅速借鉴与模仿,获得优势产品的"时机领先",使得腾讯快速掌握行业创新的潮流。第三,就互联网公司管理者(股东)而言,腾讯等互联网平台公司的金融化主要面向股东,而忽视实业,整个组织的管理偏向"股东价值主导地位"的公司治理模式。其所有者、股东和债权人均在上市公司的董事会中占据一席之地,这些股东虽然通常不直接担任日常管理角色,也并未进行直接的业务"操作",但是受经济利益驱使,能够行使"结构性权力",继而影响平台公司的政策和分配资源的方式。从长期来看,包括市场进入(或退出),追求(或拒绝)新技术和服务,他们对政府政策和法律措施的立场,有多少员工被保留(解雇),等等,都被这些股东的"结构性权力"所左右[38]。

为获得更高的金融投资回报,实现股东价值,互联网平台公司常常会采取两大发展策略。首先,为了降低自身投资与生产成本,平台公司自身逐渐融入全球价值链。其次,鉴于制造业投资回报率与金融资产投资回报率之间的差距正在扩大,互联网平台公司和投资者有强烈的动机投资于金融业,而非工业;就利润获取而言,金融化的互联网平台公司主要通过金融渠道而非贸易和商品生产来获取利润积累。此外,通过降低成本获得的利润不会回流到固定资产和实体经济投资中,而是用于支付股息、股票回购和并购,从这个意义上说,并购活动的增加反映了金融化的过程,并对其作出贡献,其结果往往是非金融企业及整体经济的金融化[39]。腾讯在成立之初离不开风险基金的帮助。腾讯等中国互联网上市平台公司通过海外上市等手段,将其自身的发展命运与全球金融市场紧密交织,包括美国国际数据集团(International Data Group, IDG)及盈科对腾讯的天使投资,Naspers 公司对腾讯初期资金的盘活,人人网发展初期接受软银的投资,这些事例均佐证了外国资本在中国互联网发展初期扮演重要角色。随着中国互联网平台公司的成长与洗牌,现在的互联网巨头也走向投资、收购之路,并横跨多个行业,面临着"领土地域逻辑"和"资本逻辑"的权力重叠,产生许多复杂和意想不到的冲突。

就腾讯自身金融化扩张历程与风险而言,对利润的追寻与资本的渴求依旧是腾讯公司跨国资本扩张与市场投资背后最强劲的驱动力。腾讯从早期的初创期、成长期到成熟期都离不开诸如 Naspers 之类的跨国资本与金融的支持,这些资本背后有着天然的逐利野心,不断地重塑腾讯公司资本积累、生产、分销和消费的方式。毫无疑问,资本寻求空间的扩张也表现在腾讯的对外投资上,通过游戏的并购与投资无疑是最为安全和便捷的资本获利的途径,腾讯对全球游戏产业的全产业链投资与布局,象征着中国互联网具备世界级的高水平游戏研发和运营水准,也成为腾讯融入世界经济体系与全球互联网行业的最大通行证。不过,在进行游戏海外投资与市场扩张的过程中,腾讯公司面临不同国家、区域的文化适应性挑战以及与本土政治经济权力博弈过程。毕竟,在不同的国家主权实体之中,拥有不同的合法垄断权力、法律、货币主权、制度(包括私有产权)的监理权,以及征税和重新分配所得与资产的权力,携带资本扩张逻辑的腾讯公司在介入不同地域的国家时,可能会存在相互抵触,诱发地缘政治经济冲突。

腾讯的崛起是一个政府与资本互动与磨合的历程,而并非公司单方面的努力,其所有权与控制权、组织与商业战略、资本结构、各资本单位与国家互联网政策、国家公共治理之间均存在复杂的勾连关系。为获得更高的资本来盘活产业链,积极融入全球世界经济体系,腾讯通过资本化、金融化的过程,融资来源多元化,逐渐演变成为庞大科技上市公司,拥有的庞大规模和财力,在行业构成了"进入壁垒",并具备一定的"金融与资本霸权",反过来,也为金融业介入科技、传媒行业开辟了道路。这种过分注重金融与资本的发展战略也让腾讯重新审视自己的步调,并尝试新的战略转型与升级。

当前,我国对互联网平台公司金融化等非传统安全治理与风险防范进入新阶段,尤其对信息数据安全与金融资本管制与监管策略方面提出更高要求。2020 年 10 月 26 日,习近平总书记在党的十九届五中全会上提出"下好先手棋、打好主动仗,有效防范化解各类风险挑战"。当前中国互联网公司积极融入全球化生产并进行金融化,这种金融化多以跨国组织模式为基础,中国互联网公司的各个组织、子结构、社交网络也在全球化过程中面临更多社会风险,资本、权力、货币、商品、人员、信息的流动在全球得到高速处理和运转。2021 年 9 月 1 日开始实施的《关键信息基础安全保护条例》提出"企业无论在哪里上市,必须确保国家网络安全",这部条例为我国防范互联网公司金融化信息风险、信息基础设施安全保护、国家网络安全工作提供重要法律支撑,确保互联网公司的风险评估与监管有法可依。

结合平台公司金融资本扩张,本研究归纳出以下几点监管策略。

第一,加强金融监管,提升非传统安全意识。中国互联网公司通过融资获取资本,逐渐摒弃生产积累的手段,金融化导致某类趋势,即"盈利越来越多地通过金融渠道而不是通过贸易和商品生产"[40]。互联网公司的过度金融化常面临资金"脱实向虚"的问题,国家对互联网公司的金融活动需进行合理有效的金融监管,抑制资产泡沫,对互联网公司的资金与投资使用渠道进行合理有效的引导,强化互联网公司的产业动机,弱化金融相关的投资动机与套利动机。

第二,尝试监管沙盒机制,平衡互联网金融化带来的创新与社会风险。监管沙盒制度旨在建立金融科技的"试验区",互联网公司能够在安全、可控的"试验区"尝试其研发的前沿创新产品、模式与金融措施。中国援引沙盒机制作为互联网金融化的监管框架,能够有效实现金融科技发展的本土化扎根,并与本国经济制度、社会环境相适应。这种机制强调金融化的监管处于弹性、试验、可规范的发展操作空间,既能保证互联网金融化的步伐创新与前瞻,又能合理监管互联网金融化的时间与空间风险。2019 年,中国人民银行发布《金融科技(FinTech)发展规划(2019—2021 年)》,尝试完成对金融科技监管的顶层设计,推动金融发展与监管升级,为实体经济发展助力,加快对互联网公司金融安全的战略部署与防范措施。

第三,提升金融风险的监管科技,构建智能化金融风险监管体系。金融风险的蔓延速度迅猛,波及面较广,有关部门监管常存在治理手段滞后的境况,金融监管的有效性、及时性受到很大挑战。政府应提升金融监管设施的科技建设,把握金融风险的信息扩散节奏与机制,精准金融科技监管平台的风险识别与检测,做到及时监测与防控。同时,以智能化技术体系作为支撑,政府可建立起贯穿于"事前—事中—事后"的规范化、智能化监管体系,实现各方资源的有效整合,以便实施更精细化和有效的多元协同治理,做到金融风险的主动防御、动态防御、精准防御、智能防御、系统防御。

第四,警惕金融霸权与垄断,谨防金融资本向基础设施领域过分渗透。金融化价值观日益渗透到中国人的经济生活和社会文化中,如教育、艺术和医疗保健领域,中国互联网公司的资本运作均可以放到"金融化"的语境之中来理解。金融化的本质是资本积累模式和经营逻辑的最终转变。金融化逻辑"荒谬"地创造出集中度更高的互联网传媒巨头;同时,金融化也造成传互联网行业十分脆弱,稍有不慎,便会轻易被金融危机拖垮,威胁多个产业的良性发展与国家非传统安全。因此,对于互联网公司金融活动及其社会风险,国家需进行合理有效的金融监管,国家力量并不能被资本所挟持,中国互联网公司更要警惕"平台资本主义",资本逐利更不能走向完全失控的发展境地。

第五,引导回归企业本源,专注主业本身,服务实体经济。互联网公司一旦完全金融化,至少在理论上就能在不生产的情况下获得"盈利"。值得注意的是,全球互联网跨国公司通过组织金融化,衍生出(包括腾讯在内)庞大的科技上市平台企业,拥有巨量的规模和财力,并在行业内构成"进入壁垒",具备一定的"金融霸权",其潜在竞争对手无法为竞争所需的规模和技术水平完成融资,因而被挡在互联网科技与媒体行业的"壁垒"之外。政府需要引导互联网公司回归主业本身,而非增加金融投资或套利行为,鼓励相关公司集中到主业上,提升实业经济的回报率,促使金融业服务及实体经济协调发展。

第六,更迭现代平台公司治理模式。互联网公司需要转变先前封闭的发展战略,仅仅通过垄断机制与并购机制带来的用户规模和市场优势会扼杀市场创新,应尽量摒弃或淡化垄断机制,维护整体产业生态链的稳定。互联网公司的商业生态系统从开放走向共享,平台与多样化合作伙伴、创新主体相互促进而达到共赢,促进人、数字内容与数字服务的无障碍连接。

总之,中国互联网平台公司在其融资与发展过程中已然注入跨国资本,国家、政治、金融、空间、技术之间的复杂关系让中国互联网平台公司的海外资本扩张面临诸多不确定性,腾讯正在成为一家全球性的互联网平台公司,必须应对全球政治经济发展不平衡,与世界大国地缘政治角力时,国家力量依旧是腾讯跨国投资的后盾。当然,我们很难构想出任何信息产业能够独立于资本而发展,信息产业未来发展方向以及如何做到持续发展并为人类谋求福祉,的确值得继续深入讨论。

注释

[1] Hope, W. & Myllylahti, M. (2013). Financialisation of Media Ownership In New Zealand. *New Zealand Sociology*. 28(3).

[2] Lapavitsas, C. (2013). The Financialisation of Capitalism: Profiting Without Producing. *City*. 17(6).

[3] Yu Hong. (2017). *Networking China: The Digital Transformation of the Chinese Economy*. Urbana: The University of Illinois Press, pp. 1 - 7.

[4] Foster, J. B. (2007). The Financialization of Capitalism. *Monthly Review: An Independent Socialist Magazine*. 11.

[5] Sawyer, M. (2013). What Is Financialization?. *International Journal of Political Economy*. 42(4).

[6] 李连波:《新自由主义、主体性重构与日常生活的金融》,《马克思主义与现实》2019 年第 3 期。

[7] [美]戈拉德·爱泼斯坦:《金融化与世界经济》,温爱莲译,《国外理论动态》2007 年第 7 期。

[8] Krippner, G. (2005). The Financialization of the American Economy. *Socio-Economic Review*. 3(2).

［9］［美］约翰·贝拉米·福斯特:《资本主义的金融化》,王年咏、陈嘉丽译,《国外理论动态》2007 年第 7 期。

［10］ Marx, K. (1894). *Capital: Volume 3*, London: Penguin, pp. 598 -599. 转引自, Xia, B. & Fuchs, C. (2017). The Financialisation of Digital Capitalism In China. *Westminster Institute for Advanced Studies*. 4.

［11］ Foster, J. B. (2009). A Failed System: The World Crisis of Capitalist Globalization and Its Impact on China. *Monthly Review*. 60(10).

［12］ Foster, J. B. (2007). The Financialization of Capitalism. *Monthly Review: An Independent Socialist Magazine*. 58(11).

［13］ Foster, J. B. (2009). A Failed System: The World Crisis of Capitalist Globalization and its Impact on China. *Monthly Review*. 60(10).

［14］ Fitzgerald, S. (2012). *Corporations and Cultural Industries: Time Warner Bertelsmann, and News Corporation*. Lanham: Lexington Books, p. 39.

［15］ Jia, L. & Winseck, D. (2018). The Political Economy of Chinese Internet Companies: Financialization, Concentration, and Capitalization. *International Communication Gazette*. 80(1).

［16］ Jia, L. (2018). Going Public and Going Global: Chinese Internet Companies and Global Finance Networks. *Westminster Papers in Communication and Culture*. 13(1).

［17］ 腾讯科技:《马化腾:粤港澳应抓住数字中国机遇"跨界"打造世界级湾区》,2018 年 3 月,来源: https: // tech. qq. com/a/20180325/ 008511. htm。

［18］ Froud, J., Haslam, C., Johal, S., et al. (2000). Shareholder Value and Financialization: Consultancy Promises, Management Moves. *Economy and Society*. 29(1).

［19］ Aglietta, M. & Rebérioux, A. (2015). *Corporate Governance Adrift: A Critique of Shareholder Value*. Cheltenham: Edward Elgar,

p. 114.

[20] Crotty, J. (2005). The Neoliberal Paradox: The Impact of Destructive Product Market Competition and 'Modern' Financial Markets on Nonfinancial Corporation Performance in the Neoliberal Era. In Gerald A. Epstei. (ed). *Financialization and the World Economy*. Cheltenham, UK: Edward Elgar, pp. 77 - 110.

[21] Orhangazi, O. (2008). Financialisation and Capital Accumulation in the Non-financial Corporate Sector: A Theoretical and Empirical Investigation on the US Economy: 1973 - 2003. *Cambridge Journal of Economics*. 32(6).

[22] 宋军、陆旸：《非货币金融资产和经营收益率的 U 形关系——来自我国上市非金融公司的金融化证据》，《金融研究》2015 年 6 月。

[23] 张成思、张步昙：《中国实业投资率下降之谜：经济金融化视角》，《经济研究》2016 年第 12 期。

[24] 从静态来看，企业金融资产持有比例（FAR）越高，说明企业将更多的资本投入金融资产，金融化程度也越高；从动态来看，如果 FAR 逐年上升，说明企业金融化程度加强，也呈现出金融化趋势。

[25] 腾讯科技：《腾讯总裁刘炽平：创造价值是投资关键》，2020 年 1 月，来源：https://tech.qq.com/a/20200120/007343.htm。

[26] 投资支付的现金包括企业取得的除现金等价物以外的交易性金融资产、持有至到期投资、可供出售金融资产而支付的现金，以及支付的佣金、手续费等附加费用。

[27] 从静态来看，当期投资活动现金流出中，若金融投资率（FIFR）较高，则说明企业本期投资中将更多的资金用于权益性投资和债权性投资支付，因此，企业的金融化水平越高。从动态来看，若 FIFR 比例逐年上升，则说明企业的金融化程度越来越高。

[28] 腾讯科技：《腾讯投资首秀成绩单》，2019 年 2 月，来源：https://tech.qq.com/a/20190220/005542.htm。

[29] Bloomberg Markets. *Hong Kong Stock Quote-Tencent Holding Ltd*. 来源：https://www.bloomberg.com/quote/700：HK.20200908.

［30］Grufocus, C. *Google PE Ratio Historical Data, Apple PE Ratio Historical Data*. 来源: https: // www. gurufocus. com/stock/GOOGL(AAPL)/data/pe-ratio. 20200908.

［31］凤凰财经:《574家公司利润不足一套房,小市值公司成亏损重灾区》,2018年9月,来源:https: // finance. ifeng. com/c/7g1eLgQ5yu8, 20200908。

［32］Xia, B. & Fuchs, C. (2017). The Financialisation of Digital Capitalism in China.*Westminster Institute for Advanced Studies*. 4.

［33］［美］丹·席勒:《信息资本主义的兴起与扩张》,翟秀凤译,北京:北京大学出版社,2018年,第210页。

［34］［美］丹·席勒:《信息资本主义的兴起与扩张》,翟秀凤译,北京:北京大学出版社,2018年,第13页。

［35］［美］丹·席勒:《信息资本主义的兴起与扩张》,翟秀凤译,北京:北京大学出版社,2018年,第215页。

［36］Guan, S. Y. (2003). *China's Telecommunications Reforms: From Monopoly Towards Competition.* New York: Nova Science Publishers, p. 78.

［37］Jin, D. Y. (2008). Neoliberal Restructuring of the Global Communication System: Mergers and Acquisitions. *Media, Culture, and Society*. 30(3).

［38］Fitzgerald, S. (2012). *Corporations and Cultural Industries: Time Warner, Bertelsmann, and News Corporation*. Lanham: Lexington Books, p. 391.

［39］Winseck, D. (2017). The Geopolitical Economy of the Global Internet Infrastructure. *Journal of Information Policy*. 7.

［40］Krippner, G. (2005). The Financialization of the American Economye. *Socio-Economic Review*. 2.

Research on the Effect Mechanism of Chinese Internet Platform Company's Financialization and Capital Expansion

HUANG Hebo

Abstract: The neoliberal shift in a global society profoundly affects Internet organizations' development direction, and the economic expansion of Internet platform companies across spaces, boundaries, and fields may cause new power imbalances. Focusing on the financialization process of Tencent, a Chinese Internet Giant, the research analyzes Tencent's ownership structure and shareholder value, financialization level and trend, average revenue per user and a price-earnings ratio, investment and acquisitions, and other operational indicators. The research finds that financial capital has secured effective gathering of various resources for Internet platform companies, which have become tightly tied to the worldwide capital accumulation circuits. The financialization of Internet platform companies can easily cause them to pay too much attention to the capital market and shareholder value in the mechanism for media operation and platform governance model, expediting the ultimate transformation of capital accumulation models and business logic and resulting in excessive agglomeration of Internet information power to some extent issues. Meanwhile, Chinese Internet platform companies cannot develop without national power and transnational financial capital with its particularities. The national authority regulates the excessive expansion of financial capital and prevents its complete financialization.

Key words: Financialization; Capital Expansion; Digital Platform Company; Tencent Company

从法国看欧洲的互联网平台治理

张 伟

摘 要 随着互联网技术的不断发展,特别是 2020 年以来新冠疫情的影响,极大推动了法国各行各业的数字化发展。法国总统马克龙对于互联网治理展现出越来越明确的雄心,2019 年以来欧洲各国开始对 GAFA 征收数字税,这一举动也展露出法国引领欧盟互联网治理的决心,2020 年以来,数字税成为欧美贸易谈判中的重要筹码。在数字经济的刺激之下,法国各个产业呈现出多元文化的竞争趋势,作为文化大国,扩大其数字文化影响力成为法国的重要国际战略。

关键词 互联网 平台治理 数字文化产业

一、法国互联网的诞生与发展瓶颈

2013 年英国女王伊丽莎白二世在白金汉宫为五位计算机工程和互联网行业先锋人士颁发了首期伊丽莎白女王工程奖(Queen Elizabeth Prize for Engineering),五位获奖者是"互联网之父"、图灵奖的获奖者温顿·瑟夫(Vint Cerf),被称为互

作者简介 张伟,北京工商大学传媒与设计学院讲师。研究方向:数字媒体。电子邮箱:fr@foxmail. com。

基金项目 国家社科基金项目"全球数字治理下的互联网规则形成机制研究"(21BXW008)

联网之父的鲍勃·卡恩(Bob Kahn),首个网页浏览器发明者马克·安德森(Marc Andreessen),万维网创始人蒂姆·伯纳斯·李(Tim Berners Lee)以及法国著名的互联网先驱路易斯·普赞(Louis Pouzin)。

(一)普赞时期的网络技术

法国是最早开创互联网的国家之一。早在 20 世纪 60 年代晚期,法国政府就启动了一项促进计算机发展的项目。当时的法国政府不顾由国家资助的法国计算机科学及自动化研究所(Institut National de Recherche en Informatique et en Automatique,INRIA)的反对,探索全国性计算机网络,即著名的CYCLADES,同时聘请普赞作为这一项目的负责人。20 世纪 70 年代早期,普赞已经率先在法国、意大利和英国建立起一个欧洲数据连接网络,尽管这个网络只能连接几十台电脑,但是其简单高效的逻辑与方法启发了互联网的设计,因此普赞也被称为法国的"互联网之父"。

互联网协议依然驱动着整个互联网体系的运行,但 20 世纪 70 年代晚期,正值全球化网络发展的黄金时期,法国政府却撤走了普赞项目的资金支持,导致项目停顿。造成项目停摆的原因有两个:一是支持普赞的蓬皮杜总统于 1974 年在巴黎去世;二是法国邮电部大力推广 Minitel 系统网络,法国邮电总局(PTT)接通了 TRANSPAC 网络(法国远程分组交换公用数据通信网)。虽然当时的 TRANSPAC 系统巩固了由电信部门所把控的 Minitel 网络的市场,但从长远看,过多的资源集中使得单一部门拥有太多的权限,Minitel 网络的盈利基因也与早期的互联网技术非营利理念背道而驰。

普赞所带来的互联网早期技术和其一手打造的 CYCLADES 网络虽打动了瑟夫和卡恩,但他的发明激起了法国及其他欧洲国营电信供应商的反对。虽然普赞的早期互联网思维对欧洲电信系统的传统商业模式已经形成威胁,但他依旧无法打破固有的思维和系统。

(二) Minitel 的生与死

法国电信的卡林·勒夫维尔(Karin Lefevre)说:"Minitel 除了是一个科技项目,还被赋予了政治含义。这个项目的目标是实现法国社会的电脑化,保证法国技术独立性。"统计数据显示,在最辉煌的时候,法国全境内 Minitel 终端设备的安装量达到 900 万台,提供 2.6 万项服务,这一技术在 80 年代到 90 年代中晚期为 2500 万用户提供了网上银行、旅行预订及色情聊天服务。从数据上看当时的 Minitel 在法国的地位稳固,并且法国官僚主义不喜欢互联网,导致了后续的一系列保守政策的出台,但面对重重压力的法国时任总理莱昂内尔·若斯潘(Lionel Jospin)在 1997 年发表了著名的霍尔丁演讲(Hourtin speech),坚定支持互联网,并宣布了一项发展信息技术和网络雄心勃勃的计划。总理莱昂内尔·若斯潘的演讲是法国互联网政策的转折点,坚持封闭性与盈利的 Minitel 网络无法匹敌开放和非营利的互联网,逐渐被淘汰[1]。

截至 2020 年年底,已经有 92% 的法国家庭电脑连接上互联网,互联网月使用人数已达到 5300 万。受疫情影响,法国人 2020 年每天的上网时间大幅增长(比 2019 年增加 15%),日上网时间在法国两次全国封锁隔离时期达到峰值。15—24 岁的年轻人由于网课增多,上网时间比 2019 年增加了 25%[2]。在疫情之下,法国人的数字需求被彻底激发,日常生活需求刺激远程教育、在线办公、网购、送餐、线上医疗服务、线上会议、线上文化活动等领域爆炸式的增长。但法国数字化的平台上再也没有本土 Minitel 服务的位置,几乎所有的常用软件均来自国外的巨无霸公司。

二、数字化赋能时代,欧洲整合网络数字平台的困局

在互联网技术飞速发展的 20 年里,法国错过了普赞时期由技术人员带来的红利期,同时由于政府相关部门对 Minitel 技术的过度执着,导致法国在互联网基础设施底层技术上缺乏决定性优势。在 21 世纪初始的 20 年里,美国的互联网大潮悄然席卷全球,除了逐渐完善的电信基础设施建设外,各种互联网跨国公司的茁壮成长,互联网的应用软件像雨后春笋一般出现并且逐步完成了全球推广。截至 2018 年年底,全球市值最大的 20 家互联网科技公司里面,美国有 12 家,中国有 9 家,却没有一家欧洲的公司,而法国最大的电商类应用 Leboncoin,其月活用户数量在 2000 万左右,占法国总人口不到 1/3。

(一)人口少与多语种环境制约欧洲互联网平台发展

欧洲互联网公司难以发展为巨头的原因首先是市场规模的局限性。法国 2018 年总人口数约为 6699 万人,相当于中国的四川省。而欧洲人口最多的德国人口约为 8293 万人,少于中国的广东省。欧洲 50 个国家人口总数约为 7.4383 亿人,其中俄罗斯是欧洲人口最多的国家,人口 1.4396 亿。如果减去俄罗斯人口,欧洲其他国家整体人口总数不足 6 亿,不到中国的一半[3]。由于人口有限,同样运营成本之下的欧洲互联网公司难以复制美国与中国等互联网公司成功的盈利模式,使得欧洲的互联网公司在相同开发成本的基础上难以通过人口红利来增加营收。此外,欧洲的多语言环境使得互联网公司运营成本很高。德国本土问答平台 Gutefrage 在 2007 年建立,比中国的知乎早四年时间。2017 年美国果壳问答平台(Quora)凭借庞大的资金和实力推出德语版之后,德国 Gutefrage 根本无力招架。在政府难扶持、市场难竞争的情况下,欧洲本土的应

用软件必须寻找出路。

（二）劳动力价格高昂，高福利带来慢节奏

欧洲各国一直以来推行的高福利制度造成互联网企业劳动力成本较高，也限制了欧洲本土互联网公司发展。例如，法国实行分摊原则（各项社会保险津贴从就业人口缴纳的社会分摊额中开支），社会保障支出金额相当于国内生产总值中的30.5%，其中77%来源于雇员和雇主交纳的社会分摊额及对工资外收入征收的普通社会税金。高税收导致高营收的企业最终选择他国落地，特别是工作地点灵活的互联网企业。对于工作者个体来说，高福利意味着收入保障和充裕假期。法国的节日全年为11天，法律规定的带薪假期为5周，再加上周末，法国人全年的休息日约为150天，这还不算育儿假、产假等非常规假期。法律规定雇主无权解雇长期雇佣的雇员，所以雇员一旦签署了长期雇佣合同（Contrat de travail à durée indéterminée，CDI）就获得终身劳动保障，但快节奏高压力的互联网企业不欢迎这种雇佣制度。

（三）欧洲各国心思各异，互联网创新核心驱动力匮乏

互联网平台的出现是传播生态发展的新变。传播生态分为基础架构层、逻辑层、平台层、经济和社会层。我们可以看到作为物理基础的架构层，它依赖半导体芯片、摩尔定律以及大量的先进通信技术，而半导体和芯片等通信技术最大的起源地就是美国的硅谷。

"二战"结束之后，各国人才汇流至美国，斯坦福大学将部分土地开辟成工业园区，成为未来各大科技公司的孵化器。自1925年至今，贝尔实验室[4]共获得两万五千多项专利，在通信系统、产品、元件和网络软件方面均处于全球领先地位。1956年，著名的贝尔实验室在园区创立了肖克利半导体实验室。1957年，八位顶尖的科学家离开实验室，成立快捷半导体公

司,而后又有员工创业,成立英特尔和 AMD 芯片公司。从电缆通信、无线传输、互联网信息交换到卫星科技,这些都是互联网空间系统建立的基础,而每一次基础设施技术的革新都带来了互联网的信息技术的迭代。

欧洲各国经历了第二次世界大战,工业系统被毁坏殆尽。美国发起了著名的"马歇尔计划",该计划于 1947 年 7 月正式启动,并整整持续了 4 个财政年度。在这段时期内,西欧各国参加"欧洲经济合作与发展组织"(OECD),共接受美国包括金融、技术、设备等各种形式的援助合计 131.5 亿美元,其中 90% 是赠予,10% 为贷款[5]。"二战"后欧洲忙于战后的重建,欧洲各国的科技创新受当时资本、国家制度等多方局限。由于各国司法、工业、教育体系相对独立,无法均分统一信息传输网络利益,导致互联网发展动力不足。美国在"二战"中本土工业体系没有受到损害,还因军火生意筹集资本,战后有足够的资金投入科技研发。

三、法国的互联网平台治理

法国在 2015 年发生数起恐怖袭击,互联网正在成为法国反恐新战场。《查理周刊》遭袭事件发生后 4 天内法国约 2 万个网站被黑客入侵,法国军方表示:"如此大规模的网络袭击在法国历史上前所未有。"法国网络安全专家认为,这次网络攻击的特点是势头猛、范围广,而且网络黑客团体组成和解散都十分迅速。包括伊斯兰圣战组织在内的极端恐怖组织,已经充分掌握现代传媒和通讯技术,他们发布消息的渠道是主流的社交网络,而不是日渐式微的网络论坛[6]。2015 年网络战争之后,法国的互联网的治理理念已经走到欧洲其他国家的前面。

(一)法国的互联网治理雄心初步展现

法国政府积极介入国际互联网治理既是法国自身利益推动,也是欧盟整体利益的反映。面对中美两国数字经济的强势攻势,欧盟于 2018 年 5 月 25 日生效《隐私和数据保护法》以及《通用数据保护条例(GDPR)》[7],两项新法代表了欧盟积极开展互联网治理的雄心:对内,欧盟通过统一的个人数据保护法,确保欧盟内部市场形成一体化,进而规范数字市场;对外,欧洲出现一个独立于中、美两国的数字化的整体,便于欧盟参与互联网多边治理谈判,维护欧洲利益。

2018 年 8 月 14 日,联合国秘书长古特雷斯(António Guterres)在《2018 年秘书长关于联合国工作的报告》中强调"多边主义的重要性超越以往"。9 月 25 日,马克龙在联大一般性辩论中提出"加强多边主义是 21 世纪唯一成功的方式"[8][9]。在 2018 年 11 月召开的第十三届互联网治理论坛(IGF)上,法国总统马克龙发表演讲,提出了当今互联网正在面临的三大威胁、一条网络监管的"新道路"和三条优先的监管事项[9][10],并明确表示重启互联网国际行为准则谈判的意愿,这充分表明法国已经认识到目前国际互联网治理体系将面临新的变革。

法国总统马克龙认为的三大互联网威胁分别为:第一,当今互联网系统结构受到威胁,由于各国对于网络监管的方式与力度各有不同,面对网络的安全威胁,如果各国不能达成一致,互联网将不可避免地走向分裂;第二,仇恨言论、恐怖主义思想的网络传播将会产生巨大的社会危害,互联网恐怖主义挑战了宪法规定的言论自由原则,特别是如果本国政府对于互联网传播仇恨的账号进行隐私保护的话,公众将会无法忍受;第三,如果大型网络平台不能保持中立,互联网创始之初的理想和价值将被倾覆。鉴于此,马克龙提出必须加强对互联网的监管。他声称:"我们目前正在犯的一个错误是,在中立的名义下对各种内容不加区分","在自由的名义下,我们纵容了大量自由的敌人得以公然行进。我们纵容了这些敌人进入我们的所有体制,以至于给人的印象是他们与其他人有完全一样的权利,而他们践踏了那些将我们融为一体并使互联网得以发展的价值"。马克龙认为:"所有(上述威胁)都要求网络平台承担更大的责任,并对互联网进行更有力的管制","对互联网的规制是必要的,这是自由、开放和安全的互联网得以持续的条件",因而"未来不可避免地将有更强有力的规制"[10]。法国总统马克龙在论坛上宣布《网络空间信任与安全巴黎倡议》(Paris Call For Trust and Security in Cyberspace),这一倡议得到了 51 个国家、93 个民间团体和 218 家企业的支持,其中包括互联网名称与数字地址分配机构(The Internet Corporation for Assigned Names and Numbers,ICANN)、互联网协会(The Internet Society,ISOC)等多个互联网治理领域的重要机构。法国在欧盟范围内的互联网治理出露锋芒。这一倡议书忽视了美国网络空间军事化和政治化的决心与利益,所以美国、俄罗斯和中国等国均未表态支持该倡议。相反,大多数欧洲国家表示支持。

(二)法国互联网监管走在欧盟前列

法国也为欧洲各国互联网治理做出表率,法国乃至欧盟利用政府监管与数字税和中美两国及其高科技巨无霸公司展开博弈。首先,强化社交媒体监管。自 2019 年 1 月,法国政府加强与 Facebook 的合作,打击网络上种族歧视、仇恨和恐怖主义言论与行为。与此同时,法国政府史无前例地建立了一支进驻科技公司的监管团队,以确保审核落实,这成为法国监管全球科技公司的新模式。其次,法国于 2019 年 1 月 1 日起对互联网巨头 GAFA(Google、Apple、Facebook 和 Amazon)征税,但鉴于经济合作与发展组织(Organization for Economic Co-operation and Development,OECD,简称经合组织)正在就全球数字服务税税制改革展开更广泛谈判,法国一再推迟征收数字服务税。美国有线电视新闻网(CNN)报道,美国谷歌公司、脸书公司和亚马逊公司都在必须缴纳数字服务税的企业之列。这项税收适用于在法国境内"数字服务"领域年收入超过 2500 万欧元(约合 2 亿元人民币)、全球营收超过 7.5 亿欧元(约合 58.7 亿元人民币)的企业。2020 年 6 月,美国政府退出经合组织谈判且威胁称,如果法国推行"数字税",美国可能最早 2021 年 1 月对价值 13 亿美元的法国商品征收报复性关税,涉及手袋和化妆品等,美欧之间的贸易谈判还在进行时。在对待社交媒体的监管和数字税征收两个方面,法国积极主动约束跨国科技巨头,为欧盟规范数字管理起了奠基作用。在欧盟数字科技弱势的环境之下,法国最终目的是重启全球互联网治理的重新谈判,其目的是为欧盟争取更多的权益。

(三) 法国数字文化产业的发展潜力

1995 年西方七国集团(G7,即美国、英国、法国、德国、日本、意大利和加拿大)信息会议上提出"数字内容产业"(Digital Content Industry),1996 年欧盟的《Info2000 计划》明确了数字内容产业的内涵:数字内容产业是指将图像、文字、影像、语音等内容,运用数字化高新技术手段和信息技术进行整合运用的产品或服务[11][12]。

从数字文化经济的角度来看,美国国际贸易委员会(United States International Trade Commission, USITC)2013 年发布《美国和全球经济中的数字贸易》,将数字贸易定

义在通过有线和无线数字网络传输产品或服务,包括大量数字
化文化服务,例如音乐、游戏、视频和电子图书[12]。法国官方
在研究本国文化相关的产业数据时,使用"文化经济"的概念来
统计其相关数据。作为法国政府惯用的统计文化与传媒数据
的基本概念,"文化经济"不仅包含影视、报纸、音像等传统传媒
产业,还包含视觉艺术、非物质文化遗产、表演与舞台艺术等。
法国文化产业中,报刊和书籍出版所占的比例大幅滑落,与之
相对,互联网相关的产业(广告)增加价值急速上升。2018 年
法国文化相关部门(包括广告、视觉艺术、建筑、视听、文化教
育、书籍出版和新闻、非物质文化遗产和演出部门)收入的增加
值约为 470 亿欧元。[13]

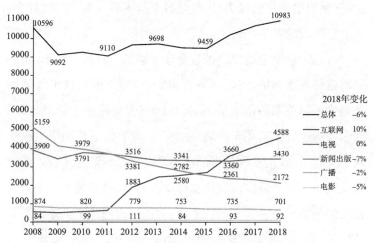

图 1 法国 2008—2018 年文化传媒产业增加值变化一览表[14]

　　法国政府对文化与传媒进行整体化思考,促进法国文化
传播。2008—2018 年以来,互联网飞速发展,传统的媒体市
场占有率在逐步下降,但以互联网和移动互联网为代表的数
字文化的传播将会比以往任何一种文化传播具备更加深远
的影响力。

四、在网络空间领域欧盟与中国的合作前景

以德法为首的欧盟国家已经意识到参与国际互联网治理的重要性,互联网治理和网络空间已不仅关乎数字经济发展,还关乎国家安全问题。作为近年来经历过恐怖主义袭击的西方发达国家,法国高度重视互联网上关于宗教、种族、仇恨等方面的信息传播,针对美国科技巨头,除了立法征收数字税,还建立监管部门敦促互联网公司落实信息和数据管控。虽然在构建互联网治理体系方面,联合国的权威性被霸权国家打压,但欧盟、俄罗斯均表现出支持联合国在互联网治理领域施压。因此,互联网治理将会成为 21 世纪各个国家的军事、文化、社会、政治等领域的必争之地。

习近平总书记指出:"推进全球互联网治理体系变革,首要原则就是尊重网络主权。《联合国宪章》确立的主权平等原则是当代国际关系的基本准则,覆盖国与国交往各个领域,其原则和精神也应该适用于网络空间。"[15]与中国坚持网络主权不同,美国是互联网秩序最大的破坏者。"2021 年美国联邦调查局会同美国商务部以虚假信息行动为名,关停多家与伊朗官方相关的网站……从技术层面来说,美国政府向负责全球通用顶级域名.com 域名解析服务的威瑞信公司发出指令,要求其对相关域名解析信息进行单边篡改进而实施访问劫持。"[16]这说明,建构互联网治理体系的重要性已经上升到国家主权的层面,并且成为国与国之间深层次博弈和斗争的重要手段。与中、美两国不同的是,法国更强调出于人权与限制科技巨头权力两个原因坚持互联网治理。这并非因为欧盟不愿意主张网络主权,而是自身科技巨头平台欠缺下的无奈之举。中国在争

取网络主权的过程中,不妨考虑与欧盟国家建立合作,共同抗衡美国的网络霸权。在网络空间领域,中、法之间有很大的合作空间和利益共同点,中国可以把欧盟作为重要的战略同行者,在更广阔的领域探讨多种形式的合作。

互联网治理还关乎全球文化交流,数字技术打破了时间、空间、语言和意识形态的壁垒。在数字时代,法国已经意识到数字文化传播将成为国家实力的重要体现。法国悠久而丰富的历史、传统、文化、艺术作品都可以通过数字技术获得广泛传播,进而扩大法国文化影响力。

总体来看,法国与欧盟越来越重视互联网治理,并且力图通过数字文化产业在互联网新秩序建立的过程争取更多利益。未来我们将频繁看到法国与欧盟参与建构互联网多边治理体系。

注释

[1] Bellon, A. (2020). "Goodbye Minitel, Welcome to the Internet," The Hourtin Speech as a Turning-point for French Internet Policy. *Internet Histories*. 4(4).

[2] 法国全国统计和研究所(INSEE),法国国家统计局,法国文化与传媒部.(2020).*Chiffres Clés Statistique de la Culture et de la Communication.* Paris:DEPS.

[3] 法国全国统计和研究所(INSEE),2021 年 9 月 30 日,来源:https://www.insee.fr/fr/accueil。

[4] 美国贝尔实验室是晶体管、激光器、太阳能电池、发光二极管、数字交换机、通信卫星、电子数字计算机、C 语言、UNIX 操作系统、蜂窝移动通信设备、长途电视传送、仿真语言、有声电影、立体声录音以及通信网等许多重大发明的诞生地。

[5] 朱明权:《当代国际关系史》,上海:复旦大学出版社,2013 年,第

25 页。

［6］张伟：《法国互联网产业的发展与新趋向》，《中国记者》2013 年第 4 期。

［7］《通用数据保护条例（GDPR）》是一部新的欧盟隐私和数据保护法规。它要求公司体制中隐私保护措施更加细化，数据保护协议更加细致，公司隐私和数据保护的相关信息对用户更加友好且更加详尽。GDPR 取代了自 1995 年生效的欧盟现行数据保护法律框架（通常称为《数据保护指令》）。

［8］穆琳、李维杰、陈海强：《法国互联网治理的"大国雄心"与影响》，《中国信息安全》2018 年第 12 期。

［9］法国马克龙总统 2018 年 IGF 会议讲话.2021 年 9 月 2 日，来源：https：// www. intgovforum. org/multi-lingual/content/igf-2018-spech-by-french-president-emmanuel-macron。

［10］黄志雄：《互联网监管的"道路之争"及其规则意蕴》，《法学评论》2019 年第 5 期。

［11］OECD. (2008). OECD Information Technology Outlook. Paris: OECD Publishing.

［12］戴慧：《跨境数字贸易的发展与国际治理》，《中国发展观察》2021 年第（Z2 - 020）期。

［13］张伟：《法国文化与传媒产业发展概况 2019》，《中国传媒产业发展报告 2019》，北京：社会科学文献出版社，2020 年，第 359 页。

［14］法国文化与传媒部. (2020). *Chiffres Clés Statistique de la Culture et de la Communication*. Paris：DEPS, pp. 25 - 33。

［15］张泰、李盛葆：《以〈习近平关于网络强国论述〉指引数据跨境监管工作推进》，《网络安全技术与应用》2021 年第 9 期。

［16］鲁传颖：《美国是互联网秩序最大破坏者》，《环球时报》2021 年 6 月 26 日，来源：https：// 3w. huanqiu. com/a/de583b/43gdPf86d5u? p=2&agt＝4。

Platform Governance in Europe from French Perspective

ZHANG Wei

Abstract: With the high-speed development of Internet technology and the influence of the COVID-19 since 2020, the digitization of life in France has developed dramatically. French President Macron shows more and more clear ambition for Internet governance. Since 2019, European countries have begun to levy digital tax on GAFA, showing France's determination to lead EU Internet governance. Since 2020, digital tax has become an essential chip in European and American trade negotiations. Stimulated by the digital economy, various industries in France show a trend of devise competition. As a cultural power, expanding its digital cultural influence has become an essential international strategy for France.

Key words: Internet; Platform Governance; Digital Culture Industry

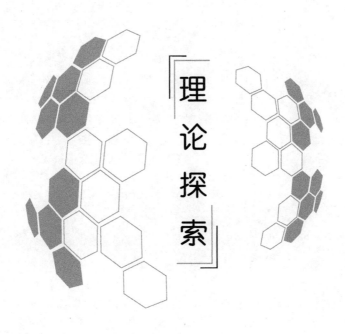

理论探索

平台运营中情感要素经济价值的探析
——基于 B 站的个案研究

许加彪　　梁少怡

　　摘　要　作为一种"稀缺资源",日常生活中"情感"的经济属性日益凸显。娱乐产业带动经济发展,传媒市场凭借以满足用户情感需求为导向的"情感产业链"呈现出超常的发展态势。本研究立足于供需理论的分析框架,选取作为内容创作分发平台的 B 站为考察对象,通过经济模型建构方法,分析"情感生产"在有效提升 B 站的商业价值和运营收益上的价值诉求。同时,本文试图以 B 站的情感生产机制为个案,探究在传媒产品的生产、交换、消费、分配的经济活动中,情感作为生产要素的关键作用,以期为当下传媒经济发展,尤其是平台经济繁荣提供可能的拓展思路。

　　关键词　情感经济　供需理论　传媒经济　媒体平台

一、理论建构:供需视角下情感经济价值的凸显

　　技术更迭,时空高度压缩,整个社会经历了虚拟性缩化与网络式演进,凝结成麦克卢汉笔下的"地球村"。2019 年,5G

　　作者简介　许加彪,男,陕西师范大学新闻与传播学院教授,博士生导师。研究方向:传播社会学、传媒产业、新闻法制。电子邮箱:tiger@snnu.edu.cn。梁少怡,女,陕西师范大学新闻与传播学院硕士研究生。研究方向:传播社会学、文化经济。电子邮箱:402527568@qq.com。

商用牌照的发放更是标志着世界进入了"高速率、高容量、低时延、低能耗"的信息传播时代。鉴于上述因素,互联网的发展逻辑产生了颠覆性的改变——从"上网下线"到"永久在线",从"人机互动"到"万物互联",技术日新月异的发展消弭了人与人之间的地域阻隔和时间迟缓。

然而,技术的进步真的赋予了我们超越链接的能力,使我们获得情感上的满足,不再感到孤独吗?或者说,技术解决了人之生存本身的存在问题吗?2018年,人民论坛问卷调查中心针对公众的孤独感进行了相关调研,结果显示:网络原住民90后群体更容易感到孤独,导致这一结果的原因之一便是陪伴的需要和现实的背离[1]。同时,有机构预测,到2021年,中国成年独居人口将达到9200万——经济与社会的发展共同催化了青年独居群体的扩大[2],"空巢青年"一词成为当下年轻人"一人户"家庭模式生活图景最直观的表述。马斯洛的五阶需求理论指出,归属和爱的需要对一个人的成长至关重要。当爱和归属感无法在现实生活中得到满足,越来越多的青年群体转而求助虚拟的网络世界。微观经济学从"资源是稀缺的"这个基本假设出发,认为所有个体的行为准则在于设法利用有限的资源获得最大的收益[3]。每个人都是一座孤岛,情感已然成为一种稀缺资源,满足情感需求有利于获得经济上的收益,基于以上设想,"情感"成为经济学研究的关注对象。

新经济时代,早有学者洞见了"情感"的经济属性。国内对"情感经济"的探索主要立足于两种研究视野。其一是从经济学视角出发,探究"情感"在经济活动中的产品属性与价值定位。日本7-ELEVEN创始人铃木敏文认为,生意受情感驱动。在日本经济萧条的大背景下,凭借"购物返现"和"以旧换新"这两种致力于捕捉顾客感情与心理的销售策略,7-

ELEVEN 成功走出了经济低迷时期[4]。其二是基于美国学者亨利·詹金斯(Henry Jenkins)在《文本盗猎者》一书中提出的"粉丝经济"理论,作为媒介研究的领军人物,詹金斯认为粉丝经济的本质是人的情绪化消费,通过利用、迎合粉丝对某媒介产品的喜爱建构起情感利益链条,捆绑销售相关产品,从而强化巩固粉丝的消费热情与动力,获得经济上的收益,因此"粉丝经济"也是一种"情感经济"。着眼于经济学研究范畴,国内研究者对"情感经济"的研讨主要集中在情感营销和情感消费领域。前者立足于美国教授巴里·费格(Barry Feig)的观点,认为满足顾客的需求,并以此建立一个战略性的产品模式,是现代市场营销成功的关键。"情感营销既是一种以消费者为核心的理念,也是一种满足人们消费需求和情感需求的实践。"[5]后者主要将"情感"作为变量,考察情感与其他影响消费者消费行为的因素之间的结构性关系,如鱼文英、李京勋将航空服务行业作为考察对象,通过感知航空服务质量,揭示认知和情感对顾客满意度形成过程所起的作用[6]。"情感"的生产要素属性作为相应经济活动中的首要因素,为分配、交换、消费三大环节提供物质资料,并决定着三大环节的水平、结构和方式,具有重大的经济意义。然而,传媒学界并未给予"情感生产"深度的学术关照。

整体经济环境中存在众多的细分市场,传媒经济作为新经济的重要组成部分,为我国的市场繁荣景象助力。2020 年中国传媒产业总产值 25229.7 亿元,较 2019 年增长 6.51%,高于全国 GDP 增长率[7]。在疫情影响经济发展的大背景下,传媒产业何以呈现出超常的发展态势?实际上,一个重要的原因在于传媒市场已经形成了以满足用户情感需求为导向的"情感产业链"。

二、提出假说:情感要素投入能够有效提升平台运营收益

进入 21 世纪以来,数字技术的发展使传媒生态不断变化,产业边界日渐消弭,互联网平台逐渐成为信息整合与资源配置的新场域,由此而出现的平台经济等热点也成为学界业界关注的前沿议题[8]。平台不再仅仅是信息的汇集地,而是获得眼球注意力和点击流量的媒体推手。作为传媒市场的头部企业,各大内容创作分发平台不是以信息而是以情感为生产要素打造核心产品,从而获得相对的竞争优势,而这正是"情感产业链"的核心建构机制。

在当下众多的内容创作分发平台中,哔哩哔哩弹幕视频网(Bilibili,以下简称"B站")因其内容优质、功能完善、用户留存率高等特点最具影响力。因此,本研究选取作为内容创作分发平台的 B 站为考察对象,试图通过解构 B 站的情感生产机制,探讨"情感"作为生产要素是否具有经济价值。换言之,本研究旨在分析"情感生产"能否有效提升 B 站的运营收益和整体的市场潜力。为回答以上问题,笔者做出了如下假说:情感要素投入能够有效提升平台运营收益。

当然,提升平台运营收益的因素很多,本研究仅仅关注情感要素的内容,或者说,把情感要素而不是信息要素置于一种更突出的地位。是以,本文从媒介产业学研究视角出发,采用经济学分析框架,聚焦 B 站平台运营过程中情感要素的价值释放,力图探究"情感"作为一种社会生产经营活动中所需要的社会资源,即"生产要素"对平台经济发展的影响。

三、假说解释：平台运营中的情感生产

商品的价值在于其满足消费者某种特定的需求。从某种意义上讲，我们已经进入情感经济时代，情感正在创造品牌、财富，乃至一切[9]。情感是独特的，能给产品增加外部性价值。所谓"外部性"指的是无法单纯用货币衡量的产品的属性价值。外部性价值高的产品，其需求受到商品价格及其他因素的影响较小，从某种程度上说，产品价值就更高[10]。以情感为切入点，运用差异化的营销方式提升品牌影响力和知名度的做法同样适用于市场主体的生产环节[11]，情感要素贯穿了经济活动始终，实际上，它就是产品本身。B 站从平台的搭建到主题的细分，再到个人 IP 的打造，分别从宏观、中观、微观层面将"情感"作为生产要素，成功创造出具有差异性的媒介产品，从而达成经济效益的变现。

2009 年，以深耕 ACG 内容创作为主旨的 B 站成立。随后，因长远发展的需要，B 站在 2013 年实行开放注册制度，逐渐转变为网络二次元亚文化社区。自 2018 年在美国纳斯达克证券交易所上市后，B 站通过@老师好我叫何同学、@毕导THU、@珍大户等 UP 主制作的一系列优质作品"出圈"，吸纳了众多内容创作者。截至 2021 年 9 月，B 站上每个月活跃着超 240 万创作者，每个月创作出 840 万条视频[12]。作为当下最典型的中国青年高度聚集的视频内容创作分享平台，B 站以其较高的准入门槛、多元的内容创作方式、独特的弹幕文化景观成为兼具"排他性"与"融合性"的虚拟社区。

在媒介产品的生产过程中，B 站不仅投入了人力、财力、能力等非情感性的生产要素，还直接将大量独特的"情感体验"融入媒介产品当中。从宏观上说，情感在 B 站虚拟社区的构建

过程中发挥了"黏合剂"的作用,其独有的"小破站"昵称反映了用户对这一情感社区的喜爱;从中观上说,主题细分制度下,每一个独立的分区形成了特殊的内部语言认同体系,如美食区的"观众先吃"、舞蹈区的"神仙在跳舞"、鬼畜区的"开屏暴击",成为用户识别"同好"的依据;从微观上说,UP 主的"人设"各有不同,同为美食区的 UP 主,@记录生活的蛋黄派与观看视频的用户"相爱相杀",@小高姐的魔法料理却被观看者以"妈妈"相称。正是凭借着独特的"情感投入"逻辑,B 站的媒介产品才具有不可替代性的竞争力,维系着 B 站的内容生产和消费。

互联网进入"下半场","人的逻辑"取代了"物的逻辑",以人为本成为现在和未来发展中创新价值的衡量尺度[13]。情感交流是人类文明表征的重要内容,商品中交织着有形的物的因素和无形的情感因素,在现代社会商品中情感因素的比重或重要性越来越凸显,探究情感的经济价值,有利于在"以人为本"的互联网"下半场"中把握经济发展规律,实现经济效益的创收。

四、数据检验与结果:情感要素的价值释放

通过赋予创意视频独特的情感体验和认同满足,B 站的差异化媒介产品具有不可替代的价值蕴含,从而使情感变现成为可能。分析 B 站公开的商业数据,笔者发现:一方面,B 站通过情感共同体的形象塑造实现了商业价值的提升,获得大量外部注资;另一方面,B 站利用"损失厌恶"的消费心理,完善"大会员"制度,实现了平台创收;此外,平台明确的 UP 主收入制度激活了 B 站内部的商业生态。正是得益于以上三种策略的运用,B 站成功将投入的情感要素转化为实际的经济收益。

（一）形塑情感共同体，吸纳外部资金注入

毋庸置疑，满足了用户的情感需求就抓住了互联网经济的财富密码。B站通过仪式性展演活动强化用户情感认同的策略，成功将自身塑造成了一个情感共同体，有效提升了商业价值。作为一种流量的体验经济型态，B站产品的仪式策略能够有效打造用户的黏性。

美国文化历史学者詹姆斯·凯瑞（James W. Carey）在《作为文化的研究》一书中指明：传播不只是智力信息的传递，更是一种"以团体或共同体的身份把人们吸引到一起的神圣典礼"[14]。不同于从信息向度考察传播现象的"传递观"，传播的"仪式观"从文化视角切入，将"仪式"作为传播的隐喻，致力于考察传播维系社会关系的纽带作用。有学者认为，对于仪式性传播的研究予以突破和创新的期许，可以从美国当代社会学家兰德尔·柯林斯（Randall Collins）的互动仪式链理论中得到满足[15]。互动仪式链理论汲取了涂尔干的宗教仪式研究和以戈夫曼为代表的符号互动论研究中的灵感，重点关注微观场合中的人际互动，并把宏观社会类型视为微观互动的后果[16]。

传统视角下，柯林斯的互动仪式链由四种要素组成：（1）两个或两个以上的人聚集在同一场所；（2）对局外人设定了界限；（3）人们将其注意力集中在共同的对象或活动上；（4）人们分享共同的情绪或情感体验[17]。现代媒介技术深度变革，学界逐渐意识到互动仪式链对分析虚拟社区的构建，以及社区内部群体情感的维系具有重要意义。学者李钧鹏借鉴吉登斯时空分离和"脱域"的概念对互动仪式链模型进行了修正。他指出，在吉登斯看来，现代社会的时间和地点产生了断裂，并形成了"虚拟时间"和"虚拟空间"，虚拟空间意味着社会中的个体互动或事件的发生不再囿于固定的场景中，而是脱离了具体的场所，因此社会互动形式脱离了传统的时空环境，在更宽泛的意义上被重新建构。对于虚拟互动来说,符号系统就是使互动进行并得以持续的媒介[18]。基于这一视角,互动仪式链的先决要素与适用场域在新媒体时代得到了新的拓展和应用场景。

B站是一个视频创作分享平台,其用户群体大体上可归类为"上传视频的人"与"观看视频的人",在B站社区中,前者拥有独特的别称——"UP主"。B站用户又被称为"会员",创作与观看并不冲突。为以示区分,本研究将B站内上传视频的用户统称为"UP主",仅观看视频的用户统称为"普通会员"。

B站管理员、UP主与普通会员是构成B站生态社区的三大主体。一方面,B站凭借优质内容的创作与分享维系着社区内多方主体的网络联系;另一方面,B站也通过各种互动性仪式激发UP主与普通会员的社区归属感,呈现出极高的社区黏性状态。注意力经济时代,用户黏性早已成为衡量市场主体商业价值的重要指标。B站在发展过程中密切关注社区核心群体的健康增长状态,通过各种仪式性展演活动打造出情感共同体的社区形象,有效地彰显了自己在整体市场环境中的商业价值。

2018年,B站在美国纳斯达克顺利上市,除B站管理人员之外,@咬人猫、@墨韵、@高佑思、@茶理理、@LexBurner、@渗透之C君、@吃素的狮子、@西四等8位颇具代表性的人气UP主以嘉宾的身份受邀参与了敲钟仪式。敲钟之举作为公司上市的标志性事件象征着巨大的成就与非凡的荣耀。B站邀请UP主参加敲钟仪式的做法将B站的发展轨道与UP主的成长历程紧密对接,具有强大的象征意味——B站与优秀内容创作者共享荣耀时刻。与此同时,B站美国上市的画面通过网络直播跨越时差与国内普通会员见面,普通会员们通过弹幕、评论等形式共同参与了这场仪式盛宴。后续采访中,拥有近 1000 万粉丝的动漫区 UP 主 @LexBurner 表示："非常激动,感觉就像我自己的公司上市了一样。"这种"我们意识"的成功形塑反映出 UP 主对 B 站的情感认同。

敲钟仪式作为 B 站管理层、UP 主与普通会员共同参与的仪式性活动,具有鲜明的互动性质。B 站管理层、UP 主的"现实在场"与 B 站普通会员的"虚拟在场"共同建构了一个集聚三方主体的跨时空场域,在这个场域中,三方主体将注意力凝聚在敲钟仪式上,通过言语或弹幕文字表达着对 B 站未来的期许。正是这样一种"小众狂欢"的文化景观让资本意识到 B 站巨大的商业价值——据《21 世纪经济报道》记者统计,自 2018 年赴美上市以来,B 站融资额已超人民币 184.35 亿元[19]。外来资本的融入进一步拉动了情感逻辑在 B 站运营中的使用和扩张。

（二）打造情感认同,完善平台增值业务

情感共同体的形塑使 B 站成功收获了资本市场强大的外部注资,而 B 站作为市场主体,也建立了一套科学合理的增值业务体系。与其他平台不同,B 站用户遵循着一套严格的等级制度,用户等级越高,能行使的社区权利就越大。以身份称呼为划分标准,B 站用户可归类为:游客、注册会员和正式会员。游客和注册会员只能使用观看视频的功能,与前者相比,后者还享有通过社区考试答题成为正式会员的权利。B 站的正式会员细化为六大等级,这一群体可以通过每日登录、每日观看、每日分享、每日投币、充电等方式获得经验值。正式会员可以凭借相应的经验值积分从 LV1 升级到 LV6,在这一过程中,逐步解锁 B 站的全部功能。正是这种较高的准入门槛和严格的等级制度,将 B 站打造成了具有"排他性"的虚拟社区——只有正式会员才是 B 站社区的原住民,享有社区提供的福利。

用户身份的边界功能有助于认同水平的提高。为了解锁更多的功能,优化使用体验,也为了寻求身份认同与情感认同,正式加入 B 站大家庭后,B 站用户往往会致力于提升会员等级。根据 B 站发布的 2021 年第二季度财报(以下简称《财报》),截至二季度末,通过 100 道社区考试答题的正式会员数量同比增长 35%,达到 1.2 亿人[20]。除了通过积攒经验值实现等级提升的路径外,B 站用户还可以选择购买"大会员"缩短升级过程。

成为 B 站正式会员后,一部分用户会越来越认可 B 站社区的人文环境、运作模式和文化价值,自我强化身份认同感;另一部分用户可能会出现不适应 B 站社区生态的情况。前者基于对社区的喜爱,继续参与社区建设,提升自己的会员等级;后者如果因为不适应社区生态放弃使用 B 站,他们之前因提升等级而付出的时间、精力,以及购买"大会员"付出的金钱就会成为一种"沉没成本"。"沉没成本"是经济学上的概念,指的是我们为某些事情投入的、已经不可收回的支出[21]。B 站正式会员在等级升级过程中,会形成一种"损失厌恶"的心理状态,行为经济学的展望理论认为,同样的金额,人失去它时感到的痛苦是得到它时感到的快乐的 2—2.5 倍[22]。部分会员因沉没成本产生的损失心理不仅可能会说服他们继续参与等级升级,甚至有可能倒逼他们加大投资。在这一过程中,为了解决认知失调的问题、合理化自己的行为,有些会员会通过自我辩解的方式强化自己的身份认同意识。基于以上消费心理,B 站"大会员"制度有了长期实施的可能。《财报》数据显示,截至 2021 年第二季度末,"大会员"数量再创新高,达 1742 万,同比增长 66%[23]。"大会员"制度作为平台的增值业务,切实提高了 B 站的运营收益。

(三)实现情感链接,激活内部商业生态

作为内容创作分发平台,B 站聚集了大量以经济报酬为导向的视频创作者,其商业生态系统的健康对平台的可持续发展至关重要。平台作为一种新型传媒形态,其兴起和忽灭的速度很快,换句话说,蕴藏的机会和风险很大。

《中国互联网发展报告(2021)》显示,截至 2020 年年底,我国网民规模为 9.89 亿人,互联网普及率已达 70.4%。互联网发展的"人口红利"已经消化殆尽,过去那种发现一个"风口"大家便一拥而上、野蛮生长的阶段已经一去不复返[24]。在这样的市场环境下,如何在庞大的互联网数字经济体量中分一杯羹是每个行业转型升级的逻辑起点。

随着云时代来临,数字技术空前发展。曾几何时,我们所谓的"新媒体"仅代指通过网络渠道发布内容的纸质媒体,而今,新兴的"数字新媒体"概念具有浓厚的技术意味——数字技术重构了传媒产业。一方面,新技术的普及赋予了用户更强的表达喜好的能力,帮助用户摆脱了"无名之辈"的身份;另一方面,数据采集、存储、分析、共享及应用技术的发展,增强了内容提供商描摹用户画像的能力。在这一过程中,用户的主体意识增强,内容提供商提供个性化传媒产品的能力也加强,实现了需求和供给的有效对接。B 站在发展过程中逐渐形成了直播、番剧、美食、纪录片等 26 分区。这种分区方式一方面符合垂直细分领域的数字经济发展规律,另一方面也有利于归类 UP 主类型与用户喜好,实现 UP 主创作内容与用户需求的精准对接。

B 站内部的经济活动主要是 UP 主通过视频创作实现创收的过程,其收入来源有以下四种:(1) 与 B 站平台签约,获得基本工资收入;(2) 按视频播放量计算收益;(3) 通过加入充电计划、参加活动、直播等形式获得观众的打赏;(4) 接商业推广,获得广告收入和带货收益。这一套行之有效的流量变现机制基于公开、透明、公正的原则展示在 B 站社区内部。在 UP

主的视频创作过程中,他们会通过以下两种方式与观众实现情感链接,并将情感转化为实际的经济收益。

1. 利用弹幕优势,坦承经济诉求

B站UP主在视频创作过程中,巧妙利用弹幕表达优势,通过引导普通会员将"一键三连(点赞、收藏、投币)""你币有了""下次一定"等具有"弦外之音"的弹幕"打在公屏"上,直白坦率地向普通会员表达了自己的经济诉求。"弹幕"源于日本网络文化,指的是Niconico网站于2006年出现在视频界面上观众留下的言论。2008年,国内首家弹幕网站AcFun(简称"A站")引进留言字幕功能,弹幕文化被引入中国。随着B站社区日益发展壮大,B站成为中国弹幕文化的主阵地。

总的来说,B站弹幕具有三大特征:(1)鲜明的情绪化输出。弹幕的核心功能是即时表达观点,记录转瞬即逝的情绪状态。B站播出的《那年那兔那些事儿》以动漫的形式讲述了中国历史事件,其第一季第1话《种花家的崛起》展现了新中国成立的高光时刻,配合着画面轮番在界面上出现的"此生无悔入华夏,来生愿在种花家""全体起立,致敬""这盛世如你所愿"等弹幕流露出B站用户浓浓的爱国之情。(2)独特的网络化用语。作为国内最受年轻人欢迎的视频社区之一,目前B站月均活跃用户达2.37亿,其中18—35岁用户占比78%[25]。年轻用户不仅是B站虚拟社区建设的主力军,也是整个互联网社会的主要构成群体。原有的基于现实情景构建的语言体系过于官方正式,无法对接娱乐性质较强的互联网交流的本质要求,因此互联网原住民形成了全新的、具有调侃性质的语言体系,即网络流行语。"爷青回"("爷的青春回来了"缩写,表达一种喜悦之情)、"整活"(意指开始表演、开始做事)、"AWSL"("啊我死了"拼音首字母缩写,用以形容看到可爱之物时的激动心情)等表达是近期B站的热门"梗",这些"梗"帮助B站用户采用幽默的语言技巧表达自身的观点,具有鲜明的网络特色。(3)从众的跟风式表达。一方面,B站用户总体倾向于使用"恭喜你刷到镇站之宝""欢迎回来""前方高能"等具有社区风格的弹幕表达自己的观点;另一方面,界面刷屏是弹幕网站独特的文化景观,为了明确群体身份,参与社区建设,B站用户会积极参与弹幕刷屏的集体实践。因而,UP主引导普通会员将"一键三连""你币有了""下次一定"等话语表述呈现在视频界面上的行为深度契合B站独特的弹幕文化,有利于畅通UP主与普通会员之间的对话渠道。

美国学者欧文·戈夫曼(Erving Goffman)在《日常生活中的自我呈现》一书中提出了著名的"拟剧理论",他运用戏剧语言分析人们的交往过程,将社会这一"表演区域"划分为"前台"和"后台",在前台人们通过"印象管理"呈现出符合社会场景的角色身份,在后台人们更加放松,更能够表达真实的自我。基于拟剧理论考察人们在互联网世界中的行为动机是学术研究的重点领域,如何在社交媒体中进行自身角色的重构,避免遭遇难以融入话题的境地而被边缘化,成为新时代下拟剧理论研究的重点[26]。对于视频内容创作者来说,适当呈现出自己的"后台"状态成为构建良好的互联网社交关系的重要策略。UP主"送我上热门""投两个圆圆的小硬币""感谢大家评论、转发、收藏"等经济诉求显得真实而坦诚,这样的表达不仅不会让观看视频的人感到反感,甚至能拉近UP主与普通会员之间的距离,将这种"真诚交流"的友好关系转化为实际的经济收益。

2. 制造情感互动,打造良好的经济关系

从某种意义上讲,贸易是"关于想法、意见和态度交换、交流的一种社会交际行为",因此经济活动的本质是一种人与人之间的交流互动。情感互动可以有效拓宽消费者的情感空间,激发消费者的消费欲望[27]。

2021年世界互联网大会上,B站董事长兼CEO陈睿明确表述:Z世代是B站用户构成的主流群体。"Z世代"泛指出生于1995—2009年间的互联网原住民。腾讯发布的《2019 Z世代消费力白皮书》显示,Z世代每月可支配收入达3501元,这一数据远高于同年国家统计局数据透露的中国人均可支配收入2561元,"Z世代"已经成为当前经济市场的消费主力军。基于B站在"Z世代"中日益深刻的影响力,越来越多的广告主都将B站视为必投平台[28]。

在B站社区中,UP主接商业推广的行为被称为"恰饭",恰饭出自中国西南地区的方言"吃饭"一词,原本即有"生存"之意。成为网络流行语后,恰饭代指为了生计采取的一系列行为,UP主在视频创作中植入商业推广信息就是典型的恰饭行为。值得一提的是,有些UP主会签订MCN,MCN具有成熟的商业合作模式,在UP主商业推广的经济活动中发挥了重要作用。

在商业推广过程中,UP主与观看视频的用户形成了良好的经济互动关系。一方面,B站UP主创作含有商业信息的视频时会采用"现在是恰饭时间""XXX品牌最近找我谈合作,给我寄了产品,使用感不错,在此推荐""此视频由XXX品牌赞助"等话术表明商业目的,坦承自己的推广行为,提醒观看视频的用户"理性种草"。另一方面,观看视频的用户则会通过在弹幕上赞美品牌产品、跟风刷"让他(她)恰""感谢金主爸爸的赞助"有关内容、购买产品时留言"从XX(UP主)来"等形式表达对UP主商业行为的支持。

B站与新榜研究院联合发布的《2020年B站UP主价值研究报告》中提到,用户对于创作者内容营销的包容度,取决于植入形式有趣自然、有品控保证、内容高品质等因素[29]。随着经济社会的发展,无孔不入的广告信息早已让人厌倦。B站

UP 主却能以优质内容为载体,使广告信息巧妙融合于创意视频中,营造出和谐的商业生态,久而久之就形成了一种恰饭文化,塑造了 B 站独特的商业图景。在 UP 主与普通会员的经济互动行为中,不论是出于"真情实感",还是出于戏谑心理,表面上看双方均呈现出"为对方好"的情感状态,而这样一种情感心理最终也成功地转化为现实效益。《财报》显示,B 站中腰部 UP 主接单率同比提升超 100%,品牌在 B 站上复投率高达 75%。随着品牌知名度的提高,B 站也在持续提高算法效率、丰富广告产品,从而推动广告业务的持续增长[30]。

五、结语

"碎片化"的信息市场里,自发形成的文化部落与个体间挣脱了现实生活中地理位置的束缚,通过更具黏合力的兴趣、爱好、情感等要素实现了链接。2020 年中央经济工作会议提出:"要注重需求侧管理,形成需求牵引供给、供给创造需求的更高水平动态平衡。"可以预见,传媒业也将开启需求侧转型,用户的个性化追求,尤其是情感的需要将会成为传媒经济发展新的着力点。作为当下内容创作分发平台的头部企业,B 站"出圈"不仅代表了小众文化群体的解放,也让长尾理论焕发出新的生机,给传媒经济市场注入了强大动力。在发展过程中,B 站将"情感"作为生产要素,通过迎合用户的情感需求、激发用户的情感体验获得了巨大的经济收益,其相对完善的"情感产业链"经营策略对当代媒体平台的经济发展具有重要的参考意义。

注释

[1] 人民智库:《当前公众孤独感状况调查——90 后更容易感到孤独》,2019 年 1 月 9 日,来源:https://baijiahao.baidu.com/s?id=

1622175393 670286841。

[2]搜狐城市:《中国城市的"孤独"系数:每百户家庭就有三户是独居青年》,2019 年 8 月 27 日,来源:https：// www. sohu. com/a/336768956_120179484。

[3]喻国明、丁汉青、支庭荣等编著:《传媒经济学教程》(第二版),北京:中国人民大学出版社,2019 年,第 11 页。

[4][日]胜见明:《铃木敏文的情感经济学》,梁蕾译,北京:中国大百科全书出版社,2013 年,第 95—100 页。

[5]周高华:《情感营销:体验经济、场景革命与口碑变现》,北京:人民邮电出版社,2016 年,第 18 页。

[6]鱼文英、李京勋:《消费情感与服务质量、顾客满意和重复购买意愿关系的实证研究——以航空服务行业为例》,《经济与管理研究》2012年第 7 期。

[7]传媒蓝皮书课题组:《〈传媒蓝皮书:中国传媒产业发展报告(2021)〉成果发布》,2021 年 8 月 23 日,来源:https：// mp. weixin. qq. com/s/7XY99-mS9qdcQ0-Kd9XyGw。

[8][美]罗伯特·皮卡特、杭敏:《从传媒经济到平台经济:关注产业研究的创新前沿》,《全球传媒学刊》2021 年第 4 期。

[9]周高华:《情感营销:体验经济、场景革命与口碑变现》,北京:人民邮电出版社,2016 年,第 19 页。

[10][美]曼昆:《经济学原理》(第七版),梁小民、梁砾译,北京:北京大学出版社,2015 年,第 212—229 页。

[11]周高华:《情感营销:体验经济、场景革命与口碑变现》,北京:人民邮电出版社,2016 年,第 29 页。

[12]张雨点:《一线|B 站陈睿出席乌镇互联网大会:Z 世代的创作者如何展现中国风貌》,2021 年 9 月 27 日,来源:https：// new. qq. com/omn/20210927/20210927A0CJD800.html。

[13]喻国明:《互联网发展的"下半场":传媒转型的价值标尺与关键路径》,《当代传播》2017 年第 4 期。

[14][美]詹姆斯·W. 凯瑞:《作为文化的传播》,丁未译,北京:华夏

出版社,2005 年,第 7 页。

[15] 邓昕:《被遮蔽的情感之维:兰德尔·柯林斯互动仪式链理论诠释》,《新闻界》2020 年第 8 期。

[16] 李钧鹏、茹文俊:《论虚拟社区中的互动仪式链》,《广东社会科学》2020 年第 4 期。

[17] [美]兰德尔·柯林斯:《互动仪式链》,林聚任、王鹏、宋丽君译,北京:商务印书馆,2009 年,第 31、86—87、161 页。

[18] 李钧鹏、茹文俊:《论虚拟社区中的互动仪式链》,《广东社会科学》2020 年第 4 期。

[19] 21 世纪经济报:《烧钱的 B 站:上市以来融资超 184 亿元》,2021 年 3 月 16 日,来源:https://xw.qq.com/cmsid/20210316A0CV4000。

[20] 创客杨浦:《B 站发布 2021 年度第二季度财报!》,2021 年 8 月 20 日,来源:https://www.shkp.org.cn/articles/2021/08/wx341780.html。

[21] [美]曼昆:《经济学原理》(第七版),梁小民、梁砾译,北京:北京大学出版社,2015 年,第 306 页。

[22] [日]胜见明:《铃木敏文的情感经济学》,梁蕾译,北京:中国大百科全书出版社,2013 年,第 42 页。

[23] 创客杨浦:《B 站发布 2021 年度第二季度财报!》,2021 年 8 月 20 日,来源:https://www.shkp.org.cn/articles/2021/08/wx341780.html。

[24] 喻国明:《互联网发展的"下半场":传媒转型的价值标尺与关键路径》,《当代传播》2017 年第 4 期。

[25] 张雨点:《一线|B 站陈睿出席乌镇互联网大会:Z 世代的创作者如何展现中国风貌》,2021 年 9 月 27 日,来源:https://new.qq.com/omn/20210927/20210927A0CJD800.html。

[26] 郝烨:《拟剧论视域下社交网络中个体的呈现与表演》,《传媒》2015 年第 22 期。

[27] 周高华:《情感营销:体验经济、场景革命与口碑变现》,北京:人民邮电出版社,2016 年,第 71 页。

［28］创客杨浦：《B 站发布 2021 年度第二季度财报！》，2021 年 8 月 20 日，来源：https：// www. shkp. org. cn/articles/2021/08/wx341780. html。

［29］B 站、新榜研究院：《2020 年 B 站 UP 主价值研究报告》，2021 年 2 月，来源：https：// www.sohu.com/a/448357409_665157.html。

［30］创客杨浦：《B 站发布 2021 年度第二季度财报！》，2021 年 8 月 20 日，来源：https：// www. shkp. org. cn/articles/2021/08/wx341780. html。

On the Economic Value of Emotional Elements in Platform Operation
—Based on A Case Study of Bilibili

XU Jiabiao, LIANG Shaoyi

Abstract： As a "scarce resource", the economic attribute of "emotion" in daily life is increasingly prominent. The entertainment industry drives the economic development, and the media market presents an extraordinary development trend by relying on the "emotional industry chain" oriented to meet the emotional needs of users. Based on the analysis framework of supply and demand theory, this study selects Bilibili which is a content creation and distribution platform as the object of investigation and analyzes the value appeal of "emotional production" in effectively enhancing the commercial value and operating income of Bilibili through the method of economic model construction. At the same time, this article tries to take the emotional production mechanism of Bilibili as an example to explore the key role of emotion as a factor of production in the economic activities of production, exchange, consumption and distribution of media products, so that it can promote media economy development, and especially provide expansion ideas for platform economy prosperity.

Key words: Emotional Economy; Supply and Demand Theory; Media Economy; Media Platform

有限政府与市场逻辑：
我国动漫产业政策的优化路径

刘晓红

　　摘　要　当前我国动漫业面临着可持续、高质量发展的问题，作为对产业发展具有重要影响的动漫产业政策要改变过去的"全能政府"倾向，朝着强化有限政府理念，尊重市场机制的主导性方向优化。具体包括：政府部门减少管制思维，增强为市场主体服务的意识，改变扶持策略，将政策重心调整到为动漫企业发展提供公共服务支持上；限制政府部门权力，赋予行业组织、受众组织、中介组织在完善动漫市场交易、动漫产品开发和动漫市场监管方面发挥作用的空间；从市场本位出发，调整产业政策中削弱市场主导性的要素，从激励动漫企业竞争、维护动漫市场公平竞争秩序、培育动漫消费市场等方面增强动漫市场内生动力。

　　关键词　动漫业　产业政策　有限政府　市场

　　在我国当前的市场经济环境下，产业政策对于动漫业的可持续、高质量发展具有重要意义。互联网＋时代的动漫业技术

　　作者简介　刘晓红，女，上海财经大学人文学院经济新闻系副教授。研究方向：传播政治经济学、传播政策。电子邮箱：xhliu@mail.shufe.edu.cn。
　　基金项目　上海财经大学教学创新团队项目"全球化、网络化时代财经新闻人才培养模式研究"（2016110397）

的发展、动漫市场的变化对动漫产业政策提出了新的要求。从动漫产业政策领域政府与市场的关系框架看,当前的动漫产业政策要改变过去的"全能政府"倾向,朝着强化有限政府理念、尊重市场机制的主导性方向优化。

一、动漫产业政策中的政府与市场

"有限政府"概念源于西方的有限政府论,有限政府论具有自由主义思想根源、特定的历史语境以及发展脉络。关于有限政府论及其对中国政治经济体制改革的意义,在国内政治学、法学和经济学领域引起激烈的争论。事实上"有限政府"概念在政治改革、经济改革的实践层面被批判性地运用于中国语境。

一般认为,有限政府(limited government)指"规模、职能、权力和行为方式都受到法律明确规定和社会有效制约的政府"[1]。这一概念与"全能政府"或"无限政府"相对应,后者在社会生活的各个领域享有决策权,并担负着全部责任。全能政府与我国计划经济体制相适应,随着我国市场经济体制改革的深入发展,我国的政府职能全面调整,从全能政府向有限政府转型。在市场经济领域,其核心原则就是尊重市场规律,减少对市场的过多强制性干预,使市场在资源配置中起决定性作用,充分发挥政府在市场经济发展中的服务职能和监管职能,包括加强和优化公共服务、保障公平竞争、加强市场监管、维护市场秩序、推动可持续发展、促进共同富裕、弥补市场失灵等。

产业政策是政府弥补市场失灵和市场不足的工具,产业政策制定和实施过程中政府的角色及其行为边界、政府与市场的关系直接影响着产业政策的效果。改革开放后,我国动漫业政策经历了国产动画电影市场化政策、动画产业政策、动漫产业政策历程。1994 年出台的《关于对 1949 年 10 月 1 日至 1993 年 6 月 30 日期间国产电影发行权归属的规定》终止了电影业产销脱节的计划经济模式，将包括动画片在内的电影业全面推向市场，也标志着在动画片领域，政府职能由全能政府开始向有限政府转换。经过近十年的市场化改革，动画业的产业属性日益增强，虽然制播分离、鼓励多种经济成分参与动画业等政策给予了市场一定的空间，但产业政策以补贴扶持、大型企业扶持、保护国内市场为主，市场在资源配置上空间相对有限。这一特点也延续到后来的动漫产业政策上，国家设立专项资金进一步加大补贴扶持力度，虽然开始运用税收、投融资等手段增强市场竞争力，但政策上仍然没有走出政府主导的选择性产业政策范式，"扶大扶强"，对市场变化反应滞后。

动漫产业政策在短时间内推动了动漫企业数量的增加和动漫产品产量的提高，却没有解决动漫业高质量、可持续发展的问题。一方面，我国动漫产业政策有强烈的政府本位惯性，从部门管理的角度出发制定政策，"中国的改革历来以行政主导为特点，因此，行政权力系统的利益在改革取向上具有决定性的影响。于是，以行政权力为核心，个人利益、部门利益、集团利益、地方利益互相纠葛"[2]。另一方面，由于多个行政部门职能涉及动漫产业的管理，尽管国家为推进动漫产业的发展设立了由文化部、教育部、科技部、财政部、信息产业部、商务部、税务总局、工商总局、广电总局、新闻出版总署等 10 个部门组成的联席会议制度，但部门冲突时有发生。正如吴敬琏所指出的："由于改革是在原有的政府机构和执政力量的领导下进行的，原有的政府机构干预权力过分巨大，与市场经济不相适应，其本身与旧的体制不可避免地有着千丝万缕的联系，因此也就会存在这样一种危险，即三中全会所决定进行的改革会遇到一些思想观念障碍和利益固化藩篱的阻挠。在改革推进之中，也会遇到体制转轨过程中必然出现的种种实际困难。"[3] 内嵌于我国文化体制改革进程中的动漫产业政策的制定和推行也面临类似的问题。

二、动漫产业政策的选择性范式及其消极影响

从产业政策中政府与市场的关系看,我国动漫产业政策表现为较强的选择性产业政策范式,这种范式的特征是"政府选择主导产业、挑选'国家冠军企业'进行扶持,保护本国的衰退产业或企业。这种政策模式多以投资补贴、投资计划、公共银行贷款、生产限额、限价、准入管制和贸易保护等手段直接干预市场或干预竞争"[4]。这种带有"全能政府"偏向的动漫产业政策范式主要表现为以下几个方面。

第一,产业政策从政府本位出发,自上到下强调政府对企业的补贴扶持。我国动漫产业政策涉及动画片、动漫产品的制作、发行、播出、投融资、税收、进出口等多个环节,资金扶持一直是我国对动漫业扶持的重心,国家对动画片生产基地建设给予资金补助和信贷贴息;以政府采购等形式扶持资助动画片的拍摄和发行放映;设立专项资金加大对动画片的生产;对国产动画片专业制作机构给予免税政策,等等。这些政策的实施细则大多与动漫企业的规模、产量和产值等挂钩,表现出"扶大扶强"的特点。

动漫企业年审制是动漫产业税收政策、进出口政策等扶持政策的基础。通过认定的企业才能享受动漫产业税收优惠政策。但是,能够在主营收入占比、自主开发生产的动漫产品收入占比、动漫产品研发经费占比等方面达到认定要求的企业数量很少。最新数据显示,2021 年通过认定的动漫企业有 50 家[5]。笔者根据 2009 年以来公布的数据统计发现,自 2009 年

第一批动漫企业认定开始到 2019 年,10 年间累计通过认定的企业总量为 896 家[6]。企业认定、注册资本、企业规模、企业营收状况等方面的条件决定了真正能够享受政府免税政策的动漫企业数量占比较低。

从中央到地方的诸如此类的资金扶持政策虽然短期内是动漫业的强心剂,但长期实施导致企业缺少活力,企业靠政府扶着走,而不是靠自身的产品和市场运营独立行走,根据最新数据计算,2018 年全国 531 家动漫企业所得的政府补贴收入(213433 千元)占到其利润总额(839782 千元)的 25.4%[7]。上市动漫公司 2019 年的年报显示,一些公司 2019 年获得的政府补助甚至超过了公司当年的净利润。全国动漫企业利润总额在 2016—2018 年连续三年下降[8]。

看似公平的扶持政策实际上将中小微企业、初创企业置于不利的市场地位。多位动画行业公司负责人在媒体上公开表示,由于缺乏高水准内容持续产出,动画公司的生存现状并未根本扭转,"90%以上的动画公司不盈利"[9],甚至有业内人士公开指出:"95%的动漫公司都不盈利"[10]。

第二,重视产业的外部保护,忽视市场作为动漫产业内生机制的作用。我国为了保护本土动画市场,对境外动画实施了严格的限制性政策。进入 21 世纪后,为扶持动画片生产企业,对境外动画片的引进、播出政策趋严,连续出台多项政策规定,强调"为未成年人思想道德建设提供更多的思想精深、艺术精湛、制作精良的优秀国产动画片,为国产动画产业的发展创造良好环境"[11]。随着发展我国影视动画产业政策的出台,明确强调境外动画片的引进必须坚持"以我为主,洋为中用"的方针。2004 年国家广电总局发布的《关于发展我国影视动画产业的若干意见》对引进动画片机构的引进资格附加条件为引进境外动画片与其生产国产动画片数量比例为 1∶1,未生产国产动画片的机构不得引进境外动画片。随着互联网视听业务的发展,这一限制性政策也延伸至网络平台。

境外动画片的限制性政策对我国动漫业持续发展的推动作用已经明显降低。虽然我国国产动画片产量由 2006 年的 8.23 万分钟逐年递增至 2011 年的 26.12 万分钟,但是自 2012 年开始逐年下降,2017 年跌至 8.36 万分钟,2018 年后略有提升,至 8.6257 万分钟,到 2020 年,全年生产电视动画片11.6688 万分钟[12]。这一方面是受网络动漫崛起、电视受众流失等因素的影响,但也说明国产动画保护政策的效果正在递减。早在 2003 年的《国家广播电影电视总局关于促进广播影视产业发展的意见》中,我国动画业的发展目标就定位于积极打入国际市场,参与国际竞争,改变国内动画市场“外强我弱”的局面。经过十几年的发展,尽管我国动画片产量年增长率较高,国产电视动画在电视上的播出时间远远高于进口电视动画,对境外动漫的限制性政策虽然保护了动漫企业的成长及其在国内市场的利益,但是长期依赖政府保护成长起来的动漫企业缺少参与国内外市场竞争的动力和实力,我国电视动画进出口在 2014—2016 年存在较大逆差。根据国家统计局披露的数据,2016 年我国电视动画的出口总额为 3661.83 万元,出口量为 1407 小时,而同期我国电视动画进口总额为 105644.89 万元,仅从日本进口总额高达 82237.12 万元,电视动画进口量为 7752 小时,日本电视动画进口量为 3259 小时[13]。不难看出,政府的“保姆式”保护并没有提高本土动画企业的国际市场竞争力。

第三,政府部门本身的市场能力先天不足,削弱了产业政策的市场效率,产业政策容易受到部门利益的牵绊,破坏公平竞争的市场交易体系。

政府主导的选择性产业政策往往以政府替代市场、指导市场,却不能像市场主体那样对动漫市场的新变化做出积极反应,政策失灵风险高,产业政策面临着无法实现预期的市场目标、付出较高的政策成本甚至产生适得其反的结果的风险。随着网络技术和移动媒体的发展,网络动漫和手机动漫崛起。原创网络动漫公司、互联网企业、传统动漫生产制作企业、移动运营商等纷纷涉足网络动漫,并积极提供新的产品和服务,探索新的盈利模式。网络动漫在内容创作、生产和播出、发行等环节都呈现出与传统动漫不同的方式。"网络动画大多是周更的频率,且长度都在几十集甚至上百集,大量网民的参与以及互联网海量存储能力使日益增多的网络动漫平台储备剧增。同时,基于互联网的特性,网民或从业者大量的原创产品在网络上进行'试错',这些作品有了与市场对接的机会,也减少了作品后期开发的市场风险。"[14]

但是,由于政府作为行政部门而非市场主体的先天不足,政府获取市场信息资源的能力有限,政府主导的选择性产业模式不能对网络动漫、手机动漫这一新兴市场做出积极反应。一些评奖政策、补贴政策与传统的电视台、出版发行平台紧密挂钩,使一些在网络平台播出的优秀动漫产品以及中小微动漫企业失去平等机会;监管政策囿于管制思维和意识形态思维,缺少互联网思维和市场思维,不能根据网络动漫的制作、播出特点做出有针对性的监管,而是采取了与影视动漫相同的内容监管方式,导致网络动漫内容低俗化、同质化,缺少文化内涵、未成年人保护不力、违规经营等行为层出不穷。

动漫产业政策涉及多个部门,部门利益以及职能范围的冲突削弱了市场活力和效率。以国产电视动画交易为例,目前国内电视动画交易中动画片无偿提供给电视台播放,换取一定时间的贴片广告或者电视台低价购买动画片播映权的交易方式将电视播出机构置于优势地位,这种对于动漫企业而言极不公平的现象其实在改革开放初期就已经存在,实际上是限制动画业高质量发展的顽疾。因其特殊的行业地位,电视台播出机构的利益受到了政策的间接保护,导致动画企业在动漫交易市场上市场地位低、议价能力弱。大部分地方政府的补贴计划往往以动画节目在电视台的播出时长为标准,例如《上海市动漫游戏产业发展扶持资金管理办法(2015年版)》明确列出,优秀原创电视动画扶持金额按照动画片播出时长计算。这不但催生了动漫企业以拿到不菲的电视台播出补贴为目标的短视行为,动漫产品质量不高,更为重要的是导致动漫市场的不公平交易,客观上提高了动漫企业的交易或协调成本,破坏了正常的市场秩序。

我国动漫产业政策是政府"挑选赢家"的选择性政策范式,由于政府并非市场主体,对动漫产业市场变动敏感度不高,导致强调政府补贴、资格准入、保护性政策过多。政府对动漫市场以及市场竞争干预力度强,可以短期内实现一定的经济目标,但长期来看,其隐患较多。因为政府在通过产业政策介入动漫市场时,未能重视动漫市场自身的协调机制,阻碍了市场主体的能动性。正如田国强所指出的,"政府直接干预经济活动或制定的直接干预经济活动的政策,短期或者在局部是有用的,但是其边际效用会递减,而且往往中长期的弊端大于短期的好处。政府推动、一拥而上的产业导向一定会造成资源的无效率配置"[15]。

三、从全能的"管制型"到有限的"服务型"

"产业政策的功能是在产业发展过程中弥补市场不足、矫正市场失灵,其立足之基在于市场机制充分发挥其在资源配置方面的基础性作用。"[16] 当前我国政府在动漫产业政策上有必要强化有限政府的角色定位,即明确政府不能替代市场,作为行政部门,其角色、职能是为市场经济的有效运行提供制度体系和公共服务体系。产业政策的制定要警惕因为政府行为越位,过度干预市场造成的政策失灵;同时,政府部门作为非市场主体具有"先天不足",其能力是有限的,政府行为有其边界,在市场经济体制下,要充分尊重市场逻辑,重视市场在资源配置上的主导地位,发挥市场在资源配置、激励竞争、提升效益方面的作用,并着力探索动漫市场不足和市场失灵的根源,依此来确定政府产业政策对市场干预的范围以及程度。具体地说,可以从以下几方面进行政策优化:

第一,为社会提供公共服务是有限政府的理论要义之一,在动漫产业政策上,政府要调整管制型政府为服务型政府,致力于为各类动漫企业提供服务性政策支持。习近平总书记曾多次强调政府要成为"有限政府"、服务型政府,强调政府更多地向社会提供"公共服务",特别是为非公有制经济提供全方位的优质服务。在产业政策上,市场居于主导地位,但政府依然发挥关键性作用,市场机制的有效运行依赖政府提供的法律制度体系、服务系统的完备性。

当前制约我国动漫业发展的瓶颈之一是中小微动漫企业占比高,处境艰难。截至 2020 年 10 月,我国近 60% 的动漫相关企业注册资本在 200 万元以下[17],而 2021 年通过认定的动漫企业仅有 50 家,这一数据差异表明我国动漫业绝大部分企业达不到国家动漫企业的认定标准,造成这种现状的主要原因包括动漫企业主营收入占比低、自主开发生产的动漫产品收入占比低、动漫产品的研究开发经费占比低或者专业人员和研发人员占比低等。

由于规模小和自身存在的缺陷,中小微动漫企业既不能获得国家专项资金支持和税收优惠政策支持,又不满足上市条件;由于我国银行业存在信贷偏向、动漫业风险大、投资周期长、收益不稳定等特点,使得中小微动漫企业较难获得银行信贷资金的支持和社会资本的青睐。

因此,政府部门要明确有限政府的角色,增强为市场主体服务的意识,减少管制思维,改变"扶大扶强"的资金扶持策略,将政策重心调整到为所有动漫企业和动漫产业整体发展提供公共服务支持上,如搭建中小微企业公共服务体系、动漫人才培养体系、动漫技术开发与共享服务体系等。

第二,有限政府意味着将政府的职权限制在一定范围内,减少政府对社会生活过多的强制性干预,建立政府、企业、社会的三方合作机制,实现责任分担、合作共治。在动漫产业发展上,政府部门有必要在政策制定和推行层面尝试向社会分权,赋予行业组织、受众组织、中介组织在完善动漫市场交易、动漫产品开发和动漫市场监管方面发挥作用的空间。

目前我国的动漫交易市场还存在市场主体地位不平等、广播电视机构价格垄断、动漫企业议价能力低、版权保护不力、违法交易等各种问题。在当前政府主导的产业政策的制定和推行过程中,政府部门利益、职权纷争等削弱了市场效率。因此,政府有必要明确将自身职能限定在为动漫市场的有效运行提供恰当的制度基础、促进市场体系成长上,其中包括建立稳定的投融资政策、公平透明的市场交易政策、完备的版权保护法律法规体系以及执行机制,为动漫业发展构建良好的制度环境。与此同时,扩大动漫行业协会、受众组织、交易中介组织的市场活动空间,鼓励和支持这些组织真正参与到促进动漫产品质量提高、规范和繁荣动漫市场交易、维护市场有序运行的市场实践中。重视动漫行业组织对动漫业的内部监管和受众群体作为消费者对动漫业的外部监管,可以提高市场监管效率,形成监管合力,改变那种从政府管制视角出发,采取自上而下、政府部门"单打独斗"的监管策略；增强行业组织、中介组织在动漫交易中的市场中介作用，有利于提高动漫企业的议价能力，改变不公平的市场交易现状。

第三，有限政府意味着政府在对市场失灵或市场不足进行干预时，必须认识到政府未必比市场更有能力，动漫产业政策必须去"政府本位"，以市场为本位，从激励动漫企业竞争、维护动漫市场公平竞争秩序、培育动漫消费市场等方面激发动漫市场内生动力。

当前我国动漫产业的核心产业部门整体上效益低，龙头企业的行业带动力较弱。动漫企业高度依赖政府补贴、存货占比过高、周转率低，我国动漫市场不但在生产环节企业竞争力不足，在消费环节也存在市场乏力的现象。因此，要从根本上改变动漫市场内生动力不足的现状，动漫产业政策必须从市场本位出发，着力增强市场机制的主导作用。奥地利经济学派认为，"市场机制的核心功能是发现和有效利用分散信息，政府在介入解决市场失灵问题时，必须考虑到政府并不具有市场机制的这一核心功能，政府在选择介入的政策工具时，必须考虑到是否有足够的市场信息与知识来有效实施这些策略……政府在介入市场失灵时，应充分考虑到市场可能内生出更有效率的解决途径，其政策选择应以尽可能不阻碍市场自发寻求更好的解决途径为基本原则"[18]。

具体地说，当前的产业政策制定部门要消除市场信息不对称，增强市场信息的获取和分析能力，及时调整产业政策中削弱市场资源配置功能的要素，把握动漫业市场的变化，将以补贴政策、市场保护为偏向的产业政策调整为维护市场公平竞争的政策，将"扶大扶强"补贴政策优化为鼓励竞争的产业激励政策，向市场要效益，激发市场内部活力，增强市场主体依靠内生力量解决市场不足等问题的自觉性。市场本位也意味着动漫产业政策要改变长期以来对消费市场的忽视，从补贴消费端而不是生产端、保护消费者权益、提高动漫产品消费力等方面培育动漫消费市场，并改变对动漫产品消费群体低龄化的认知，加大成年人消费市场的培育。

总之，"政策既是对社会文化、经济和技术状况的回应，也是结果，政策也是引发或抑制文化产业转型的基本因素"[19]。从有限政府的视角看，要实现我国动漫产业的可持续、高质量发展，我国的动漫产业政策必须强化有限政府理念，从市场本位出发，尊重市场逻辑，在政策层面确保市场成为配置资源、激励创新、提升效益的最有效的机制，为动漫产业发展提供制度保障和服务支持。最后需要指出的是，动漫产业政策对我国动漫业的发展极其重要，在促进动漫产业发展和繁荣的产业政策上，政府和市场并不是矛盾的，而是相互配合、协同互补的关系，处理好政府与市场的关系是动漫产业政策走出选择性范式的关键。

注释

[1] 陈国权：《论法治与有限政府》，《浙江大学学报》（人文社科版）2002 年第 3 期。

[2] 燕继荣：《从"行政主导"到"有限政府"——中国政府改革的方向与路径》，《学海》2011 年第 3 期。

[3] 吴敬琏：《坚持政府和市场关系的准确定位》，2013 年 11 月 25日，来源：http://theory.people.com.cn/n/2013/1125/c49154 -23641862.html。

[4] 江飞涛、李晓萍：《产业政策中的市场与政府——从林毅夫与张维迎产业政策之争说起》，《财经问题研究》2018 年第 1 期。

[5] 文化和旅游部：《文化和旅游部 财政部 税务总局关于公布 2021年通过认定动漫企业名单的通知》，2021 年 11 月 25 日，来源：http://zwgk.mct.gov.cn/zfxxgkml/cyfz/202111/t20211129_929410.html。

[6] 魏玉山、张立、王飚等:《2019—2020 年中国动漫游戏产业发展状况》,《出版发行研究》2020 年第 9 期。

[7] 文化和旅游部:《中国文化数据库(2019)》,来源:https://www.epsnet.com.cn/index.html#/Home。

[8] 文化和旅游部:《中国文化数据库,2017—2019》,来源:https://www.epsnet.com.cn/index.html#/Home。

[9] 盖源源、温梦华:《国产动漫行业巨头未现》,2017 年 7 月 24 日,来源:http://www.nbd.com.cn/articles/2017-07-24/1131286.html。

[10] 白芸、杜蔚:《中国动漫公司 95% 不盈利》,2017 年 7 月 23 日,来源:http://www.nbd.com.cn/articles/2017-07-23/1131159.html。

[11] 国家广电总局:《广电总局关于加强电视动画片播出管理的通知》,2008 年 2 月 19 日,来源:http://www.gov.cn/gzdt/2008-02/19/content_893907.html。

[12] 国家统计局:《中华人民共和国国民经济和社会发展统计公报(2006—2020 年)》,2021 年 2 月 28 日,来源:http://www.stats.gov.cn/。

[13] 国家统计局:《国家数据,2021》,来源:https://data.stats.gov.cn/easyquery.htm?cn=C01&zb=A0Q0J03&sj=2021。

[14] 孙平:《中国网络动画产业现状探析》,《新闻世界》2017 年第 2 期。

[15] 田国强:《争议产业政策》,《财经》2016 年第 11 期。

[16] 顾昕:《挑选赢家还是提供服务?——产业政策的制度基础与施政选择》,《经济社会体制比较》2014 年第 1 期。

[17] 庞无忌:《今年以来我国动漫相关企业数量同比增七成》,2020 年 10 月 28 日,来源:https://baijiahao.baidu.com/s?id=1681787742964612783&wfr=spider&for=pc。

[18] 江飞涛、李晓萍:《产业政策中的市场与政府——从林毅夫与张维迎产业政策之争说起》,《财经问题研究》2018 年第 1 期。

[19] [英] 大卫·赫斯蒙德夫:《文化产业》,张飞娜译,北京:中国人民大学出版社,2016 年,第 117—118 页。

Limited Government and Market Logic:
The Optimization Path of China's
Animation Industry Policy

LIU Xiaohong

Abstract: At present, China's animation industry is facing the problem of sustainable and high-quality development. The animation industry policy which has important influence on the development of the industry should change the past "omnipotent government" tendency and strengthen the concept of limited government and respecting the market mechanism. First, government departments should reduce the regulatory thinking and enhance the awareness of serving the main body of the market. The government should change the support strategy and adjust the policy focus to provide public service support for the development of animation enterprises. Second, the power of government departments should be restricted. The role of industry organizations, audience organizations, and intermediary organizations should be improved in the animation market transaction, animation product development, and animation market supervision. Third, from the perspective of market orientation, we should adjust the factors that weaken the market dominance in the industrial policy, and enhance the endogenous power of the animation market from the aspects of stimulating the competition of animation enterprises, maintaining the fair competition order of the animation market, and cultivating the animation consumer market.

Key words: Animation Industry; Industrial Policy; Limited Government; Market

"共同富裕"背景下传媒企业的
社会责任转向
——以互联网平台企业为例

綦　雪　张亦晨

摘　要　党的十八大以来,在政治、经济、信息技术等多重因素的影响下,中国传媒行业发生了一系列变革,不断向产业化和市场化迈进,媒介新形态、媒体新业态不断涌现,但同时,也出现了行业垄断、资本无序扩张等负面问题。当下,站在新的历史方位上,我国已经到了扎实推动共同富裕的关键阶段,传媒企业的外部环境或将发生根本性转变。在此背景下,传媒企业被赋予了新的使命,其社会责任也有了新的内涵,亟须升级社会责任的履行方式。有鉴于此,本文以 CSR 金字塔理论为基础,结合利益相关者理论和战略管理理念,以互联网平台企业为例,提出了其在共同富裕背景下社会责任转向的基本框架,从政治、经济、社会、制度、专业五个层面进行探讨并得出初步结论,为传媒企业在新时代的发展路径提供理论和实践参考。

关键词　共同富裕　传媒企业　互联网平台企业　社会责任

作者简介　綦雪,女,清华大学新闻与传播学院博士研究生。研究方向:经济传播、传媒经济与管理、文化产业管理。电子邮箱:302815983@qq.com。张亦晨,女,清华大学新闻与传播学院博士研究生。研究方向:经济传播、传媒经济与管理、文化产业管理。电子邮箱:yichen675327752@163.com。

引言

2021 年 8 月 17 日,习近平总书记在中央财经委员会第十次会议上强调,共同富裕是社会主义的本质要求,是中国式现代化的重要特征,要坚持以人民为中心的发展思想,在高质量发展中促进共同富裕。实现共同富裕要把握和处理好政府功能与市场机制的关系,而企业作为市场主体在其中发挥了重要作用。社会责任是企业必须承担的公共职责,是企业存在的社会依据,因此,企业在助力共同富裕的进程中,应转换社会责任的履行路径,升级社会责任的履行方式。

聚焦于传媒领域,党的十八大以来,在政治、经济、信息技术等多重因素影响下,我国传媒行业发生了一系列变革,不断向产业化和市场化迈进,媒介新形态、媒体新业态不断涌现,逐步形成了以数字为基础的传媒新生态系统,取得了良好的经济效益。其中,互联网平台企业的发展最为突出,2021 年,京东、阿里巴巴、腾讯等互联网龙头企业上榜《财富》全球 500 强,其经济实力与发展潜力不可小觑。但同时,部分互联网平台企业也出现了行业垄断、资本无序扩张、隐私泄露等负面问题。

因此,在新的时代背景下,在"共同富裕"这一重要国策的导向下,有必要对传媒企业社会责任的内涵和履行路径进行重新思考。如何创造更多的社会价值,助力共同富裕,服务于新时期意识形态的凝聚和引领,将社会责任上升到企业战略层面,成为传媒企业,特别是互联网平台企业当前发展的新议题。具体而言,传媒企业承担社会责任有何必要性?未来如何更好地向社会责任回归?本文以互联网平台企业为例,结合传媒经济学、管理学等相关理论,对上述问题进行了初步探索,旨在为传媒企业在新时代的发展路径提供理论和实践参考。

一、概念及理论综述

（一）共同富裕

共同富裕是我国促进社会公平、实现高质量发展的重要理念，是关乎长远和大局的重大战略部署。从较长的时间范围内来看，党的十八大以来，党中央把握我国社会发展阶段的新变化，把逐步实现全体人民共同富裕摆在更加重要的位置上，提出了扎实推动共同富裕的一系列新理念、新思想、新战略。十八届五中全会将共享发展理念作为实现共同富裕目标的有力"抓手"之一；十九大明确了共同富裕的实施时间表，到 21 世纪中叶，全体人民共同富裕基本实现。

聚焦于较短的时间维度，站在新的历史起点上，党和国家更加密切关注、高度重视、切实推动共同富裕。中央财经委员会第十次会议强调，共同富裕是一项系统工程，要坚持以人民为中心的发展思想，正确处理效率与公平的关系，促进社会公平正义，在高质量发展中促进共同富裕。2021 年中央经济工作会议指出，要正确认识和把握实现共同富裕的战略目标与实践途径，发挥分配的功能和作用，加大税收、社保、转移支付等的调节力度，支持有意愿有能力的企业和社会群体积极参与公益慈善事业。

（二）企业社会责任

"企业社会责任"的概念源自 19 世纪的企业慈善事业。英国学者谢尔顿（Sheldon）正式提出了企业社会责任（Corporate Social Responsibility，CSR）的概念，即，企业应该为其影响到的其他实体、社会和环境的所有行为负责[1]。鲍文（Bowen）将企业社会责任定义为商人按照社会的目标和价值，向有关政府靠拢、做出相应的决策、采取理想的具体行动的义务[2]，被众多学者给予很高的评价。具体到企业社会责任的实践中,德鲁克(Drucker)提出可以将社会问题转化为自我利益即商业机会[3],弗里德曼(Friedman)也指出履行社会责任是企业带来商誉的一种方式,对企业自身利益是完全合理的[4]。卡罗尔(Carroll)认为企业社会责任是包含在一定时期社会对企业所具有的经济、法律、伦理和自愿性的期待,显示出综合性的价值取向[5],并提出了关于企业社会责任的金字塔理论,涵盖了经济层面、法律层面、伦理层面、慈善层面或自行裁量的责任等[6]。

随着针对企业社会责任问题的讨论不断深入,越来越多的学者开始关注企业社会责任的观点,开始从不同的角度审视这一概念,将企业社会责任融入企业战略管理的思想逐渐形成。沃蒂克(Wartick)和鲁德(Rude)将对企业社会责任的战略思考称为问题管理,并将其定义为对企业可能产生重大影响的社会问题和政治问题进行识别、评估、响应的过程[7]。波特(Porter)从企业战略管理角度提出了企业社会责任战略模型,包括企业价值链模型和钻石模型,价值链模型用于企业自检,即通过详细检查价值活动,发现与企业社会责任相关的问题;钻石模型则从外部环境寻找问题,并在解决问题过程中提升企业竞争力[8]。这为将企业社会责任融入企业战略管理提供了现实指导,使企业社会责任从管理思想的边缘走向主流。

聚焦于传媒领域,传媒企业可理解为,从事"大众传播媒介"业务和与之相配套的,处于相关媒体产业链中间环节业务的机构、公司、单位等,其中包括媒介自身、广告以及发行公司、节目制作公司、传输或是配套服务商等[9]。传媒企业在生产性上和一般企业没有本质区别,但因为传媒产品具有独特的意识形态属性,因此,与其他类型的企业比较,传媒企业是否能保持良性发展,关乎整个社会的价值导向和精神追求。

具体而言,在我国的社会体制下,传媒企业既具有社会属性,也具有经济属性。社会属性要求传媒行业要为社会主义现代化建设提供政治保证、舆论保障和智力支持;经济属性则是要遵循市场经济规律,促进产业经济发展,提高经济效益。因此,传媒企业的双重属性要求其在把握经济利润的同时必然要承担更多的社会责任,这也使得传媒企业区别于一般的商业企业和公益慈善组织,彰显了其独特功能和重要性。同时,履行社会责任也是传媒企业战略的重要组成部分,将企业社会责任融入传媒企业战略管理是既有利于企业自身经营,又有益于社会持续发展的科学选择,也能够在一定程度上消除传媒企业社会属性和经济属性的潜在矛盾。

综上所述,传媒企业社会责任是指,传媒企业基于经济属性和社会属性,在发展过程中保持经济效益和社会效益的平衡,通过科学严谨的战略管理思维和支撑策略,承担相应责任和道德义务,一方面满足社会工作对传媒企业的期望和需求,促进国家发展和社会和谐;另一方面,也通过责任履行为传媒企业创造竞争优势提供不竭动力。

互联网平台企业是当前经济环境下发展较快的一种传媒企业,其以互联网信息技术为基础,为平台供应商和平台客户提供了交易互动的基础设施。互联网平台企业作为关键文化基础设施,却有着高度商业化运作,其日益扩大的影响力也意味着对其进行规范具有必要性。平台企业在获取商业利益的同时,必须对员工、用户、社会公众等利益主体承担相应的社会责任[10]。道诺瑞恩(Daunoriene)也指出,平台型企业积极主动承担社会责任是其保持长期发展动力的基本要素,是持续促进社会经济繁荣的关键[11]。但同时,随着平台经济对社会的影响不断增强,其引发的诸多社会问题引起了学界对平台型企业社会责任治理的反思与研究。有学者认为,传统社会责任治理机制与平台企业治理机制并不匹配,亟待探索平台模式下的新型治理方案[12]。诺斯科(Nosko)和泰德利斯(Tadelis)也认为平台经济使企业社会责任异化行为表现出新特征,阻碍了社会经济生活的发展[13]。因此,在迈向共同富裕的进程中,互联网平台企业作为市场主体,有必要对其社会责任的履行进行重新探讨。

二、互联网平台企业履行社会责任的时代必要性

(一)政策源流:强化传媒企业社会责任

自改革开放以来,国民物质生活条件得到了巨大改善,文化生活和精神消费也日渐丰富,我国传媒行业逐步开启了市场化的历史进程。市场因素的植入为传媒行业带来了一定的自主空间,但在对商业利益的追逐中,也产生了行业过度商业化、社会责任缺失等乱象。为此,党的十八大以来,我国颁布了一系列指导意见和改革举措予以纠正。

第一,中央明确要求传媒行业发展要遵循社会效益和经济效益的双效统一。2015年9月,中共中央办公厅、国务院办公厅印发《关于推动国有文化企业把社会效益放在首位、实现社会效益和经济效益相统一的指导意见》,再次强化了传媒行业的社会责任和公益使命,并提出了一系列可操作的量化指标和方法,助力传媒行业实现双效统一的发展目标。

第二,实行媒体社会责任报告制度,要求传媒行业强化社会责任意识。2014年起,中国记协组织制定了"媒体社会责任报告制度",每年对媒体社会责任的履行情况进行报告,推动各级各类媒体自觉主动履行社会责任。这一制度使我国传媒行业的社会责任履行有了更具象的约束力。

第三,共同富裕的推进要求传媒行业贡献力量,协助促进人民精神生活质量的提升。在新的时代背景下,传媒企业社会责任的内涵更加丰富,更强调对环境、社会、国家的责任,更多

地回报社会。习近平总书记指出,促进共同富裕与促进人的全面发展是高度统一的,要强化社会主义核心价值观引领,发展公共文化事业,完善公共文化服务体系,不断满足人民群众多样化、多层次、多方面的精神文化需求。因此,传媒企业履行社会责任,就是做好"共同富裕"这份时代的答卷。

(二)现实因素:反垄断与平台经济

市场经济良好运行的前提条件是企业之间的公平竞争和优胜劣汰,垄断、寡头和不正当竞争等问题会对经济运行、科技创新和社会公平带来危害。垄断不仅会使大量中小企业无法参与正常行业竞争,还会使资本和权力向少数人高度集中,拉大贫富差距。因此,反垄断不仅是经济问题,也是社会问题和政治问题。强化反垄断是促进共同富裕的重要手段之一。

近年来,平台经济强势崛起。平台经济是一种通过互联网平台组织资源配置的经济形态,逐渐成为电子商务的代名词,其实质是通过吸收更多的需求方用户和供给侧用户,形成收益最大化的双边市场,从而在供给与需求之间形成有效对接[14]。应当肯定的是,平台经济作为一种新兴经济业态,在促进科技进步、繁荣市场经济等方面发挥了积极作用,在创新创业、乡村振兴、共同富裕等重要国家战略上也有所贡献,是促进经济发展、社会进步的核心驱动力和参与国际竞争的重要力量。但与此同时,平台经济的天然属性是规模经济和网络效应,在资本的加持下,垄断和不正当竞争日益凸显,部分互联网平台企业涉及"二选一""大数据杀熟""捆绑搭售"等多重问题。有学者指出,如果存在过多或过少的竞争,企业将会采取对社会不负责任的行为,缺乏市场竞争最终会导致企业履责失能,不利于社会经济运行,也不利于企业自身的可持续发展[15]。

针对平台经济的一系列乱象,2020年12月,中央经济工作会议将"强化反垄断和防止资本无序扩张"确定为2021年要抓好的八项重点任务之一。2021 年 2 月 7 日,国务院反垄断委员会制定发布《国务院反垄断委员会关于平台经济领域的反垄断指南》;8 月 30 日,中央全面深化改革委员会审议通过《关于强化反垄断深入推进公平竞争政策实施的意见》,提出要促进形成公平竞争的市场环境,促进共同富裕。

在一系列相关政策出台的同时,有关部门也在大力打击互联网行业的垄断行为。2021 年 4 月,市场监管总局对阿里巴巴在国内网络零售平台服务市场实施"二选一"的垄断行为作出行政处罚,处以 182.28 亿元罚款;7 月 10 日,市场监管总局发布关于禁止虎牙与斗鱼合并案反垄断审查决定的公告,认为此项集中具有或可能具有排除、限制竞争效果;10 月 8 日,市场监管总局对美团在中国境内网络餐饮外卖平台服务市场实行"二选一"垄断行为作出行政处罚,责令其停止违法行为并处罚款 34.42 亿元。

由此可以明确的是,平台经济领域的反垄断规制已成为当前和下一阶段国家治理现代化建设和经济高质量发展的重心之一。对平台企业约谈、下架、巨额罚款的背后,是实现更多中小企业共同发展、全社会共同富裕的最终目标。在这一背景下,互联网平台企业应将"助力推进共同富裕"纳入社会责任指标,将企业发展和社会进步相统一,实现社会价值的最大化。

三、共同富裕背景下互联网平台企业社会责任的履责路径

传媒企业的发展过程天然具备社会属性,相对于其他企业,其发展过程也是为社会提供信息基础设施和文化产品的过程,信息共享、流通和服务一直都是传媒企业的核心功能,这与共同富裕"共享""平等"的发展理念不谋而合,因此,传媒企业

参与共同富裕也是一种价值回归和必然选择。互联网平台企业的社会责任尤其值得关注,但传统的履责路径难以适用于当前情境下的企业社会责任治理。因此,在迈向共同富裕的进程中,互联网平台企业作为市场主体,要转换社会责任履行的路径,升级社会责任履行的方式。考虑到不同行业的差异性,本文借鉴并丰富了 Carroll 的 CSR 金字塔理论,对传媒企业社会责任行为进行重新划分,从五个层面对共同富裕导向下互联网平台企业社会责任的履责路径进行阐述。

（一）政治层面:正确理解共同富裕的内涵,将企业战略融入国家战略

共同富裕是社会主义的本质要求,是中国式现代化的重要特征,这一论断明确指出了当下我国经济发展的大趋势,从注重效率转向兼顾公平。因此,针对当前形势,互联网平台企业的管理人员要把稳政治方向,以历史的、宏观的视野和格局看待共同富裕,正确把握其内涵,避免从"均贫富"的观念出发,把共同富裕和互联网平台企业的发展壮大误读为对立关系,将其狭隘、错误地理解为反资本、反市场的行为。

在正确把握共同富裕内涵的基础上,互联网平台企业应针对这种趋势进行调整,把践行共同富裕纲领、履行社会责任纳入企业整体的核心战略规划,自觉将企业命运与国家命运相联系,主动在国家战略中找准自身定位。运营管理能力决定了企业当前的竞争优势,战略选择则决定了企业未来的竞争能力。共同富裕是国家长期的发展战略,要遵循循序渐进的原则。同样,对于互联网平台企业而言,参与共同富裕也并非一次捐赠后的"一劳永逸",而是需要将其纳入企业长期的战略规划。例如,腾讯公司近期将"可持续社会价值创新"作为核心战略,并宣布腾讯进行"战略与组织的升级",探索高质量、可持续的实现路径,共享社会价值,增进社会福祉。总之,互联网平台企业

要抓住共同富裕带来的机遇,通过市场实践,进一步提高战略管理能力,推动企业发展行稳致远。

(二)经济层面:紧跟国家高质量发展步伐,注重利益相关者利益均衡

共同富裕离不开坚实的经济基础和经济增长,要在高质量发展中实现共同富裕。互联网平台企业属于信息产业,和所有企业一样服务于经济发展,是共同富裕的主要推动力。只有企业自身实现了高质量发展,才能创造更多高质量的就业机会,提高社会运行效率,提升全体人民的福祉,更好地为共同富裕的目标贡献力量。同时,共同富裕的发展战略也为互联网平台企业带来了新的发展机遇,在目前开展的多维度共同富裕项目中,势必会包含商业需求,互联网公司可以利用技术、资源和流量优势收获长期回报。

同时,互联网平台企业也需要对其股东、内部员工以及其他利益相关者负责。利益相关者是能够影响组织目标实现或受到组织目标实现过程影响的所有个体和群体[16],在旧有"股东至上"的原则下,企业履行社会责任的功利性显著,优先将资源投入能够进行资源交换的利益相关者,而资源贫乏的社会群体却始终被企业忽视,加剧了资源分配的不公,与共同富裕"实现资源均衡"的理念背道而驰。

因此,在共同富裕的背景下,作为资本重要载体的互联网平台企业,其社会责任的履行应从强调股东利益最大化转向更加注重利益相关者的利益均衡,将社会财富最大化作为企业长远发展的目标,淡化其利己的工具性,强化其利他的功能性,将资源贫乏的社会群体识别为企业利益相关者之一,引导企业履行社会责任时的资源分配方向,真正兼顾社会效率与公平,打造新形势下的企业利益共同体。例如,在农业农村部的指导下,腾讯启动"耕耘者"振兴计划,面向乡村治理骨干和新型农

业经营主体带头人展开培训,助力乡村人才振兴。总之,互联网平台企业可以利用自身优势,助力乡村振兴,帮助儿童、老人等弱势人群,这些都是利益相关者理论的应有之义。

(三)社会层面:以慈善方式参与三次分配,在社会普惠领域持续助力

实现共同富裕,三次分配是重要手段之一,而要充分发挥三次分配的作用,公益事业在其中有着重大意义。这一重要国策导向下,传媒企业在创造商业价值的同时,对公益事业的支持力度也逐步加大,成为推动社会公益事业发展的中坚力量。在中央提出共同富裕的发展战略后,腾讯、阿里等头部互联网平台企业率先领跑,通过捐赠等慈善行为积极参与,在增进社会福祉、助力共同富裕方面进行持续探索。

但需要注意的是,资金的捐赠只是助力共同富裕的第一步,对于腾讯、阿里等积极响应共同富裕号召进行慈善捐款的互联网平台企业,还应合理分配资金流向,实现效率最大化。具体而言可包括:有针对性地进行地方基础设施配套建设,支持低收入人群增收、欠发达地区发展;建立专项基金,例如针对环境生态保护以及文物保护和修复等领域;用于支持科学领域的基础性研究;建立针对突发灾难的救助补贴资金等。

同时,在慈善层面上,不仅要进行最为直接有效的现金及物资捐赠,也要有基于企业优势的技术、人才、渠道等补位供给。例如,对于互联网平台企业来说,科技慈善是能够有效发挥企业优势的最优选择。近年来,科技慈善已经成为一股席卷全球的新浪潮,例如阿里运用区块链技术支持信美人寿爱心救助账户,Facebook 通过太阳能无人机实现无须电缆的全球互联网以弥合数字鸿沟等。此外,在面对突发性自然灾害时,互联网平台企业也可以充分发挥平台经济、渠道网络和数字化赋能优势,第一时间启动应急预案,以开通互助通道、建立信息共

享平台、减免租金、扶持商家等形式驰援,展现企业的社会责任与担当。简言之,科技与慈善的结合,一方面畅通了技术型传媒企业参与慈善事业的渠道,另一方面也助推了我国慈善事业的高质量发展,为共同富裕战略的实施提供有力保障。

(四)制度层面:参与媒体社会责任报告制度,严格遵守各项法律法规

自 2019 年起,媒体社会责任报告体系中要求各参与报告媒体要披露阵地建设责任情况,但互联网平台企业并未正式参与。互联网平台企业多为上市公司,一直通过回归教育、回归慈善、回馈社会等方式履行社会责任,但在内容传播方面则很少涉及。新媒体时代,互联网平台中的 UGC 内容占有较大比重,其网络传播力与影响力不容小觑。因此,对于拥有大量原生 UGC 内容的平台型传媒企业而言,也应参与媒体社会责任报告制度,提高内容传播方面的专业性与社会责任感,改善部分企业过度依赖技术对传播内容进行审核管理的现状,更好地发挥出互联网平台的独特优势,释放传媒社会责任的良性效应。

同时,互联网平台企业也应严格遵守各项法律法规,尤其是头部企业应遵守国家反垄断要求,避免以大欺小,实现与产业链上下游合作伙伴的互利共赢,避免借助市场支配地位打击竞争对手,或欺压上下游的供应商与合作伙伴。另外,也要处理好劳动与资本、劳动者与投资者之间的关系,遵守劳动法,保障员工的合法权益,避免通过外包等方式规避劳动者保障责任。企业在自身业务不断发展、利润不断增加、市值不断攀升的前提下,利用提高劳动报酬、股权激励等方式与员工分享企业发展的成果,关心劳动者的身心健康和可持续发展。

(五)专业层面:发挥互联网平台企业行业优势,进行商业创新和技术创新

"自由裁量"的企业社会责任是指在履行普适社会责任的同时,还要基于行业特点及优势进行的"专业化"履责。在当前

的媒介语境下,传媒企业的行业优势体现在方方面面。特别是疫情期间,电商直播刺激了国内消费,同时也成为直播带货、电商扶贫的典范,在艰难时刻助力了我国扶贫攻坚战的顺利完成。互联网平台企业的专业优势为共同富裕目标的实现提供了源源不断的动力。例如,为加大电商平台扶持力度,阿里巴巴相继推出村播计划、明星脱贫公益计划等,通过淘宝直播等方式共同帮助贫困县推介农产品,创新了电商脱贫模式,彰显了互联网平台企业跨越地域限制,助力共同富裕的巨大优势。

此外,科技创新能力是国家竞争和长远发展的关键要素,阿里巴巴、百度、腾讯等互联网巨头拥有雄厚的财力、海量的数据资源和领先的数字技术,更应承担起推进科技创新的责任,成为传媒企业的创新标杆。2020 年以来,美国在芯片等关键技术领域不断制裁中国科技企业,"卡脖子"成为中国急需突破和应对的难题。因此,在中美博弈的大背景下,互联网平台企业要合理积累、运用财富,通过技术、商业模式和管理创新,加大在基础创新、原创创新领域的投入,积极推进 5G、物联网、工业互联网、云计算、人工智能、区块链、云数据中心等领域的基础设施建设,通过自身的技术积累提高中国的自主创新能力,更好地抢占新一轮产业和科技革命的制高点。

表 1　共同富裕背景下互联网平台企业社会责任的履责路径

分类	内容	举措
政治层面	正确理解共同富裕的内涵 将企业战略融入国家战略	把稳政治方向,以历史、宏观的视野看待共同富裕 把履行社会责任纳入企业整体的核心战略规划
经济层面	紧跟国家高质量发展步伐 注重利益相关者利益均衡	利用技术、资源和流量优势实现高质量发展 将资源贫乏的社会群体识别为企业利益相关者

（续表）

分类	内容	举措
社会层面	以慈善方式参与三次分配 在社会普惠领域持续助力	资金和物资捐赠，合理分配资金流向 基于互联网平台企业优势的技术、人才、渠道等补位供给
制度层面	履行媒体社会责任报告制度 严格遵守各项法律法规	平台型传媒企业纳入媒体社会责任报告制度 头部企业遵守国家反垄断要求 保障员工的合法权益，与员工共享企业发展成果
专业层面	发挥互联网平台企业行业优势 进行技术创新和商业创新	积极践行电商直播等新型商业模式 推进5G、云计算、人工智能、区块链等技术创新

综上所述，如表1所示，互联网平台企业在五个层面的社会责任并非相互独立，而是相互联动，共同阐释了共同富裕背景下互联网平台企业社会责任的不同维度。

四、总结与展望

本文通过对企业社会责任的概念及相关理论的梳理，着重阐述了我国互联网平台企业在共同富裕的时代背景下，履行社会责任的必要性和转向路径。在论证过程中，本文以 Carroll 的 CSR 金字塔理论为基础，结合利益相关者理论和战略管理理念，根据行业差异性对互联网平台企业社会责任的不同层面进行了重新划分，尝试构建理论研究和实践对策相结合的社会责任管理框架，丰富和发展了企业社会责任理论的研究内容，并为互联网平台企业在新的时代背景下履行社会责任提供了参考路径。

此外，在研究过程中还发现，在共同富裕的时代背景下，将互联网平台企业社会责任上升到企业战略层面十分必要,既符合国家的宏观发展战略,也有利于企业自身的长期利益。互联网平台企业追求的是长期、稳定的可持续性发展,在国家战略的指导下构建一个长远而科学的企业社会责任战略,必然大大增强企业竞争优势,并为共同富裕目标的实现贡献应有的力量。

总而言之,站在新的历史方位上,在推动共同富裕的背景下,互联网平台企业的外部环境或将发生进一步改变,其社会责任有了新的内涵,被赋予了新的使命,只有紧跟国家发展,不断调整战略布局,将企业发展与国家社会进步相匹配,才能保证基业长青。共同富裕非一日之功,互联网平台企业社会责任的全面履行也任重而道远。如何更好地将"助力推进共同富裕"纳入社会责任指标,将企业战略与国家战略相融合,实现互联网平台企业与共同富裕同频共振、互利共赢,企业经济价值与社会价值共生,最终增进民生福祉,是学界和业界需要长期关注的课题。

注释

[1] Sheldon, O. (1924). *The Philosophy of Management*. London: Sir Isaac Pitman and Sons Ltd.

[2] Bowen, H. R. (1953). *Social Responsibility of the Businessman*. New York: Harper.

[3] Drucker, P. F. (1984). Converting Social Problems into Business Opportunities: The New Meaning of Corporate Social Responsibility. *California Management Review*. 26(2).

[4] Friedman, M. (1970, September 13). A Friedman Doctrine: The Social Responsibility of Business to Increase Its Profits. The New York Times. 来源:https://www.nytimes.com/1970/09/13/archives/a-friedman-doctrine-the-social-responsibility-of-business-is-to.html?auth=

login-google1tap&login=google1tap.

　　[5] Carroll, A. (1979). A Three-dimensional Conceptual Model of Corporate Social Performance. *Academy of Management Review*. 4(4).

　　[6] Carroll, A. (1991). The Pyramid of Corporate Social Responsibility: Toward the Moral Management of Organizational Stakeholders. *Business Horizons*. 34(4).

　　[7] Wartick, S. L. & Rude, R. E. (1986). Issues Management: Corporate Fad or Corporate Function? *California Management Review*. 29(1).

　　[8]［美]迈克尔·波特:《竞争战略》,陈小悦译,北京:华夏出版社, 2001 年。

　　[9] 朱梦遥:《国有传媒企业社会责任研究》,南京师范大学硕士学位论文,2016 年。

　　[10] 李广乾、陶涛:《电子商务平台生态化与平台治理政策》,《管理世界》2018 年第 6 期。

　　[11] Daunoriene, A., Drakšaitė, A., Snieška, V., et al. (2015). Evaluating Sustainability of Sharing Economy Trade Market Business Models. In *International Scientific Conference Economics and Management* (Vol. 1, No. 1).

　　[12] 汪旭晖、张其林:《平台型网络市场“平台—政府”双元管理范式研究——基于阿里巴巴集团的案例分析》,《中国工业经济》2015 年第 3 期。

　　[13] Nosko, C. & Tadelis, S. (2015). The Limits of Reputation in Platform Markets: An Empirical Analysis and Field Experiment (No. w20830). *National Bureau of Economic Research*. 来源: http://www. nber. org/system/files/working_papers/w20830/w20830. pdf。

　　[14] 毛天婵、闻宇:《十年开放? 十年筑墙? ——平台治理视角下腾讯平台开放史研究(2010—2020)》,《新闻记者》2021 年第 6 期。

　　[15] Campbell, J. L. (2007). Why Would Corporations Behave in Socially Responsible Ways? An Institutional Theory of Corporate Social

Responsibility. *Academy of Management Review*. 32(3).

[16] Freeman, R. E. (2010). *Strategic Management: A Stakeholder Approach*. Cambridge: Cambridge University Press.

Reorientating the Corporate Social Responsibility of Media Enterprises in the Context of Common Prosperity —Taking Internet Platform Enterprises as an Example

QI Xue, ZHANG Yichen

Abstract: With the rapid development of the political environment, economy, and information technology, China's media industry has been experiencing a remarkable transformation since the 18th National Congress of the CPC and has continuously moved towards industrialization and marketization. While new business forms and modes in the media industry have been activated, challenges and negative impacts have emerged in several aspects, including monopolistic problems in economic activities and disorderly expansion of capital in the industry. Standing at a new historic juncture in China's development, we have advanced into a critical stage where we will make solid steps towards common prosperity. Meanwhile, the external environment of media enterprises may undergo fundamental changes, leading them to upgrade the way of fulfilling social responsibility and achieving their new missions. Based on Carroll's corporate social responsibility (CSR) pyramid model, this paper incorporates the stakeholder theory and strategic management concepts to establish a five-dimensional framework by taking internet platform enterprises as an example, which allows us to examine the reorientation of media enterprises' corporate social responsibility in the context of common prosperity from a political level, economic level, social level, institutional level, and professional level, and to provide further theoretical and practical guidance for the development path of media enterprises in the new era.

Key words: Common Prosperity; Media Enterprise; Internet Platform Enterprise; Corporate Social Responsibility

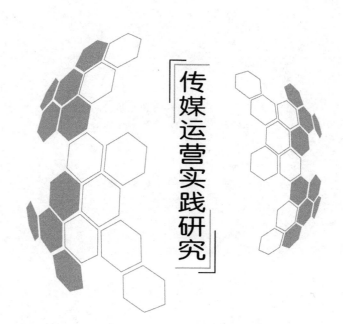

传媒运营实践研究

京津冀传媒协同发展的集成经济主动寻优机制与进路

樊拥军　韩立新

摘　要　京津冀传媒产业协同发展是国家战略组成部分,也是区域传媒产业经济结构优化升级的内在要求。三地传媒经营者在内外驱动力作用下因应时势达成共识,以主动寻优的集成经济形态共建媒体板块资源协作互补平台和服务创新机制,有利于扩大集成规模经济和范围经济效益,优化传媒集成生态经济资源配置,增进复合产业联盟互利共赢交往信任,加速区域空间市场产业资源流动;同时也有助于传媒产业借助大数据分析等工具,深度挖掘和开发产消群体交叉中介复合效益,促进整体降本提效高质量发展,积累用户客户人气及宝贵社会资本,拓展经世济人、福祉民生功能,最终形成京津冀区域传媒产业集成经济持续协同发展的引领示范价值。

关键词　京津冀传媒　区域产业协同　集成经济　主动寻优

作者简介　樊拥军,男,河北大学新闻传播学院教授、博士,河北省社会科学研究基地研究员,河北城市传播研究院研究员。研究方向:传媒经济学等。电子邮箱:chengzhiwuli@163.com。韩立新,男,河北大学新闻传播学院院长、教授、博导,河北城市传播研究院院长。研究方向:新闻传播学、媒介融合等。电子邮箱:hanlixin@126.com。
基金项目　国家社科基金项目"传统媒体的分化与跨界融合研究"(17BXW031)

引言

由历史原因所造成的长期不均衡发展导致了这样的结果："京津二市被河北所环绕,但京津太强、河北太弱,河北的广大区域所环绕的是两个强大的'发展极',它们对作为发展极周围区域的河北之人力资源、财力资源和自然资源产生了强大的'虹吸效应',两个发展极的这种'虹吸效应'似乎超过了它们对河北经济发展的'扩散效应'和辐射作用"[1]。中央高瞻远瞩制定京津冀协同发展战略,推动三地走向相对均衡协调发展,成为京津冀传媒发展有利的政治牵引力量;三地人口规模大、密度高,地理毗邻一衣带水,具备科技信息化水平相对先进等积极推动因素,国家级传媒机构林立和新媒体公司在京津冀大量安营扎寨,同一区域市场全面竞争态势激烈,构成三地传媒协同发展的外部驱动力量;区域市场经济一体化趋势下传媒社会地位维系、从业者自我价值实现等,成为产业协同发展的内部驱动要素。当前三地经营者都要因应时势突破行政管理路径依赖等制约,强化制度创新与观念更新共识,发挥主观能动性来健全机制,实践主动寻优协同发展的集成经济形态,联合更多产业与用户资源追求区域传媒集成规模经济、范围经济、生态经济、平台经济等效益,借机拓展信息供应、介入引导、监督预警等传播职能,服务区域社会治理现代化与高质量发展。

一、京津冀传媒产业协同发展的集成经济主动寻优内涵

系统协同原理的核心观点为:任何一个系统内部的各个子系统(要素)之间如果进行有机的相互协作、相互影响,或者通

过科学有序的再组合,一方面很有可能形成超越各个子系统功能总和的某些新功能,产生 $1+1>2$ 的协同效应与增值效益;另一方面很可能实现系统总体的聚变,从无序向有序、由低级向高级进行演化发展。协同原理是对系统内部整体一致性、多样互补性和关联合作性的全新认识,大到社会整体、小到每个组织单位细胞,系统协同成效因符合人类经济性的智慧生存与发展目标,成为现代各种社会组织结构乃至国家运营发展的先进理念。若从集成理论渊源与变迁发展角度分析,"从本质上讲,集成是以系统思想为指导,创造性地将两个或两个以上的要素或系统整合为有机整体的过程。集成有两方面重要特征:其一,它以系统思想为指导。集成不是简单地把两个或多个要素组合在一起,它是将原来没有联系或联系不紧密的要素组成为有一定功能的、紧密联系的新系统。因此,集成属于系统综合与系统优化的范畴。其二,它强调人的主观创造性。要素间一般性地结合在一起并不能称为集成,只当要素经过主动的优化,选择搭配,相互之间以最合理的结构形式结合在一起,形成一个由适宜要素组成的、优势互补匹配的有机整体,这样的过程才称为集成。因此,集成是主动地寻优的过程"[2]。集成贯穿系统的思想,具有经济同一性原则,但显然超越原来系统内各子系统协同及成效,是人类洞察社会活动的更高级经济逻辑,为更加自觉地创造与提升效益的实践优化过程,而且只有正向的集成经济效益结果,不会出现 $1+1<2$ 的非理想状况。由此可知,集成核心思想和方法论源于系统协同学原理,因理论内核融入人的主动寻优意识,突出了跨出一个系统内部的协同视野,旨在达到两个或更多系统资源结构优化共享,构筑范围广泛、协同有力的高级集成关系,获得多重产出效益。

伴随电子网络信息经济兴发,学者陈友龙较早提出技术集成必然反映在经济方面,他将"集成经济"定义为"通过电子网络将供、产、销整合在一起,实现资源最优配置的经济"[3]。许多现代化企业和大公司及产业采用集成经济形态,利用互联网联结整合能量,主动采取科学组织管理优化资源配置增强核心竞争力,通过外包业务链条和网络资源协同发展达到集成经济效益最大化。"集成理论在电路中应用取得节省资源、提高功能、减少体积等效果;在管理、产业等领域应用,提高资源共享程度,取得了良好的经济效益,集成理论在经济领域应用将有很好的发展空间"[4]。而将实体产业的集成经济行为引入传媒领域,则要考虑其精神内容服务产业的独特属性,既追求各种资源共享的直接活动收益,符合系统协同原则外,又要承担意识形态阵地维护、舆论引导和文化传承发展等事业主体责任,结合物质与精神生产合一的特质创新经营。《集成经济:未来传媒产业的主流经济形态——试论传媒产业关联整合的价值构建》一文首次赋予"传媒产业集成经济"概念这样的意义:"依托互联网技术平台,通过整合配置关联的传媒系统内外资源,以结构改造和有机集成结合,突破传统产业界限,延长和扩张产业价值链,提高传媒各个要素的协作能力和生产效益,扩大市场经营范围,增强管理和营销转化能力,节省各环节资源成本,避免有形无形浪费,使相关产业资本都能获得最大化利润,从而实现人类活动的经济性价值,这是传媒企业和传媒产业经营做大做强以及进行产业集约式发展的内在逻辑要求,也是推动社会经济整体进步的根本条件。"[5]该文针对整合关联价值在新媒体产业的协同发展实践,指出互联网技术与思维的决定性作用,强化集成经济降本提效、主动寻优、持续发展理念,重视传媒产业介入、引领、服务社会的集成功能延展。

BAT 等互联网新媒体公司利用先进传播技术及接收终端的普及,有效联结、整合内外资源协同运营各种有价值的要素,管理网络化、扁平化,组织架构与时俱进地调整,借助无远弗届的互联网平台开疆拓土,以服务用户为导向创造效益,成为后来居上、世人瞩目的行业巨头。然而资本盈利为主的经营造成这些公司多次伤害用户权益的现象:百度竞价排名唯钱是举,导致虚假广告误人的"魏则西事件"等发生;腾讯极力开发游戏产品及相关付费举措,有诱导青少年乃至成年群体的原始积累原罪;网商平台代表阿里巴巴以各种形态营销,超前与非理性消费大行其道;抖音等视频平台把关不善,使低俗无聊内容广为传播……尽管这类现象遭遇社会群体抵制和政府规制而有所改进,然逐利主要目标未根本改变,没有达到集成经济主动寻优的社会效益与价值标准。我们探讨的京津冀传媒协同发展与之迥异:首先,三地传媒机构处于共同的大空间区域内,在国家战略顶层设计牵引推动下必然遵循集成经济内涵式发展原则,把握产业经济效益与社会效益的统一,避免顾此失彼误区。其次,立足于充分发挥区域传媒产业主动寻优内驱力,由媒体人凝聚共识联合创设集成经济发展平台,集三地诸多社会资本优势资源之大成,以联盟协同机制指导行动,助益产业集体做大做强、应对挑战。其三,经过京津冀传媒内部产业结构合理分工优化,拓展传媒经济与其他功能,推动产业市场清晰定位协同发展,用主动寻优的集成经济效益树立标杆,对我国其他区域传媒产业发展起到引领示范作用。

综上所论,京津冀传媒集成经济的主动寻优指向与新形态发展,不仅着力自身产业整体提升,还重视实现最佳外部效应,使产业经济与区域社会、生态等均衡和谐共进共赢发展,达到区域空间地理经济学视角的产业集聚 3E 目标:"(1) 实现经济要素的有效配置,促进经济整体的发展,即经济发展目标(Economy)。(2) 实现经济发展与环境保护的和谐统一,促进可持续发展,即环境保护目标(Environment)。(3) 缩小地区间的发展差距,实现区域间经济发展的均衡性,即均衡发展目标(Equity)。简而言之,基于主体功能区发展战略的区域经济协调发展的目标框架是建立在经济目标、环境目标和均衡发展目标三者之上。三者相辅相成,互为支撑。"[6] 3E 目标满足区域协同发展的需求、产业永续发展的追求和自然环境保护的要求,契合传媒产业集成经济内涵,有助于传媒发挥引领监督职能,促进区域空间产业结构互补和功能差异化互为支撑,促使社会资源优化重组与相对均衡分布,利用集群知识溢出与相互学习效应,加速关联、非关联产业集聚创新。"通过产业集聚引致知识、技术和信息的集聚,促进区域经济的全面发展。产业集聚不单是劳动力、资本和资源等生产要素的集聚,更重要的是,它可以形成一种创新力量,这种力量因产业的集聚而加快技术的创新、传播和扩散,进一步缩小中心与外围地区的技术差距。"[7] 完成如此历史使命,京津冀传媒经营者理应顺势而为合力争取政策支持,以集体主动寻优的合意共创协同发展机制体系,依照微观传媒组织板块结构优化、中观产业生态经济互促互利、宏观社会共赢共兴路径,实现区域传媒集成经济最佳目标。

二、传媒集成板块经济的协同发展主动寻优进路

"在目前行政政策的推动和市场利益的诱导之下,中国经济的区域化越演越烈,省域相连所形成的大区域经济体必定是未来五年十年参与国际市场竞争的生产基地与研发中心,而城市群落和县域连片的中小区域经济体,更多是面向民生满足内需的生产流通消费一体化的市场。鉴于地域情结和文化沉淀,中国市场的未来不会是美国的大一统而是欧洲的联邦制,这就是区域经济产生的内在根源。"[8] 京津冀区域相比"长三角""珠三角"等区域有独特性:两个直辖市都处在河北省环绕

中,同一地理空间却长期发展不均衡,三地传媒总体水平级差格局明显;区域内国家级媒体机构林立与新媒体公司遍布(主要在北京),广告与用户市场争夺尤为激烈。而当前体制下三地传媒尚难以进行集团一体化合并重组,经营者只能凝聚共识,跨越行政割裂、市场壁垒、资源竖井等障碍挑战,健全主动寻优机制,选择协同发展突破点,扩张整体集成板块规模经济效益。

(一)京津冀区域市场协同发展与传媒集成板块经济取向

"集成经济是一种板块经济。集成经济的板块属性表现为整体一致性。企业不再是单个的企业,而是一个在生产技术、商务往来上有紧密相关性的企业集群,置身于企业集群中的单个企业能够获得 1+1>2 的协同效应。"[9]传媒产业与普通产业集成经济板块整体一致性原理相同,受区域市场产业集群利益驱动影响,而因意识形态宣传阵地特殊事业身份,在我国传媒集团化发展 20 多年进程中主要受行政支配作用,不过当前区域经济市场一体化作用力开始加大。若从 PEST 理论模型简要分析看,(P)国家投注京津冀协同发展的政治牵引力愈来愈强;(E)区域市场经济高质量发展要求产业整合共进的驱动力与日俱增;(S)传媒产业满足社会多元需求的供给水平不断提高;(T)京津冀区域具有新技术产业高地的牢固基础支持。此外,加上文化、地理、历史、人口等正向作用因素,区域产业市场协同发展势在必行。"区域市场的形成,起源于自然地理环境、历史文化以及在此基础上产生的经济形态,其内部文化趋同,受众的文化消费习惯趋同,本身就是一个相对完整的文化市场,传媒业选择这些区域市场而构建自己的区域市场,本身就是成本收益分析极其优化的选择。所以,传媒业目前应该以这些区域市场为空间,主动地实现区域内的行业一体化运作。从实践看,现在国内的珠三角、长三角、成都重庆、京津地区等都已具有了传媒区域市场的初级形态,其内部传媒业的一体化运作已有一定显现,还应该在此基础上进一步发展。"[10]京津冀传媒经营者自觉强化主动寻优意识,力争外部政策支持,克服行政区板块经济向更大空间区域一体化经济转型阻力,以集成经济产播协同方式运作,降低人财物重复投入,减少无效耗费;联合其他媒体资源板块集体产播协同互补、提质增效,则内助区域传媒产业集约进化,外福泽自然与后世,于不断扩大社会效益中推进主动寻优的集成板块经济走向成熟,为建立区域新型主流媒体集团探索路径。

(二)京津冀传媒联合协同产播的集成板块规模经济

京津冀传媒经营者都清楚生存发展利益所系,形势所迫下不联合协同则没有出路,可现实行政体制左右下的市场割裂、发展水平级差是区域集成板块发展的客观障碍;各行其是、各为其主,同空间市场争夺的现实,造成合作少而竞争多的情感隔阂主观障碍;"三国鼎立"经营惯性思维难摆脱小集团圈子桎梏,"一亩三分地"眼界局限使协同发展意识淡薄。2014 年,三地一些传媒机构就在秦皇岛签订协同发展战略,但实质性前进动作迟缓。诺思等认为:"如果社会上个人没有去从事能引起经济增长的那些活动,便会导致停滞状态。……如果一个社会没有经济增长,那是因为没有为经济创新提供刺激。"[11]当务之急是破除成见,设立协同发展激励机制,让贡献突出者获得报偿,对敷衍塞责现象进行惩戒,激发最活跃的人力资源要素,敦促大家明白主动寻优的集成板块经济利益攸关各方。其次是积极联合开展协同产播行动,合并同类节目内容,消除同质化生产浪费,联合组织舆论议题反映民众意愿,供应有价值的资讯与文化娱乐产品等,节省各自的产播成本,占据近地优势,稳定渠道和区域用户,产生集成板块经济整体一致共鸣谐振效应。如三地日报曾以"京津冀协同发展调研行"采访团,统一采写和同步推出"聚焦京津冀 协同谋发展"专栏,体现突破行业壁垒、主动寻优的集成板块经济创新。最后紧密围绕对三地均有好处的专题协同产播,譬如断头路打通后的直接间接经济效益,环保部门协同治霾的有益有效行动,公共服务部门的协作共进事实,集多媒体、多符号分发组合报道,营造规模宣传声势氛围,立体呈现京津冀协同发展战略意义,以让人信服的协同经营显在效益,有力清理地方保护主义等障碍,为未来区域传媒集成板块规模经济持续发展积累经验。

(三) 联结其他媒体资源协同发展的集成板块互补经济

互动联结、开放共赢、竞争合作等进步互联网思维,正是集成经济主动寻优行动导向所在,即明确跨越系统板块局限、争取更大范围资源协同发展。因此,京津冀传媒联结区域内其他系统获得广阔空间,一是辩证对待近在咫尺、是强大竞争者又是极佳合作者的中央媒体,它们拥有无可替代的权威内容与通达世界的扩散平台资源,能高屋建瓴地解读京津冀协同发展战略,站在国家宏观全局观察评议,视其为重要的集成经济联结板块资源,可扩大协同产播战线,增强媒体间议程设置配合度。或转载其京津冀协同发展相关报道,扩散社会传播影响,或采发鲜活地方新闻展示公交、通讯、旅游等一体化方便民生政策,反映百姓真切获得感,择优推送给中央媒体扩大传播范围,内容板块互借利人利己,平台资源板块互补立己达人。二是视新媒体信息、社交、评论、购物等重要平台注意力汇聚空间为联结板块,集成双方优势节省各自成本,彼此借道扩展减少争夺红海资源的耗费,实现互利共赢协同发展效益。三是主动联结更多社会系统板块资源,扬长避短协同发展,追寻相向而行的集成经济效果。像天津市委网信办、天津市滨海新区区委及宣传部、北京日报、河北日报、天津日报及其新媒体中心(新闻117)与人民网及人民网舆情监测室联合成立"京津冀新媒体智库";

天津北方网、中央人民广播电台新闻节目中心、国家发展和改革委员会地区经济司打造"京津冀协同发展一体化全新媒体传播平台"等即是如此。最重要的是,三地传媒及时总结经验,完善长效规范机制,克服随意性与随机性,提高主动寻优的叠加累积效应,聚焦于雄安新区、京津冀城市群建设等重大题材,开辟专门集成平台设置联合产播专题,持续检验事半功倍的集成产播板块经济效果,共同营造优质舆论环境服务京津冀协同发展大局。

三、传媒集成生态经济的复合产业协同主动寻优路径

"集成经济是一种复合经济。……复合经济的多样化和集成化功能具有高效、合理、节约、方便和更专业等特点……顾客能从复合经济中获得更多的消费者剩余是集成经济极具竞争力,并得到快速发展的市场支持因素"[12]。集成经济有跨界杂交、多元产业共生的复合经济生态特征,适应互联网时代的跨界协同发展与凸显网络经济共生价值,使用户可得到更多消费者剩余而赢得支持。然而,长期各守一方意识,京津冀原行政区间垄断领域壁垒高筑,要素资源配置效率低,重复建设浪费惊人,生态破坏、雾霾危害、交通阻塞、局部关系恶化等问题都亟待解决。京津冀传媒协同发展调动区域产业市场要素,主动寻优共构集成生态经济,"创新区域经济空间组织战略,形成相对均衡和一体化发展的区域经济新格局"[13]。利用传媒联盟风险预警、监督规范、竞合激励、引领带动等职能,服务大区域经济共荣,继而推进上层建筑改革共进。

(一)跨界整合区域多元产业,协同构筑集成生态经济格局

"竖井理论"揭示,垂直行业系统自我封闭保守,致资源流

通共享陷于停滞,大量资源闲置浪费。时过境迁,京津冀传媒跨界协同发展,既要打通传媒高端产业"竖井"以扩大规模,又要在区域市场以集成经济平台,跨界关联的信息咨询、文化教育、社会智库等产业,推进政府财政、投资、研发、科技等资源有机合作,形成整体利益共享和风险共担格局;同时整合有形资本、无形资本运营,跨界渗透到非关联产业,如区域内新兴现代物流、优质农业、文化旅游、文玩市场、会展经济及其他领域,集结多元要素构筑与消费者匹配衔接的集成生态经济,促使区域产业市场共进。"集成经济是一种整合经济。……带有整合属性的集成经济不仅可以获得经营上的范围优势,而且更重要的是能打造出更强的竞争优势,为企业不断发展奠定坚实的基础。"[14]通过传媒主导的跨界整合,改变产业间与产业内垂直梯次不均衡状态,提高资源协调协作能力,建立规模与范围并举的集成生态经济,用合理错位分工与集体经营质量提升服务区域社会民生。"如何利用更广泛的资源赢取更多的市场机会,创造更多的价值,这是我们未来产业发展的竞争点。"[15]为此,京津冀区域产业集成生态经济协同发展应淡化行政区划色彩,从传统"单一的基于行政区治理"模式向"综合的基于区域经济关系的跨政区公共治理"模式转变,但"这并不是否认地方政府对本地区发展规划的主导性,而是加强地方政府在发展规划过程中更多考虑区域性因素的客观要求"[16]。内生因素驱动与政治环境因素影响都不可忽视,传媒经营者要善于借重双动力,主动寻优,协同打造集成生态经济,强化区域市场配置功能,推进三地高质量发展。

(二)深化产业联盟信任关系协同发展区域集成生态经济

联盟作为相互适应与协调的组织形态,其协同发展在完善的统一区域产业规划下,彰显空间地理与文化历史接近的经济性联合要素优势。集成生态经济深化联盟信任合作关系,增加共享知识、经验交流、学习溢出效应,服务所有经济主体平滑交往。"网络关系的不断扩大,使主体间基于信任、规范的社会资本优势逐渐显现,增强了他们共同应对商品经济条件下产品市场需求的变化和波动,在整个产业联动网络范围内分散技术创新等不确定性因素带来的巨大风险的能力,增加了产业联动网络内企业间相互合作的频率和合作的深度,促进了企业之间的协调与沟通,降低了市场交易时的信息不对称程度,能有效地抑制和消灭机会主义,构建起企业良好的市场声誉,真正实现信息共享、信念认同和相互信任的合理化的社会关系网络和经济交往活动,促进产业联动网络进一步发展。"[17] 社会网络信任关系与区域联盟机制运行有诸多潜在经济价值,促进产业间异质、有效资本积累,集成创新发展思想观念迅速开花结果。而京津冀传媒引领集成生态经济主动寻优协同发展,依托集成平台提升联盟群体的知识信息交流频度、效度,汇合优质要素资源,激发互助发展;依靠联结能量辅助优良企业积淀声誉资本,扩大正式、非正式的联盟信任关系,增加整体竞争力;依凭信息灵敏优势转换联盟网络信任价值,提高交易效率效益,"使技术创新高成本、高风险得以在不同产业的企业中分担,有利于技术信息在产业网络中流动,提高整个产业联动网络的整体创新能力"[18]。服务众多产业增强生命力,即是汇聚自身可持续发展资本,赢得广泛市场机会和报偿资源,深入推动京津冀区域生态经济良性循环发展。

(三)拓展传媒综合功能,协同服务区域集成生态经济进化

京津冀传媒集聚新闻舆论,确保政府与市场两只手各尽其长、主动寻优,携手健全监督预警机制,为区域集成生态经济创造优良环境。外向监督预警首在防止政府之手滥用职权、惯性决策浪费与公共服务管理不善。"京津冀地方政府多以自身利

益最大化为决策的出发点,区域内尚没有跨地区的统一的协调管理机制,这使得区域内公共资源重复建设的现象严重,造成资源的浪费,区域内公共资源的管理工作也无法有效开展。"[19]监督政府要处理好与市场的关系,遵循区域协同理念,提高政策服务水平,引导集成生态经济发展。"作为肩负国家经济管理职能的政府是必然要进入生产要素市场支配资源,而且经济越发达,政府在生产要素市场支配资源的比重越高。"[20]次在预防大区域市场配置功能失灵,扬金融资本运作优点而警惕其野蛮无序乱为,阻止重短期利益侵蚀传媒事业属性现象,共创良善市场服务区域社会协同发展。"尽管市场应该在产业格局形成的过程中起到基础和主导作用,但由于我国的特殊国情,市场机制很不健全,仅靠市场的力量无疑是无法完成的,因而在我国合理有效的产业政策对区域产业发展将会起到举足轻重的巨大作用。"[21]内向监督预警职能引领区域经济开放有序创新一体化组织互援协调机制,消除集成生态经济隐形失谐破坏。"区域经济协调发展系统是一个高度动态变化的复杂系统,系统内多重反馈,内部各部分之间,相互依赖且相互驱动。"[22]强调传媒"鲶鱼效应",避免产业集群生态堕落,增强集成生态经济竞合活力,阻遏非法害群之马;拓展资讯瞭望者角色,警示各产业补足短板,提高区域产业精准供给,转化为消费者福祉。"一个区域经济增长必须不断进行产业结构调整,适时地推动产业结构向高度化演进,因此,提高产业结构的转换能力是至关重要的。"[23]通过传媒监督养正抑邪与拓展预警引领等职能,实现区域市场"关联企业公开公平竞争,真正优胜劣汰,规避劣币驱逐良币的反经济现象,使诚信商家和厂家赢得长远利益,产品和服务最大限度满足人们的物质需求和精神需求,达到以人为本的经济行为的最高境界"[24]。

四、传媒集成服务经济创新的用户协同发展主动寻优指向

"互联网传播平台发展引发传受关系重大改变,用户在信息生产与传播中的主体地位、主动参与、主导作用的'三主'态势,由此生成的社会政治改良、文化生活革新、交往范围扩大等功效,吸引学者热情关注,竞相从事研究,相关成果涌现。这种新兴传播现象凝聚的变革效应,凸显了新时期传媒企业转型和扩张发展的规律方向:经营管理必须以更加开放的姿态,在组织结构优化的网络中,加入用户客户资源服务板块资源,使其内化,以集成经济运营管理进行全方位开发增值,赢取市场竞争合作发展的新生机和活力。"[25]京津冀传媒协同发展打破行政地界与从业者眼界拘限,走出二元销售与广告收入为主的经营路径依赖,依靠权威可信平台和高质量内容供给、喜闻乐见的服务创新方式有效拉住用户,挖掘人气经济价值,有助于节省生产投入与推广营销成本,维系持续发展,大刀阔斧开拓主动寻优的集成服务中介交叉收益,助力区域社会大生产费省效宏与民众全面发展。

(一)满足用户复合需求,协同发展传媒集成服务创新经济

有学者认为京津冀新媒体协同发展要发挥如下作用:"第一,在京津冀发展过程中,新媒体应该发挥文化引领作用,应该从资本产业逐渐向文化产业方面发展,发挥文化自信、文化引领京津冀的主导责任;第二,新媒体在发展过程中,应该有社会责任的担当,应该把国家的政策、经济方针、未来的发展战略向大家做更多的宣传;第三,新媒体在发展过程中,应该发挥大数据责任,特别是应该做好数据驱动,让数据在京津冀协同发展过程中发挥基础作用,为政府的决策、为广大的民众、为新的政

策执行,提供支持。"[26]传媒融合趋势是向数字化新媒体转型,用户受主体自觉意识及社交收益驱使,需求旺盛,乐于在新媒体赋权和赋能的传播中实现自我,"社群化和部落化特性通过自我满足和实现自尊的机制将用户有效地整合和凝聚起来,形成自我激励和评价系统,推动新媒介平台的迅速发展"[27]。对于用户涌现的新兴复合需求,纵横开拓集成平台信息、产品和服务经济价值是京津冀传媒转向目标所在,"满足和满足机会是所有媒体机构和行业都依赖的资源,因为它们代表着媒体提供的需求,也是用户挑选媒介的基础。换言之,消费者对传媒产品和服务的需求主要取决于满足和满足机会。消费者在媒体上花费时间和金钱,原因是希望从媒体获得满足或满足机会"[28]。传统媒体接触时间、地点和内容等限制渐失用户青睐,要汲取教训,进行供给侧改革,创立新媒体集成平台,更要精心安排议程与用户沟通,改善关系,产播依托大数据分析,呼应用户合理需求,借此主动寻优的集成服务创新笼络三地传媒老用户,满足平台新接触用户,聚合持续发展的人气资源。

(二)聚合用户智慧资源,协同发展传媒集成服务创新经济

"如果放开眼界,传媒接纳用户客户资源的集成经济发展,还具有社会成员共识凝聚、利益协同的作用,形成有益社会交往进步的发展价值。"[29]京津冀传媒共建集成服务平台,促进用户多向交往信任,有效激发民众创新主动自我教化、相互感染浸润的各种形式交流活动,传递亲身亲历的协同发展收获事实及精神心理满足等信息凝聚共识,化为参与大局的行动。著名传播学者霍夫兰"传播与说服实验"得出结论:受众积极和消极参与效果大不一样,凡积极参与传播过程的,态度改变比起消极被动者更有效,一旦态度改变,则左右人们的行为。新媒体用户具备网络社交传播能力,能鉴别好坏、求同存异,做好平台服务、打造共识,就能共同发展。对于联盟关系产业经营者,

京津冀传媒以集成服务引领带动大批忠实客户产业影从跟进，借势发展成枢纽型社会组织。"同类型社会组织的联合型组织，可以在社会组织管理、发展和服务中发挥重要作用。枢纽型社会组织可以在政治上发挥桥梁纽带作用、在业务上发挥引领作用、在日常服务管理上发挥平台作用。各地经验表明，枢纽型社会组织可以对相关社会组织进行日常管理并提供集约式服务，也可以发挥对基层社会组织的引领、带动、辐射作用。"[30]接着采纳大数据技术透析用户群体交互评议、意见建议等有价值的信息，捕捉贴近用户、贴近生活、贴近现实的社会议题，以平等身份择机组织相关民主协商话题，合作解决困难问题，将用户智慧创新传播化为传媒资源，降低生产新闻及评论资本投入，规避传媒议题脱离群众的传而不受弱效低效误区，扩大引导力提升用户媒体素养和公民素质，达到协同发展主动寻优的集成服务经济一举三得收益。

（三）增进用户平滑交易，协同发展传媒集成服务创新经济

"传媒集成经济以传媒平台为中心，整合其他社会关联资源，使传媒产业链结构成分充满活力，创造更多新生价值，是传媒属性观念的理性回归，也是基于技术和社会关系作用的与时俱进。"[31]京津冀传媒协同发展集聚用户资源，可以全方位激活规模主体价值，进而开发平台交叉交易的集成服务经济。当今社会"人们的一切经济和社会行为都是为他人、进而也是为自我提供服务，服务是推动社会发展的手段和动力，是社会生产力发展的独立要素"[32]。具体而言，构筑传媒集成生态群，联结企业与用户推行产消协同机制，发展体验经济，使用户成为 Prosumer（产消一体），实现用户参与生产价值，提高企业产销针对性，避免库存积压浪费，清除产消双方矛盾，供给与消费环节因此具备经济效益、环保效益及社会效益。与此同时，传媒集成经济协同发展要突出成效，吸引用户聚合到集约化现代

网络集成服务平台,以主动寻优的合理合法交易活动,建立社会化大生产协同交往,集体共享信任经济带来的多重剩余价值。而传媒梳理交互议题传播促成上层建筑协同发展,建树集成经济交往思想,生成社会文化规范涵化效应——其中包括孵化公平、公正、公开的市场交换文化,民主、协商、平等的政治互信文化,相互尊重、信用至上、互利共赢的个体共享文化等,以协同发展集成创新的区域产业标杆表率价值,打造各个阶层真正协同发展大空间,"在信息网络化社会中,分属于不同经营领域的复数市场主体通过信息网络、协同合作,开发新产品,可以更迅速地满足不断变动的多方面的消费需求,获得更大的经济效果"[33]。由此实现协同发展主动寻优的集成服务创新经济助益区域社会民众全面发展目标。

五、余论

"政府同样是'经济人',地方政府是不同的利益主体,其代表不同地区利益及政府自身利益(主要是指地方财政收入)。事实证明,一旦政府利益协调不好,就可能成为推进区域市场一体化的羁绊。"[34]所以,"必须坚持公平竞争、机会均等、利益兼顾、适度补偿的基本原则",并且建立相应的机制,"包括高层次的互访与协商、市场开放准入、政策优惠、区域援助与转移支付等多个方面,这无疑需要京津冀三地各级政府之间的密切磋商与长期合作"[35]。因此,京津冀传媒立足区域市场一体化要求主动寻优整合资源,实践集成经济协同发展主导优势,跨越行政、介质、产业边界及产消关系壁垒,带动其他产业与上层建筑协同发展。

京津冀传媒主动寻优的集成经济在协同发展进程中,拓展监督导正、介入助力、预警引领等职能,使市场和政府两只手各扬其长,兼顾不同利益主体诉求,精准供给明是非、鼓士气的传媒动力智慧,为区域经济高质量发展指明前景、营造远景,协助企事业机构筑巢引凤、招徕人才;提高区域地理空间意义的传媒集成经济创新价值,联合协同发展集成板块、规模、范围经济,构建集成生态经济的共赢格局,引领产业技术研发、经营管理、交往制度等联合共进,服务京津冀发展成为环境优美、宜居宜业、社会各群体和谐共生共荣的首善区域。

注释

[1] 武建奇、母爱英:《京津冀都市圈管治问题探讨》,《经济与管理》2007 年第 6 期。

[2] 王乾坤:《集成管理原理分析与运行探索》,《武汉大学学报》(哲学社会科学版)2006 年第 3 期。

[3] 陈友龙:《时代赋予的新型经济——集成经济》,《成人高教学刊》2008 年第 3 期。

[4] 陈捷娜、吴秋明:《集成管理研究综述》,《科技进步与对策》2011 年第 8 期。

[5] 喻国明、樊拥军:《集成经济:未来传媒产业的主流经济形态——试论传媒产业关联整合的价值构建》,《编辑之友》2014 年第 4 期。

[6] 周绍杰:《区域经济协调发展:功能界定与机制分析》,《清华大学学报》(哲学社会科学版)2010 年第 2 期。

[7] 孙久文、叶振宇:《产业集聚下的区域经济协调发展研究》,《中州学刊》2007 年第 11 期。

[8] 黄升民:《媒体区域化经营纵横论》,人民网—传媒频道,2009 年11 月 18 日,来源:http://media.people.com.cn/GB/10405078.html。

[9] 王永、刘建一、张坚:《浅析规模经济、范围经济与集成经济》,《江苏商论》2004 年第 3 期。

[10] 张辉锋:《区域经济学视角下的中国传媒业发展模式分析》,《国际新闻界》2009 年第 5 期。

[11] [美]道格拉斯·诺思、罗伯斯·托马斯:《西方世界的兴起》,厉

以平、蔡磊译,北京:华夏出版社,1999年,第6页。

[12] 王永、刘建一、张坚:《浅析规模经济、范围经济与集成经济》,《江苏商论》2004年第3期。

[13] 覃成林、郑云峰、张华:《我国区域经济协调发展的趋势及特征分析》,《经济地理》2013年第1期。

[14] 王永、刘建一、张坚:《浅析规模经济、范围经济与集成经济》,《江苏商论》2004年第3期。

[15] 喻国明:《媒体的关系革命与发展进度》,2013年7月24日,来源:http://media.people.com.cn/n/2013/0724.html。

[16] 周绍杰:《区域经济协调发展:功能界定与机制分析》,《清华大学学报》(哲学社会科学版)2010年第2期。

[17] 杨莉莉、王宏起:《产业集群与区域经济协调发展机制及对策》,《科技与管理》2008年第2期。

[18] 刘钊:《基于产业联动的区域经济协调发展机制研究》,《财会研究》2009年第1期。

[19] 韩利红、母晓萌:《京津冀区域经济协调发展问题研究》,《求索》2010年第5期。

[20] 钱津:《政府是市场不可或缺的主体经济》,《纵横》2014年第7期。

[21] 王海涛:《区域经济一体化视阈下京津冀产业结构分析》,《东北大学学报》(社会科学版)2013年第4期。

[22] 马孝先:《区域经济协调发展内生驱动因素与多重耦合机制介析》,《宏观经济研究》2017年第5期。

[23] 苏东水:《产业经济学》,北京:高等教育出版社,2000年,第312页。

[24] 喻国明、樊拥军:《集成经济:未来传媒产业的主流经济形态》,《编辑之友》2014年第4期。

[25] 赵曙光:《媒介经济学》,北京:清华大学出版社,2007年,第32页。

[26] 彭正银:《"新媒体+大数据"助力京津冀协同发展》,2017年3

月 9 日,来源:http://tj.jjj.qq.com/a/20170309/026711.htm。

[27] 赵曙光:《媒介经济学》,北京:清华大学出版社,2007 年,第 32 页。

[28] [美]约翰·W.迪米克:《媒介竞争与共存:生态位理论》,王春枝译,北京:清华大学出版社,2013 年,第 49 页。

[29] 樊拥军:《传媒集成经济研究——基于互联网时代的新视野》,北京:人民出版社,2017 年,第 99 页。

[30] 李妙然、彭青:《河北省社会组织管理体制创新研究》,《河北经贸大学学报》(综合版)2016 年第 6 期。

[31] 喻国明、樊拥军:《集成经济:未来传媒产业的主流经济形态》,《编辑之友》2014 年第 4 期。

[32] 孙希有:《服务型社会的来临》,北京:中国社会科学出版社,2010 年,第 10 页。

[33] 周振华:《信息化与产业融合》,上海:上海人民出版社,2003 年,第 211 页。

[34] 刘晓、杨洁、张慈:《京津冀区域经济合作中产业协调发展》,《河北理工大学学报》(社会科学版)2009 年第 3 期。

[35] 王海涛:《区域经济一体化视阈下京津冀产业结构分析》,《东北大学学报》(社会科学版)2013 年第 4 期。

Active Optimizing Practical Approach of Integrated Economy for Cooperative Development of Beijing-Tianjin-Hebei Media

Fan Yongjun, Han Lixin

Abstract: The coordinated development of media industry in Beijing, Tianjin and Hebei is an integral part of the national strategy. It is also the inevitable responsibility of the regional media system. It is also the requirement of the adjustment and upgrading of industrial and economic structure in large regions. In response to the current situation, the media people in the three regions have taken the initiative to seek the optimal integrated economic form, increased the regional media system resources plate linkage and complementary cooperation, expanded the integrated economies of scale and integration scope of economic benefits; promoted the interaction trust of the composite industry alliance and overall cost reduction, increased mutual benefit and win-win situation, accelerated the flow of multiple elements of regional spatial market and reasonable value-added, and realized the integration of resources of ecological economy. Configuration optimization; accumulate a large number of user popularity resources through innovative three media integration platform services, develop cross-intermediary economic benefits between production and consumption groups; participate in market development as an industrial factor, promote common progress of the people's livelihood, expand the comprehensive functions of the world and people, and ultimately form the leading demonstration value of sustainable and coordinated development of regional media integration economy.

Key words: Beijing, Tianjin and Hebei Media; Regional Industrial Integration Economy; Active Optimizing Approach; Cooperative Development

"海归"有助于知识溢出么?
——电影合拍片内地团队绩效改进的影响机制研究

王牧耕　殷　琦

摘　要　与海外电影机构合作拍摄电影,从中获取外溢的知识与技术被视为提升我国电影产业制作水平的有效途径。基于异质性合作关系的视角,本研究构建了电影合拍方知识溢出效应的研究模型,通过问卷调查及结构方程模型(SEM)对电影内地团队与合拍方的项目合作过程分析后发现,合拍双方的知识势差与合作深度有助于提升合拍方对内地团队的知识溢出,而文化差异则没有显著影响。同时,合拍方的知识溢出对内地团队的绩效改进具有重要的促进作用。最后,通过多群组结构方程模型分析后发现,与过去学界的认知相反,内地团队成员的海外经历对合拍方的知识溢出效应产生起到负向的调节效果。以上结论能够为合拍团队组建、合拍对象选取以及合拍政策优化等方面提供重要的理论参考。

关键词　合拍片　知识溢出　异质性　海归人才

作者简介　王牧耕,男,厦门大学新闻传播学院博士研究生。研究方向:传媒经济与产业发展。电子邮箱:wang2766288@163.com。殷琦,女,厦门大学新闻传播学院教授,博士生导师。研究方向:传媒公司治理、平台治理。电子邮箱:yinqi@xmu.edu.cn。
基金项目　国家社科基金项目"海外引进片对我国电影产业的知识溢出、影响机理及政策优化研究"(17BJY209)

一、问题的提出

电影合拍片（Film Co-production）是我国较早出现、较快发展的一种对外文化合作形式[1]，截至 2022 年 1 月，我国已同英国、法国、俄罗斯等 22 个国家及地区签署电影合拍协议[2]。合拍片通过整合本土与海外的优势资源，形成了多元的艺术、文化表达，不仅成为国内电影市场的结构性力量，也扮演了我国电影出口外销的主力军，在中国电影产业发展中发挥了关键作用[3]。

从当前我国电影合拍项目的合作关系来看，内地合拍团队与合作方存在着鲜明的异质性（Heterogeneity）特征，即双方在文化背景、制作理念、技术手段等各个层面的"知识储备"存在鲜明差异[4][5][6][7][8]。过去学界认为，企业间异质性的合作关系有利于增强彼此的知识溢出效应（Knowledge Spillover Effect），并提升企业的技术水平和创新能力[9][10]。然而，近年来合拍片的总体市场表现与受众口碑参差不齐、大量资源投入却产生负面反馈的"烂片"事件时有发生[11]，这些现象对既有理论提出了挑战。因此，过去基于区域经济与高科技行业经验得出的异质性合作与知识溢出研究结论是否适用于传媒影视行业有待进一步检验。

从研究现状来看，既有知识溢出效应的相关研究侧重于政策、企业层面，而较少关注企业内部因素对知识溢出效应可能产生的影响。事实上，近年来，随着"海外高层次人才引进计划"（2009）、"中国电影海归计划"（2013）等政府、行业鼓励措施出台，海归人才已成为中国电影产业中的新鲜血液，汇入众多电影项目的各个环节中，同时也进入合拍片的制作中，为内地合拍团队带来了更多异质性资源。因此，将内地合拍团队成员的海外经历作为变量纳入电影合拍知识溢出效应研究中,能为知识溢出效应研究提供个体视角下的经验依据。

由此,本研究将基于异质性合作关系这一视角,着重探讨以下两方面问题:一是基于电影合拍片的文化影视产品属性,从"知识势差""文化差异""合作深度"三个维度考察异质性合作关系的知识溢出效应,并进一步检验合拍方的知识溢出是否促进了内地团队经营绩效的改进。二是从异质性人力资源的视角出发,考察内地团队成员的海外经历是否会对合拍方的知识溢出产生调节效应。本文将运用问卷调查、结构方程模型等研究方法对以上问题进行分析,在将异质性合作关系与知识溢出效应研究视野从企业层面拓展至个体层面的同时,也为提升电影合拍知识溢出效应提供科学可行的策略建议。

二、文献回顾、研究假设与研究模型

(一)异质性合作关系与合拍片知识溢出效应

"知识溢出"是指一个企业自发对另一个企业进行知识传播,使后者提高了对知识价值的认识,并降低其获取新知识、技术进步以及技术运用的经济成本[12]。在企业合作研究领域中,主体间的异质性被认为知识溢出效应发生的重要因素[13][14]。电影合拍作为一种智力密集型的跨文化合作形式,合拍双方的异质性主要体现在两个方面:一是双方在技术、创意、经验等知识储备上的差异,即合拍双方的知识势差;二是双方在语言、价值观、信仰等固有文化背景上的差异。与此同时,双方的合作深度也是探讨异质性合作关系中知识溢出效应形成的基本前提[15]。

1. 合拍双方的知识势差与知识溢出效应

既有研究指出,企业合作中的知识势差是导致知识溢出效应发生的重要因素,知识接收方出于提高技术水平、合作效率的需要,会通过获取溢出方的知识来弥补双方的知识势差[16]。电影合拍双方的知识势差,一方面体现在制作设备、技术手段等"硬件"环节。比如以好莱坞为代表的西方电影产业凭借市场规模、人才储备、技术条件等优势,实现了精细化的市场分工,并依托竞合机制打造出成熟的工业化体系。而我国电影工业体系起步较晚且尚不完善,在制作设备、技术手段上不可避免地与好莱坞存在一定的差距[17][18][19]。另一方面体现在生产运作、市场开发的理念、经验等"软件"方面。我国的院线制改革尽管已走过 20 年,但产业发展总体上仍未摆脱"唯票房论"的桎梏,而在海外一些较为成熟的电影产业体系中,已形成了以知识产权开发为中心的全产业链运作能力[20]。因此,在电影合拍的过程中,海外合拍方在"硬件"与"软件"上带来的新技术、新知识及专业技术水平上的优势,都可能促使本土团队进行模仿与跟随,从而形成知识溢出效应。据此,本研究提出如下假设:

H1:合拍双方的知识势差对合拍方知识溢出效应具有积极影响

2. 合拍双方的文化差异与知识溢出效应

在电影合拍的异质性合作关系中,除了技术、知识储备方面存在的知识势差,文化差异也是不可忽略的因素。不少研究指出,跨文化合作中本土企业与外来企业之间文化背景、价值体系上的明显差异,会影响知识溢出效应的"可达性",从而抑制知识溢出效应的总体水平[21][22]。合拍片作为异质文化的结合体,在合作中难以避免双方的文化话语主动权之争,突出表现为价值观、意识形态等方面的冲突[23]。随着合拍主体日趋多元,不同合拍项目的文化冲突程度各有不同,在同欧美等文化距离较远的合拍方合作时,惯用语言、价值理念等方面的差异较为明显;而泛亚地区合拍由于地缘亲近性,更容易产生文化上的交融[24]。我们在前期调研中也发现,受访者普遍认为在电影合拍的异质性合作关系中,文化差异所导致的文化冲突会对知识溢出效应产生负向的抑制作用[25]。因此,本研究提出如下假设:

H2:合拍双方的文化差异对合拍方知识溢出效应具有消极影响

3. 合拍双方的合作深度与知识溢出效应

合拍双方的合作深度是考察异质性合作关系中知识溢出效应的基本前提。既有研究认为,无论是纵向的合作关系还是横向的合作关系,更紧密的合作深度和业务联系,都能够更好地提升合作主体间的知识溢出效应[26][27]。从逻辑上看,合作关系的加深能够提升组织间的信任程度,加速知识的流动与转移,为知识溢出创造良好条件[28][29]。尤其是在异质性合作关系中,合作深度的提升能够促使企业在创新活动中更好地获取异质性资源,来实现组织内外部的资源互补[30][31]。

事实上,从合拍片的发展历程来看,合作深度始终是困扰和影响合拍片发展的关键因素,对比不同合作对象的合拍项目可以发现,更深的合作关系有利于本土电影团队更好地学习、模仿并整合合拍方的技术优势。例如,我们在前期访谈中发现,内地与香港之间的合拍,就由于长期合作带来更好的合作沟通环境,并产生了更好的知识溢出效应[32]。据此,本文提出假设:

H3:合拍双方的合作深度对合拍方知识溢出效应具有积极影响

(二)知识溢出效应与内地团队的绩效改进

知识溢出效应对企业经营绩效改进的影响受到学界的广泛关注。既有研究结果显示,企业能够借助溢出方的知识,来促进创新效率的提升,并创造具有创新性的技术与产品,最终取得更好的经营绩效[33][34][35]。而从业界调研的实际情况来看,电影企业与其他企业一样,绩效的提升一方面来源于企业内部的自我创新,另一方面也来自外部的知识溢出。借助于电影合拍所产生的"知识溢出"效应,本土电影团队能够在知识的"吸收—内化—应用"过程中,提升自身的电影制作水平,并逐步取得市场口碑与经济绩效[36]。厘清知识溢出效应与内地合拍团队绩效改进的影响关系,也有助于把握电影合拍知识溢出效应在我国电影产业发展中的重要意义。因此,本文提出如下假设:

H4:合拍方的知识溢出能够在影响因素与内地团队绩效改进之间发挥显著的中介效应

(三)内地团队成员海外经历的调节作用

随着经济全球化的发展趋势,当前企业、组织的内部成员在教育背景、工作经历上呈现出多元化、差异化的特征,海外经历常被作为人力资本相关研究的重要考察变量[37]。由此出发,在考察企业间的异质性合作时,企业自身内部人力资本的异质性特征也应纳入考察范围[38]。当前,学界认为企业员工的海外经历能够给企业在国际贸易、合作中带来积极的影响,帮助企业与国外合作方建立更强的联系,从而获取外部的信息与知识[39][40][41]。

在电影合拍实践中,曾任中国电影合作制片公司总经理的张恂曾表示:"合拍要在差异中寻求发展,然而差异在合拍中不仅仅影响进度,很有可能影响质量,因此要有认真、良好的沟通。"[42]而合拍团队中的海归人员凭借自身多元的文化背景以及国际化视野,恰好能够在合拍项目中发挥重要的"缓冲作用",一定程度上化解合拍双方的固有差异,增进沟通效率与合作深度,从而更好地促进知识溢出效应的产生,也能够帮助内

地合拍团队更好地内化、应用合拍方所溢出的知识,转化为团队的经营绩效。据此,本研究提出如下假设:

H5:内地团队成员的海外经历能够增强知识势差(a)、合作深度(b)对知识溢出效应的积极影响,同时降低文化差异(c)对知识溢出效应的负面影响

H6:内地团队成员的海外经历能够显著增强知识溢出效应对内地团队绩效改进的影响

综合前文所提出的各研究假设,本文建构了包含影响知识溢出效应的外部解释变量、因变量与团队内部海外经历这一调节变量的研究模型(图1)。

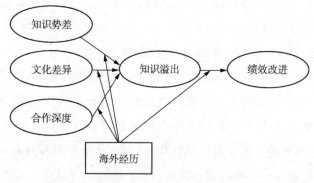

图1 合拍片的异质性合作关系中知识溢出效应的研究模型

三、研究设计与数据分析

(一)研究样本和数据收集

本文采用线下实地与线上发放相结合的方式进行样本数据收集,发放对象为内地参与过合拍片制作的从业人员,由于样本对象具有较强的专业性,抽样方式采用滚雪球抽样,样本收集分为预测试与正式测试两个阶段。预测试阶段主要是对量表的效度进行测试,对题项进行修改与删减,最终获得正式

测试的问卷。正式测试于 2020 年 2 月至 4 月开展,共发放
376 份问卷,最终回收 332 份问卷,剔除填写不完整或无效的
问卷后,得到有效问卷 313 份。从回收的有效样本的结构来
看,男性、女性被试者的比例分别占 39.94% 和 60.06%;合作过的
合拍对象及所占比例情况为美国(66.77%)、香港地区(37.70%)、
泛亚洲地区(含澳大利亚,37.06%)、欧洲地区(27.80%)、其他
(9.9%)[43];同时,55.72% 的被试者具有海外经历。

(二) 量表制定

预测试量表是在参考前人学者成熟量表的基础上,结合焦
点小组访谈、专家会议以及既有文献分析的基础上所制定。在
对预测试样本进行探索性因子分析(EFA)后,对问卷题项进
行筛查与修订,最终形成正式量表(见表 1)。正式量表中,除
了人口统计学变量以外,其余各研究变量均采用李克特五点式
量表,分值 1—5 分表示从"非常不同意"到"非常同意"。

调节变量"海外经历"的测量题项"是否具有海外求学或是
工作的经历"为二分类变量,选"是"编码为 1,选"否"则编码为 2。

(三) 实证分析结果

1. 验证性因子分析(CFA)

正式测试后的样本总体 Cronbach's α 值为 0.984,大于0.7,
同时各子量表 Cronbach's α 值也均超过了 0.7,达到高信度标
准。效度上,各预测变量的测度项因子载荷均超过 0.6,CR 值
分别为 0.784、0.795、0.839、0.840、0.895,均超过了 0.7;而
AVE 值分别为 0.551、0.564、0.638、0.640、0.740,均大于0.5,且
各变量之间的相关系数均小于 AVE 的平方根。因此,问卷的总
体信度与效度均符合研究的要求。同时,验证性因子分析的结
果也表明,五因子模型与实际数据拟合程度优于其他模型(χ^2 /
df = 1.066,RMSEA = 0.018,CFI = 0.996,NFI = 0.936),说明
五因子模型具有最佳的拟合度,显著优于其他备选模型。

表 1 变量因子载荷及 CR/AVE 值

维度	题项	因子载荷	Cronbach's α 系数	CR	AVE	参考来源
知识势差	在合拍中我感受到海外团队技术水平高于我们	0.621	0.941	0.784	0.551	Caniel(2000)[44]; 周云波等(2017)[45]
	在合拍中海外团队有许多我们未接触过的新工具和新手段	0.806				
	在拍过程中,海外团队在工作中有很多过去没见识过的专业技术	0.785				
文化差异	我方团队与海外团队对电影项目中涉及文化方面的理解差别很大	0.731	0.948	0.795	0.564	Choi等(1999)[46]; Hudson等(2011)[47]
	我方团队与海外团队对电影项目中涉及宗教、种族、民族等问题理解分歧很大	0.765				
	我方团队与海外团队在电影合作中存在价值理念上的分歧	0.757				

（续表）

维度	题项	因子载荷	Cronbach's α系数	CR	AVE	参考来源
合作深度	在电影合拍中我方团队与海外团队在技术上的沟通非常频繁	0.715	0.947	0.839	0.638	李雪灵等(2017)[48]；郑鸿、徐勇(2017)[49]
	海外合拍方对我方履行的工作任务非常信任	0.726				
	在电影制作过程中,我方团队与海外团队都在为实现项目目标而努力	0.935				
知识溢出	在电影合拍中我方团队能够从海外团队那里获得新的专业领域知识	0.706	0.946	0.840	0.640	Nonaka等(1995)[50]；Jaffe(1986)[51]；Björkman(2004)[52]
	在电影合拍中我方团队能够从海外团队那里获得新的专业工具	0.928				
	在电影合拍中我方团队能够从海外团队那里获得处理同题的新方法	0.748				
绩效改进	在市场竞争加剧时,我方团队更受客户青睐	0.803	0.955	0.895	0.740	Naman & Slevin(1993)[53]；Chandler & Hanks(1993)[54]；Cavalluzzo等(2004)[55]
	跟其他竞争对手提供的技术服务相比,我方团队在市场中的口碑更好	0.832				
	我方团队比其他国内同领域制作团队发展得更快	0.940				

为了检验测量中的共同方法偏差,本研究借鉴了 Podsakoff[56] 等学者的做法,在五因子结构的基础上增加了一个共同方法因子,通过比较两个模型拟合度变化来判断测量的共同方法偏差水平。通过检验,在加入共同方法因子后,模型的拟合度没有显著的提升($\chi^2/df = 1.108$),说明此次测量不存在严重的共同方法偏差问题。

2. 模型拟合度检验

前文信效度分析的检验结果,表明本研究的测度量表与样本数据拟合情况良好,能够对研究假设模型进行更进一步的结构方程模型(SEM)检验。本研究采用 AMOS 24.0 软件对采集的样本数据进行分析,得出拟合度指标评价结果(表 2)。从结果来看,在整体结构方程模型的拟合度检验中,所有指标均符合建议值标准($\chi^2/df = 1.246 < 3$,RMSEA$= 0.035 < 0.08$,CFI$= 0.983 > 0.9$,TLI$= 0.979 > 0.9$),通过拟合度检验。与此同时,为了检验海外经历对知识溢出效应的调节作用,研究将海外经历划分为"有海外经历模型"(Group 1)与"无海外经历模型"(Group 2)两组,结果可见,分组模型的各项指标也均在可接受的标准范围内,因而表明上述模型均具备了较好的拟合度(见表 2)。

表 2　模型拟合度指标检验结果

拟合度指标	参考标准	总模型	Group 1	Group 2	检验情况
χ^2	相对小	103.432	107.972	128.482	—
df	相对大	83	83	83	—
χ^2/df	<3	1.246	1.301	1.548	通过
CFI	>0.9	0.983	0.963	0.925	通过
TLI	>0.9	0.979	0.954	0.905	通过
RMSEA	<0.08	0.035	0.052	0.079	通过

3. 总体结构方程模型检验

本研究先对总体模型进行了结构方程模型检验,检验结果见表3,具体检验指标包含解释变量与中介变量、因变量之间的路径估计系数(Estimate)、标准误(S.E.)、检验统计量的临界比值(C.R.)、标准化路径系数(Std)以及显著性水平(P 值)等指标。从检验的结果来看,知识势差(Std $=0.225,P<0.001$)、合作深度(Std $=0.197,P<0.05$)对知识溢出效应的预测作用均达到显著,影响方向均为正向,但合拍双方的文化差异并不会对知识溢出效应产生显著影响(Std $=0.014,P>0.05$)。同时,合拍方的知识溢出效应能够显著正向地影响内地合拍团队的绩效改进(Std $=0.356,P<0.001$),支持进一步分析知识溢出效应在影响因素与合拍团队绩效改进之间的中介效应。

表3 总体结构方程模型路径检验

影响路径	Estimate	S.E	C.R.	P	Std
知识势差→知识溢出	0.191	0.090	2.131	0.033	0.225
文化差异→知识溢出	0.015	0.099	0.150	0.880	0.014
合作深度→知识溢出	0.175	0.070	2.485	0.013	0.197
知识溢出→绩效改进	0.415	0.091	4.576	0.000	0.356

本研究采用 AMOS 软件中自带的 bootstrap 法校验工具对合拍方知识溢出的中介效应进行检验。Bootstrap 样本量设置为 1000,采用第 2.5 百分数值和第 97.5 百分数估计 95% 的中介效应置信区间,最终得到所有路径的间接效应水平。其中,知识势差、合作深度两个变量对绩效改进的间接效应在 95% 的置信区间的下界至上界之间不包含 0([Lower Bounds-Up Bounds]:[0.012—0.191]/[0.004—0.190]),且两个变量对绩效改进的间接效果双尾检验均达到了显著性水平($P=$ 0.023/0.025<0.05),这表明知识溢出效应能够在知识势差、合作深度两个因素与绩效改进之间发挥显著的中介效应(见图2)。

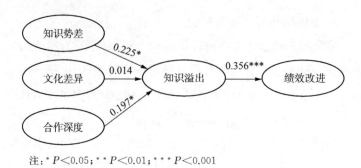

注：* P＜0.05；* * P＜0.01；* * * P＜0.001

图2 总体结构方程模型检验结果

4. 多群组结构方程模型检验

为检验内地团队成员的海外经历在模型中的调节效应,本研究将此次问卷调查收集到的样本分为"有海外经历组"与"无海外经历组",以此进一步把握团队内部异质性人力资本对外部知识溢出效应所产生的影响。通过多群组结构方程模型分析后发现,未限制模型与限制模型卡方值之差达到显著水平($\triangle \chi^2 = 15.192 > 3.84$，$P = 0.004 < 0.05$),与此同时,其余参考指标 $\triangle NFI = 0.01$、$\triangle IFI = 0.012$、$\triangle RFI = 0.006$、$\triangle TLI = 0.007$,均符合小于 0.05 的参考标准,可见海外经历这一变量对研究模型起到显著的调节作用。

从具体的分组路径检验结果来看,在有海外经历的样本分组中,知识势差、文化差异、合作深度三个变量对知识溢出效应的影响均不显著,而知识溢出效应对内地团队的绩效改进具有显著的正向影响。在无海外经历的样本分组中,文化差异仍然不会对知识溢出效应产生影响,然而知识势差、合作深度能够对知识溢出效应带来显著的正向影响($Std = 0.261$,$P < 0.05$；$Std = 0.313$,$P < 0.05$),这意味着海外经历能够在知识势差、合作深度两个变量与知识溢出效应之间产生显著的负向调节效应。与此同时,与有海外经历样本分组相比,无海外经历的样本分组中合拍方知识溢出对绩效改进的影响也得到一定程度

的增强(见表 4)。

表 4　多群组结构方程模型路径检验

影响路径	有海外经历模型(Group 1)				无海外经历模型(Group 2)			
	Estimate	S.E	P	Std	Estimate	S.E	P	Std
知识势差→知识溢出	0.105	0.103	0.308	0.127	0.217	0.119	0.035	0.261
文化差异→知识溢出	−0.180	0.152	0.237	−0.149	0.139	0.136	0.304	0.186
合作深度→知识溢出	0.011	0.104	0.917	0.011	0.242	0.099	0.014	0.313
知识溢出→绩效改进	0.336	0.113	0.003	0.306	0.562	0.159	0.000	0.435

综上所述,本研究假设 H1、H3、H4 得到支持,假设 H5a、H5b 的检验结果与预测方向相反,其余假设由于未达到显著性水平则被拒绝(见图 3)。

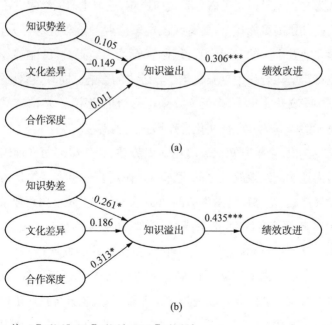

(a)

(b)

注:* $P<0.05$;** $P<0.01$;*** $P<0.001$

图 3　多群组结构方程模型检验结果

四、结论与讨论

(一)主要研究结论

本研究基于异质性合作关系的视角,构建了电影合拍知识溢出效应的研究模型,并采取问卷调查、结构方程模型的研究方法,对合拍方知识溢出的影响因素及机制进行了检验,形成了以下三方面的研究结论:

首先,合拍双方的知识势差与合作深度是促进合拍方知识溢出的关键。本研究基于合拍双方异质性合作关系的特征,提出了双方的知识势差、文化差异、合作深度三个方面是知识溢出效应影响因素的假设,检验发现,合拍双方的知识势差与合作深度能够显著正向影响合拍方知识溢出的产生。过去学界认为文化差异因素可能导致负向影响,这与本研究结果并不一致。其原因可能在于,随着我国电影产业开放程度的提升,电影企业及个人的专业水平、国际视野均不断提升,已能够较好地在跨文化合作中克服文化差异带来的影响。同时,在日益强调中华文化走出去、多元文化融汇交流的当下,上述研究结论也能够为其他异质性文化合作形式提供借鉴。

其次,合拍方知识溢出在知识势差、合作深度两方面因素与内地团队绩效改进之间发挥中介作用。近年来合拍片市场发展趋缓,全球疫情发生前的 2019 年,全年上映合拍片数量较 2016 年顶峰时的 88 部下降至 55 部,贡献票房也从 179.06 亿元下降至 107.83 亿元[57]。同时,在合拍片的发展进程中,也始终存在着内地团队话语权不足的问题[58][59]。而归根结底,内地合拍团队的绩效改进是优化电影质量、提升合拍话语权的关键。本研究结果显示,合拍方的知识溢出在双方的知识势差、合作深度两方面因素与内地团队绩效改进之间发挥中介作用,表明内地团队在提升合拍方知识溢出效应的同时,也能够获得绩效提升的后续效应,实现技术水平与经营绩效的双效兼收。这一结论也说明,继续广泛开展电影合拍对中国电影产业的持续优化、创新发展具有重要的现实意义。

再次,内地团队成员的海外经历对合拍方知识溢出效应的产生起到显著的负向调节效果。此前不少研究认为,企业内部海归人员能够帮助企业在国际化过程中增进与海外的沟通效率,同时更容易了解与吸收国际市场信息、引进海外的知识与技术。然而本研究结果显示,不具有海外经历的团队成员反而更易促发由双方的知识势差与合作深度所产生的知识溢出效应,同时在知识溢出转化为绩效改进的路径上也得到了增强,这也意味着不具有海外经历的从业者能够更好地吸收海外的先进技术与专业知识,从而更好地整合合拍双方的优势资源,促使团队经营绩效持续改进。这一结论无疑能够进一步丰富异质性合作关系中的知识溢出效应研究,也能够为内地电影企业组建合拍团队、选取合拍对象等方面工作提供重要的理论参考。

(二)策略建议

1. 依据企业团队特征选择合拍对象

研究结论显示合拍双方知识势差的增大,有益于合拍方知识溢出效应的产生,因此,电影企业及团队应当对自身的技术水平、专业能力进行系统的把握,对业务环节、项目绩效进行科学有效的评估,从而精确把握自身的技术弱环,并以此为依据有选择地与在相应环节具有技术优势的海外电影企业、团队进行合作,从而最大化合拍方的知识溢出效应,使本土电影团队在技术弱环上得到大幅提升。同时,鉴于团队成员的海外经历对知识溢出效应模型所产生的负向调节影响,拥有较多海归人才的电影企业、团队可以倾向于如欧美国家等合作深度较低的合拍对象,这样既能够利用海归人才多元的知识、文化背景来进一步丰富合拍片的电影元素,也能够尽量减少合拍方知识溢出效应的损耗。

2. 持续提升与海外电影行业的互鉴交流

合作深度是合拍方知识溢出效应的重要影响因素,也是始终困扰我国合拍片发展的一大问题。合拍片合作深度的提升需要政府、行业协会以及企业三个层面的协同发力。从政府层面来看,可以依托《电影产业促进法》《"十四五"中国电影发展规划》等法规、政策的实施,积极搭建服务合拍主体交流、合作的平台,例如我国已成功举办了 8 届"丝绸之路国际电影节",在电影节成员基础上成立了涵盖 33 个国家与 38 个电影节的"一带一路"电影节联盟,并搭建"丝绸之路及沿线国家电影产业交易平台联盟",为电影合拍主体提供了重要的接洽平台。而行业协会作为中间层级,应当在民间外交、资源整合上发挥更大作用。一方面,在一些行业主管部门无法"亲力亲为"的电影交流场合,各级协会可作为本土代表与海外深入沟通,通过更丰富的合作形式加深合拍双方的相互了解;另一方面,协会组织可以充分整合区域内部的电影优势资源,从而在合拍项目接洽过程中提升合作深度与话语权。而对于企业而言,则务必积极响应政策安排以及融入行业协会组织,积极参与国际节展与合拍商谈,为构建良好的整体性合拍氛围贡献力量。

3. 采取灵活能动的合拍团队组建方式

过去的知识溢出效应研究中鲜少考虑企业内部的人力结构问题,此次研究结论表明,不能忽略内地团队成员海外经历这一关键变量。因此,未来电影企业在组建合拍团队时应当采取更加能动的人员组建方式。具体操作上,与来自港澳台、日、韩、东南亚等一些合作经验丰富、地缘文化接近的地区的电影合拍团队进行合作时,可以适当向本土自主培养的优秀人才倾

斜,从而在保证团队专业技术水平的前提下,进一步打通知识
溢出的通路,学习合拍方先进的经验、理论与技术;而在面对一
些合作深度较低的合拍项目或合拍对象时,可以在团队中适当
加入部分拥有海外经历的从业者。特别是近年来在一些协拍
片、贴拍片中,内地团队往往无法深入具体的制作环节,形成知
识溢出效应更无从谈起,此时可以基于提升话语权、融入中国
元素的考虑,在团队中加入更多的海归人才,使其利用自身的
多元文化背景、国际化视野等方面的优势来推动本土团队更好
地融入合拍项目。

注释

[1] 根据《中外合作摄制电影片管理规定》(2004),合拍片的界定范
围既包括取得许可的境内与境外各国的制片单位合作摄制的影片,也包
括香港特别行政区、澳门特别行政区及台湾地区的电影制片者在境内合
作摄制的电影。

[2]《内地香港合拍进入"新常态"》,《中国电影报》2022 年 1 月 26
日,第 8 版。

[3] 耿芸、于兵:《中国电影"走出去"的现状及对策分析》,《西北民族
大学学报》(哲学社会科学版)2018 年第 3 期。

[4] Cohen, S. K. & Caner, T. (2016). Converting Inventions into
Breakthrough Innovations: The Role of Exploitation and Alliance
Network Knowledge Heterogeneity. *Journal of Engineering & Technology Management.* 40(2).

[5] 赵卫防:《21 世纪香港电影的美学流变》,《文化艺术研究》2021
年第 3 期。

[6] 高红岩:《多样化、网络化与全球化:近年来阿根廷电影市场观
察》,《当代电影》2016 年第 9 期。

[7] 资小玉:《"熊猫和和"系列合拍动画片对"和"文化的创新表达》,
《中国电视》2021 年第 7 期。

[8] 张恂、边静:《十年合拍:在差异中碰撞发展》,《当代电影》2013

年第 2 期。

    [9] 梁琦、钱学锋:《外部性与集聚:一个文献综述》,《世界经济》2007 年第 2 期。

    [10] 曹洲涛、杨佳颖:《知识异质性促进知识创新的协同路径研究》,《科技进步与对策》2015 年第 17 期。

    [11] 以"中美合拍"最为典型,尽管出现了如《巨齿鲨》《功夫熊猫 3》等受到市场认可的影片,但从总体而言,多数中美合拍片在国内外市场的票房、口碑反响均不尽如人意,参见:https://baijiahao.baidu.com/s? id=16095563201141660944&wfr=spider&for=pc。

    [12] Jaffe, A. & Henderson, T. R. (1993). Geographic Localization of Knowledge Spillovers as Evidenced by Patent Citations. *Quarterly Journal of Economics*. 63(3).

    [13] Cohen, S. K. & Caner, T. (2016). Converting Inventions into Breakthrough Innovations: The Role of Exploitation and Alliance Network Knowledge Heterogeneity. *Journal of Engineering & Technology Management*. 40(2).

    [14] 梁琦、钱学锋:《外部性与集聚:一个文献综述》,《世界经济》2007 年第 2 期。

    [15] 吴松强、蔡文洁:《知识溢出对先进制造业集群升级的影响研究——基于企业合作的中介和政府支持的调节作用》,《华东经济管理》2019 年第 10 期。

    [16] Cohen, W. M. & Levinthal, D. A. (1990). Absorptive Capacity: A New Perspective on Learning and Innovation. *Administrative Science Quarterly*. (35).

    [17] 曹怡平:《位移与裂变——〈功夫熊猫〉中美合拍的之前 vs.之后》,《世界电影》2016 年第 3 期。

    [18] 尹鸿、张卫、陈洪伟:《提升中国电影竞争力:工业化能力·人才建设·本土化和"走出去"策略》,《当代电影》2017 年第 6 期。

    [19] 胡黎红:《从制作流程的角度观察中国电影工业》,《当代电影》2019 年第 8 期。

    [20] 李宁:《好莱坞电影产业模式的发展嬗变(2009—2019)》,《当

代电影》2020 年第 4 期。

　[21] 金丹元、周旭:《从文化的主体性走向文化间性——对当下中外合拍片的一种文化反思》,《当代电影》2015 年第 1 期。

　[22] 陈旭光:《改革开放四十年合拍片:文化冲突的张力与文化融合的指向》,《当代电影》2018 年第 9 期。

　[23] 王牧耕:《电影合拍片工作特征差异与"知识溢出"现象动因分析——基于合拍片从业者深度访谈的探索性研究》,《现代电影技术》2020 年第 9 期。

　[24] Blomström, M. & Sjöholm, F. (1999). Technology Transfer and Spillovers?, Does Local Participation with, Multinationals Matter?. *European Economic Review*. 43(4 - 6).

　[25] 苑婧婷、唐书林:《文化嵌入对集群核心企业知识溢出的影响机制研究》,《科技进步与对策》2014 年第 17 期。

　[26] Xu, C. (1999). Rational Behaviour and Cooperation Degree in Competitive Situations. *International Journal of Systems Science*. 30(4).

　[27] 魏守华、顾佳佳、姜悦:《知识溢出,吸收能力与经济绩效的研究述评》,《现代经济探讨》2017 年第 9 期。

　[28] Gulati, R. (2008). Managing Network Resources: Alliances, Affiliations and Other Relational Assets. *Scandinavian Journal of Management*. 25(2).

　[29] 高霞、曹洁琼、包玲玲:《产学研合作开放度的异质性对企业创新绩效的影响》,《科研管理》2021 年第 9 期。

　[30] 王牧耕:《电影合拍片工作特征差异与"知识溢出"现象动因分析——基于合拍片从业者深度访谈的探索性研究》,《现代电影技术》2020 年第 9 期。

　[31] Troilo, G. , Luca, L. M. & Atuahene-Gima, K. (2014). More Innovation with Less? A Strategic Contingency View of Slack Resources, Information Search, and Radical Innovation. *Journal of Product Innovation Management*. 31(2).

　[32] Zheng, S. , Sun, W. , Wu, J. , et al. (2017). The Birth of Edge

Cities in China: Measuring the Effects of Industrial Parks Policy. *Journal of Urban Economics*. 100(7).

[33] 白旭云、王笑天、石晓义:《企业的知识溢出与创新绩效实证分析》,《统计与决策》2020 年第 10 期。

[34] 王牧耕:《电影合拍片工作特征差异与"知识溢出"现象动因分析——基于合拍片从业者深度访谈的探索性研究》,《现代电影技术》2020 年第 9 期。

[35] Horwitz, S. K. & Horwitz, I. B. (2007). The Effects of Team Diversity on Team Outcomes: A Meta-Analytic Review of Team Demography. *Journal of Management*. 33(6).

[36] 叶江峰、任浩、郝斌:《企业内外部知识异质度对创新绩效的影响——战略柔性的调节作用》,《科学学研究》2015 年第 4 期。

[37] 李平、许家云:《海归型人力资本、外商直接投资与技术外溢》,《科技与经济》2011 年第 2 期。

[38] Kapur, D. & McHale, J. (2005). The Global Migration of Talent: What does it Mean for Developing Countries?. *CGD Brief*.

[39] 贺小社、柯大纲、欧佩玉:《高管团队人口统计学特征对国际化的影响》,《情报杂志》2010 年第 5 期。

[40] 张恂、边静:《十年合拍:在差异中碰撞发展》,《当代电影》2013 年第 2 期。

[41] 在问卷中"合作过的合拍对象"为多选题。同时值得关注的是,尽管不少研究样本合作过的合拍对象不局限于单一国家或地区,但从前期访谈情况来看,出于业务开展效率、团队经验的考虑,合拍从业者通常会对某些合拍对象有所侧重,多次参与同一国家、地区的合拍项目。

[42] Podsakoff, P. M., Mackenzie, S. B. & Lee, J. Y. (2003). Common Method Biases in Behavioral Research: A Critical Review of the Literature and Recommended Remedies. *J Appl Psychol*. 88(5).

[43] 根据 CBO 中国票房网(http://m.endata.com.cn/Movie/History)发布的数据统计。

[44] Caniels, M. J. (2000). *Knowledge Spillovers and Economic Growth: Regional Growth Differentials Across Europe*. Cheltenham:

Edward Elagar.

［45］周云波、田柳、陈岑:《经济发展中的技术创新、技术溢出与行业收入差距演变——对 U 型假说的理论解释与实证检验》,《管理世界》2017 年第 11 期。

［46］Choi, W. M. , Chan, A. & WU, J. (1999). A Qualitative and Quantitative Assessment of Hong Kong's Image as a Tourist Destination. *Tourism Management*. 20(3).

［47］Hudson, S. , Wang, Y. & Gil, S. M. (2011). The Influence of a Film on Destination Image and the Desire to Travel: A Cross-cultural Comparison. *International Journal of Tourism Research*. 13(2).

［48］李雪灵、申佳:《关系质量量表开发与验证:基于本土研究视角》,《科研管理》2017 年第 11 期。

［49］郑鸿、徐勇:《创业团队信任的维持机制及其对团队绩效的影响研究》,《南开管理评论》2017 年第 5 期。

［50］Nonaka, I. , Umemoto, K. & Takeuchi, H. (1996). A Theory of Organizational Knowledge Creation. *International Journal of Technology Management*. 11(7 - 8).

［51］Jaffe, A. (1986). Technological Opportunity and Spillovers of R & D: Evidence from Firms' Patents, Profits, and Market Value. *The American Economic Review*. 76(5).

［52］Blomström, M. & Sjöholm, F. (1999). Technology Transfer and Spillovers: Does Local Participation with, Multinationals Matter?. *European Economic Review*. 43(4 - 6).

［53］Naman, J. L. & Slevin, D. P. (1993). Entrepreneurship and the Concept of Fit: A Model and Empirical Tests. *Strategic Management Journal*. 14(2).

［54］Chandler, G. N. & Hanks, S. H. (1993). Measuring The Performance Emerging of Business: A Validation Study. *Journal of Business Venturing*. 8(5).

［55］Cavalluzzo, K. S. & Ittner, C. D. (2004). Implementing Performance Measurement Innovations: Evidence from Government. *Ac-*

counting Organizations And Society . 29 (3 - 4).

[56] 王凡:《中国电影与好莱坞真正合拍还有多远?》,《电影艺术》2013 年第 6 期。

[57] 曹怡平:《位移与裂变——〈功夫熊猫〉中美合拍的之前 vs.之后》,《世界电影》2016 年第 3 期。

[58] 王凡:《中国电影与好莱坞真正合拍还有多远?》,《电影艺术》2013 年第 6 期。

[59] 曹怡平:《位移与裂变——〈功夫熊猫〉中美合拍的之前 vs.之后》,《世界电影》2016 年第 3 期。

Does Returnees Contribute to Knowledge Spillover?
—Research on the Influence Mechanism of Mainland Team Performance Improvement in Film Co-production

WANG Mugeng, YIN Qi

Abstract: It is an effective way to improve the quality of China's film production to cooperate with overseas film institutions to produce films, which can help to obtain spillover knowledge and technology. Based on the perspective of heterogeneous cooperative relationship, this study constructs a research model on the knowledge spillover effect of collaborators. After analyzing the cooperation process between film mainland teams and collaborators through questionnaire survey and structural equation model (SEM), it is found that the knowledge difference and depth of cooperation between the two sides are helpful to improve the knowledge spillover effect of collaborators to mainland teams, cultural differences have no significant impact. At the same time, the knowledge spillover of collaborators plays an important role in promoting the performance improvement of mainland teams. Finally, through the analysis of multi group structural equation model, it is found that, contrary to the previous academic cognition, the overseas experience of mainland team members has a negative regulatory effect on the knowledge spillover effect of collaborators. The above conclusions can provide important theoretical reference for the formation of Co-production team, the selection of collaborators and the improvement of Co-production policy.

Key words: Co-production; Knowledge Spillover; Heterogeneity; Returnees

平台型媒体生态位三维
结构模型构建研究

刘　茜　李嘉韩　方楠楠　王展玉

摘　要　本文从生态位理论视角出发提出了平台型媒体生态位的概念,为阐释平台型媒体与外部动态复杂环境之间的关系提供了全新视角。从平台型媒体生态位多维超体积特征切入,采用质化研究与量化研究相结合的方式对平台型媒体生态位概念的结构维度进行探析,发现其由市场产业地位、组织协同能力、内容技术资源三个维度构成,进而构建了平台型媒体生态位三维结构模型,有效推动媒体生态位研究从发挥学术想象力的隐喻研究向可操作、可应用的量化研究迈进。

关键词　平台型媒体　生态位　因子分析　结构模型

2014年,乔纳森·格里克(Jonathan Glick)首次在《平台型媒体的崛起》一文中使用 Platisher 这一合成词来描述媒介

作者简介　刘茜,女,成都大学传媒研究院研究员,硕士生导师,博士。研究方向:传媒经济与管理。电子邮箱:36521464@qq.com。李嘉韩,成都大学文学与新闻传播学院硕士研究生。研究方向:传媒经济与管理。电子邮箱:332975362@qq.com。方楠楠,成都大学文学与新闻传播学院硕士研究生。研究方向:传媒经济与管理。电子邮箱:790580118@qq.com。王展玉,成都大学文学与新闻传播学院硕士研究生。研究方向:传媒经济与管理。电子邮箱:1007342768@qq.com。

基金项目　四川省社科规划项目"平台型媒体生态圈运行机制与创新动力研究"(项目号:SC21B003)

融合背景下将内容资源、广告资源、技术资源和用户资源聚集于网络平台,拥有"用户第一入口"的数字内容实体,即平台型媒体。随着我国媒介融合走向深入,这种具有开放、激活、整合、服务属性的平台型媒体逐渐成为主流的传媒组织形态[1]。在各类资源的匹配、协同、价值创造过程中,围绕平台型媒体成长起来的各类媒体群落自成生态,形成平台型媒体生态系统。今日头条、喜马拉雅FM、人民号、芒果TV等一大批平台型媒体高速成长,传媒产业竞争快速升级,从单一媒体之间的竞争演变为以平台型媒体为核心的传媒生态系统之间的竞争。从单点竞争到系统竞争,新型传媒竞合关系逐步形成,传媒组织所处外部环境的动态复杂性提升,准确认知并把握传媒组织与外部环境之间的新型关系,成为平台型媒体成长过程中必须解决的重要问题。

生态位理论是生态学中的基本理论之一,主要研究生物个体在种群中的位置以及与种群环境之间的关系。该理论引入经济管理领域后,一批研究者提出了企业生态位的概念,用以描述企业基于环境资源特性与自身固有性质互动形成的客观关系定位,即企业与环境互动匹配后所处的客观状态,这种状态决定了企业的生存和发展。企业生态位研究将生态学中的生态位理论拓展到组织领域,形成了组织生态位的基本概念和研究范式,为平台型媒体生态位的研究提供了理论基础,为阐释平台型媒体与外部动态复杂环境之间的关系提供了全新视角。

一、平台型媒体生态位的特征与内涵

生态学中的生态位概念产生于20世纪初,最早由格林尼尔(Grinnel)提出,他将生态位定义为"恰好被一个种或一个亚种所占据的最后分布单位",他给出的生态位概念被称为"空间生态位"[2]。埃尔顿(Elton)提出了"功能生态位"的概念,即有机体在与环境的相互关系中所处的功能地位[3]。哈钦森(Hutchinson)综合多方面因素,提出"多维超体积生态位"概念,即生物在环境中受到多种资源因子的供应与限制,每一个因子对该物种都有一个合适的阈值,在这些阈值所限定的区域内的任何一点所构成的环境资源组合状态上,该物种都可以生存繁衍,所有这些环境资源的状态组合点的集合即为该物种在该环境中的多维超体积生态位[4]。多维超体积生态位的提出为现代生态位理论的发展奠定了基础:一方面拓宽了生态位的维度,强调影响生物体个体生存因素的多样性,从空间生态位、功能生态位等一维生态位概念扩展为多维生态位概念;另一方面强调了生态位的超体积特征,是由数个适合生物体生存的要素组合单点构成的集合。

20 世纪 70 年代,生态位理论向经济管理领域渗透,研究者将企业看作具有生命特征的有机体。处在由自然、经济、社会等因素构成的生态环境中,企业的进化与发展是在与其周边环境的协调共生过程中实现的。为了揭示企业组织与外部环境的关系,研究者提出了企业生态位的概念。从企业资源观的角度,以汉南(Hannan)和弗里曼(Freeman)为代表的研究者将企业生态位看作企业在战略环境中占据的多维资源空间[5];从企业能力观的角度,以万伦来为代表的研究者将企业生态位看作在一定社会经济环境下呈现出的企业综合能力[6];也有一批研究者从企业定位的相关理论出发,将企业生态位看作一组"位置"的集合,如林晓将企业生态位看作一个企业和其他相关企业相关联的特定市场位置、地理位置和功能地位[7]。更多的研究者对企业生态位的认知则是以上几种视角的综合,如鲍姆等将企业生态位看作企业在资源需求和生产能力方面的特性,是企业与环境互动匹配后所处的状态[8]。

　　无论是从资源、能力、功能地位还是综合的角度去理解企业生态位,研究者都认为企业生态位具备多维超体积的特征。生态位的维度可以看作对某一研究单位发生作用的影响因子,基于影响因子个数可以将生态位分为单维生态位和多维生态位。企业生态位主要由时间、空间、资源、环境等多个因子共同决定,是典型的多维生态位。因此,可将企业生态位看作多个因子构成的综合体。对于某一企业而言,每一个生态位因子对该企业的发展都有一个合适的阈值,这些阈值所限定的时间区域、空间区域、资源区域、环境区域等多个区域的集合体即为该企业的生态位,呈现出超体积的特征。当研究深入到生态位因子的层面,对企业生态位的研究就实现了从借生物体生态位进行隐喻研究到构建组织生态位理论范式进行应用研究的阶段,这为平台型媒体生态位的研究奠定了基础。

　　平台型媒体作为一种新型传媒组织,其生态位具备组织生态位多维超体积的共性特征,由多个生态位结构因子构成。从资源观的角度出发,平台型媒体需要从外部环境中寻找足够的内容资源、服务资源、技术资源和用户资源等环境资源要素来支撑自身发展;从功能地位的角度出发,平台型媒体作为核心组织,承担着主导平台型媒体生态系统有效运转并带领成员组织参与市场竞争的重任,平台型媒体生态系统在市场和产业中的位置决定其功能价值,这些位置功能要素会影响平台型媒体及其所在传媒生态系统的生存与发展;从能力观的角度出发,能够表征平台型媒体与传媒生态系统中其他组织关系的能力即组织协同能力,决定了平台型媒体生态系统内部资源整合与同盟资源调用的效率,为平台型媒体增加整体竞争优势和二次拓展生态位空间提供战略支撑。除了环境资源、功能位势和协同能力三类因素会对平台型媒体的生存与发展产生影响,与其他类型组织相同,平台型媒体的生存发展也会受到诸如参与市场竞争的时间、对市场机遇的反应速度等时间要素的影响。

综上所述,平台型媒体生态位由环境资源类因素、功能位势类因素、协同能力类因素与时间要素类因素共同决定。对这四类因素的梳理是基于相关文献对以往研究经验的总结,这四类因素是否就构成平台型媒体生态位的四个维度目前还缺乏研究数据的支撑。只有厘清平台型媒体生态位的结构维度才可能准确把握具有多维超体积特征的平台型媒体生态位的内涵。

二、平台型媒体生态位结构模型的研究设计

为进一步厘清平台型媒体生态位的内涵,本研究拟采用文献研究法、德尔菲法、探索性因子分析和验证性因子分析相结合的混合研究方法对平台型媒体生态位的结构维度进行探析,构建平台型媒体生态位结构模型。首先通过文献研究法梳理出平台型媒体生态位结构模型测量量表的初始题项,然后用德尔菲法进行题项精炼并形成调查问卷,先后采集两批数据样本进行因子分析:第一批样本数据应用于探索性因子分析,通过实测数据初步得出平台型媒体生态位的结构维度,并对其生态位结构因子进行命名;第二批样本数据应用于验证性因子分析,检验平台型媒体生态位结构模型的拟合度,并通过模型修正使结构模型更具有实际意义。

三、平台型媒体生态位结构模型测量量表设计

本部分首先通过文献研究法从环境资源要素、功能位势要素、协同能力要素与时间要素四个维度梳理出平台型媒体生态位结构模型测量量表的初始题项,然后采用德尔菲法进一步优化题项,形成正式的测量量表。

（一）环境资源要素相关题项设计

彭罗斯(Penrose)从资源基础理论出发,将企业定义为由物质资产、人力资产、无形资产构成的行政组织[9],企业环境资源异质性是企业占有合适生态位的关键,环境资源要素是组织生态位的重要影响因素。平台型媒体只有在外部环境中获取适宜其发展的资源才有可能占据有利的生态位。张淑玲指出媒介生态位是媒体生存和发展所需的人力、信息、受众、广告等资源的集合[10];谢新洲等从传播资源、内容资源、用户资源、广告资源四个主要的资源维度出发,分析融媒体在当前生态位上的劣势[11]。平台型媒体作为具有生态属性的传媒组织,内容资源、用户资源、广告资源是其生态位演化的基础资源;智媒时代,技术资源对以互联网为技术基础发展起来的平台型媒体来说也具有重要意义。本研究从环境资源要素维度,围绕平台型媒体的内容、用户、广告、技术四类核心资源设计了"该媒体能够多渠道获取内容""该媒体能够将行业前沿技术应用于相关业务""该媒体有大量合作的广告商"等7个测量题项,对平台型媒体生态位结构因子进行测量。

（二）功能位势要素相关题项设计

韩兵等认为,随着现代企业价值链从单一性向平台化延伸,企业在新环境下具有的功能价值也有所变化[12],包括组织结构、市场地位、产业地位在内的空间要素会影响企业的功能价值。陶喜红等指出平台型媒体作为有专属规则和标准的企业,可以通过延伸产品或服务空间、实施跨产业合作推动产业边界再生和深度融合,以减少生态位的重叠,实现差异化发展战略[13]。陈瑞群等提出,挖掘利基市场、开发潜在功能是增加《知音励志》生态位宽度的重要措施[14]。仓蔚静[15]、唐睿[16]等认为空间要素与组织资源的获得和生态位的重叠具有强关联性,主要包含组织空间的广度、深度和质量三个维度。沈大维等[17]、胡振华等[18]引入价值网概念,认为企业生态位的位置变量由企业在市场中所处的地理位置、企业在价值链和企业生态系统价值网中所处的环节位置共同决定。本研究从平台型媒体的功能地位、市场地位和产业地位等方面梳理了一些题项,研究团队发现一些可以表征平台型媒体功能位势要素特征的题项同时也具备环境资源要素特征,如用户资源、广告资源的相关题项。排除这类在环境资源要素维度已设计的题项,本研究从功能位势要素维度设计了"该媒体总市值较高""该媒体品牌市场认同度高"等3个题项对平台型媒体生态位结构因子进行测量。

(三)协同能力要素相关题项设计

平台型媒体生态系统是平台型媒体与围绕其成长起来的各类媒体群落构建起来的复杂网络组织。该网络组织能否有效运转,取决于能否有效协同各成员组织进行资源整合。因此,作为系统核心组织的平台型媒体的协同能力至关重要。万伦来从合作企业间信息交流的频度、有效性,企业间信任度,企业间项目协作有效性等四个方面测量企业协同管理能力[19]。许强等将组织协同划分为战略协同、文化协同、组织结构协同和机制协同四大维度进行测量[20]。结合组织协同的相关研究与平台型媒体生态系统多组织协同的特点,本研究从协同能力要素维度设计了"该媒体具有良好的项目协作意识""该媒体具有合理的项目协作机制"等7个题项,对平台型媒体生态位结构因子进行测量。

(四)时间要素相关题项设计

在组织生态位的研究中,闫安等将时间要素因子看作业态发展、经济阶段发展、企业自身发展的集合,企业要发挥能动性,可从中分析寻找发展对策和机遇[21]。李文华等[22]、唐睿[23]等认为企业间的竞争存在时间上的错位,时间要素因子包括机会的捕捉能力、决策的及时性、产品和服务的研发周期、合同履行的准时性、产品或服务提供的及时性以及换代周期、有效营业或服务时间。迪克·科斯特罗指出平台型媒体要按照时间顺序提供最快、最新的内容,在充分满足用户需求的基础上获得自身盈利,强调产品或服务的时效性对于赢得市场的重要性[24]。根据已有相关研究,结合平台型媒体自身特点,本研究从时间要素维度设计了"该媒体进入市场时间早""该媒体进入市场时竞争者较少"等 4 个题项,对平台型媒体生态位结构因子进行测量。

（五）测量题项优化与量表形成

本研究从环境资源要素、功能位势要素、协同能力要素以及时间要素四个维度设计了 21 个初始题项对平台型媒体生态位结构因子进行测量。在此基础上,研究团队又采用德尔菲法,选取 10 名对平台型媒体非常熟悉的研究者和管理者,围绕测量内容、问卷易懂性、术语准确性、题项选择等方面优化测量题项。经过 10 名平台型媒体领域专家两轮意见征求,本研究删除了"该媒体在同类平台型媒体中用户规模较大""该媒体收入超过行业平均水平""该媒体是整个媒体联盟中的领导者"3 个题项。第 1 个题项的删除主要是考虑到用户规模既是平台型媒体内容售卖的结果,体现内容生产方面的市场位势;同时大规模用户也是进行广告经营的资源,因此该题项在探索性因子分析过程中容易出现在多个因子上均呈现负荷较大的情况。第 2 个题项的删除主要是因为不同测试者对媒体行业收入平均水平的理解不一致,测试的准确性不高。第 3 个题项的删除是因为大部分专家认为现阶段传媒市场地位和产业地位的获取主要是基于平台型媒体生态系统之间的竞争,该题项描述的是平台型媒体生态系统的内部结构关系。此外,专家还修改了部分题项的内容表述,最终形成一个包含 18 个题项的"平台型媒体生态位结构模型测量量表"。

四、平台型媒体生态位结构模型探索性因子分析

在"平台型媒体生态位结构模型测量量表"的基础上,研究团队设计了调查问卷。问卷包括测试题项与基本信息两部分,其中基本信息部分用于收集被试者的性别、年龄、教育水平以及了解平台型媒体的途径。调研对象为平台型媒体的管理者、研究者等熟悉平台型媒体的人。本研究通过电子邮件发放调查问卷 200 份,剔除无效问卷 19 份,共回收有效问卷 181 份,有效问卷回收率为 90.5%。其中,男性 79 名,女性 102 名;22 岁以下 10 人,22—35 岁 99 人,35—45 岁 33 人,45 岁—55 岁 31 人,55 岁以上 8 人;大专学历 6 人,本科学历 51 人,硕士研究生 86 人,博士研究生 38 人。调研对象中有 74 人供职于平台型媒体,77 人参与平台型媒体研究,另有 30 人通过其他途径了解平台型媒体。

(一) 适用条件检验

本研究采用探索性因子分析的方法,旨在找出反映数据基本结构和信息基本特征的因子。在进行因子分析前,对样本进行了 KMO 测度和 Bartlett 球体检验。检验结果如表 1 所示,KMO 值为 0.911,大于 0.90;Bartlett 球体检验的显著性概率值 P 为 0.000,小于 0.01,表明题项间和总体的相关矩阵存在共同因素,适合做因子分析。

表 1　KMO 和 Bartlett 的检验结果

KMO 取样适切性量数		0.911
巴特利特球形度检验	近似卡方	2601.819
	自由度	153
	显著性	0.000

（二）主成分分析及因子命名

本研究采取主成分分析法和方差最大化正交旋转法进行因子分析,提取特征根大于 1 的因子,共萃取出三个共同要素。题项 A5 在两个因子上负荷大于 0.4,从实际出发,"A5 媒体技术迭代快"既能表征平台型媒体在市场中占有的优势地位,也能反映出该媒体具有丰富的技术资源,该题项测量不准确,删除。题项"A18 媒体对市场规律把握准确"在三个因子上的负荷均小于 0.4,故删除。剩余 16 个题项收敛成三个因子,且每个题项的因子负荷均大于 0.4,解释变异量达到 73.031 ％（如表 2 所示）,表明提取后的因子较为理想。

表 2 总方差解释

成分	初始特征值			提取载荷平方和		
	总计	方差百分比	累积 ％	总计	方差百分比	累积 ％
1	8.587	53.668	53.668	8.587	53.668	53.668
2	1.704	10.652	64.320	1.704	10.652	64.320
3	1.394	8.711	73.031	1.394	8.711	73.031
4	〈以下数据省略〉					

根据转轴后的因子矩阵发现,因子一包含 A17、A8、A16 等 6 个题项,因子二包含 A11、A14、A13 等 6 个题项,因子三包含 A2、A3、A1 等 4 个题项。根据各因子构念所包含题项变量的特性,将因子一命名为"市场产业地位因子",因子二命名为"组织协同能力因子",因子三命名为"内容技术资源因子",具体的测试量表因子分析结果如表 3 所示。

表 3 旋转成分矩阵

	成分		
	1	2	3
A17 该媒体进入市场时竞争者较少	.841	.182	
A8 该媒体总市值较高	.811	.252	.365

（续表）

	成分		
	1	2	3
A16 该媒体进入市场时间早	.806	.292	.128
A7 该媒体单位广告售价较高	.741	.273	.328
A6 该媒体有大量合作的广告商	.723	.210	.379
A9 该媒体品牌市场认同度高	.696	.227	.389
A11 该媒体具有良好的项目协作意识	.102	.838	.260
A14 该媒体与联盟内各主体间交流频次高	.181	.837	.232
A13 该媒体具有合理的项目协作机制	.328	.791	.185
A15 该媒体与联盟内各主体间交流的信息利用率高	.390	.692	.146
A12 该媒体具有项目协作的互补性资源	.214	.691	.321
A10 该媒体与联盟内各主体间的战略相关性较强	.240	.632	.210
A2 该媒体能够获取优质内容	.168	.197	.837
A3 该媒体能够获取大量内容	.299	.244	.818
A1 该媒体能够多渠道获取内容	.222	.334	.769
A4 该媒体能够将行业前沿技术应用于相关业务	.284	.345	.745

　　研究团队发现之前从时间要素维度梳理出来的"A16 该媒体进入市场时间早"与"A17 该媒体进入市场时竞争者较少"两个题项归属到了"市场/产业地位因子"，时间要素因子并未萃取出来。A16 和 A17 这两个题项是从其他研究者对时间要素的研究中提炼出来的，仔细分析发现这两个题项本质上表征的还是传媒组织的市场地位和产业地位。从环境资源要素维度梳理出来表征平台型媒体广告资源水平的"A6 该媒体有大量合作的广告商"与"A7 该媒体单位广告售价较高"两个题项也归属到"市场/产业地位因子"。从媒体经营的实际情况来看，广告运营是媒介运营的一个部分，且是其他传媒业务运营结果的表现，表征了传媒的市场价值和市场地位，因此相关题

项更适合用来测量该媒体的市场与产业地位。

（三）信效度检验

信度反映相同条件下重复测量结果的近似程度，一般通过检验测量工具的内部一致性来实现。本研究通过计算 Cronbach's alpha 衡量综合信度，当 Cronbach's alpha 的值大于 0.7 时，量表具有高信度。本量表 Cronbach's alpha 值为 0.940，表明量表具有较高的内部一致性和可靠性。

效度是检验量表好坏的一个重要标准，量表的效度越高，越能反映所测对象的真实情况[25]。本研究主要从内容效度和结构效度检验问卷的正确性。内容效度是量表能否在逻辑上清晰地反映出要测量概念的内容。如前文所述，在题项选择过程中，本研究紧紧围绕相关理论基础和研究现状，力求全面覆盖测量内容。在确定初始问卷后，本研究通过深度访谈平台型媒体领域内的专家，对题项进行删减修改，调整问卷结构以保证问卷的合理性，最终保证内容的有效性。结构效度一般用来表示测量工具证明理论假设的程度，在因子分析中，同一因子对应的题项的因子负荷均大于 0.5，且跨因子负荷很小，这证明该问卷具有较好的结构效度。

五、平台型媒体生态位结构模型验证性因子分析

在探索性因子分析删除两个题项的基础上，本研究将由 16 个题项组成的问卷通过电子邮件和纸质问卷的方式发放给平台型媒体从业者和研究者等熟悉平台型媒体的人，总共发放问卷 210 份，剔除无效问卷 19 份，回收有效问卷 181 份，回收率为 86.2%。其中：男性 92 名，女性 89 名；22 岁以下 5 人，22—35 岁 95 人，35—35 岁 45 人，45—55 岁 32 人，55 岁以上 4 人；调研对象大专学历 6 人，本科 95 人，硕士研究生 60 人，

博士研究生 20 人；调研对象人员类型为平台型媒体从业者 81 人，研究者 75 人，其他类型人员 25 名。

本研究采用 SEM 进行验证性因子分析，以考察数据和结构的拟合程度。为方便研究，依然保留各题项的原有题号。结果显示，除 χ^2/DF、IFI、CFI 指标系数达到理想标准外，其余指标系数虽基本达到可接受范围，但不是很理想，需要对模型进一步修正。根据 Amos 提供的修正信息，当标准化载荷系数值小于 0.7 时，表明该测量题项与因子间相关关系较弱，应予以删除，通过观察载荷系数表，A10 的标准化载荷系数绝对值为 0.640，小于 0.7，且媒体与联盟内各主体间战略相关性较强，只能表征各主体间具有相同或相似的发展目标，并不能表示其战略协同能力的高低，故删除。调整后再次运行，各个题项的负荷值均大于 0.7，表明题项对因子的解释力度较好（如图 1 所示），同时修正后的各项拟合指标数值均达到理想标准，模型的拟合效果良好（如表 4 所示）。

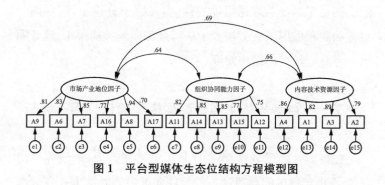

图 1　平台型媒体生态位结构方程模型图

表 4　修正后的模型拟合度检测指标系数

指标名称	χ^2/DF	RMSEA	RMR	IFI	TLI	CFI
参考值	<3.00	<0.08	<0.05	>0.90	>0.90	>0.90
实际值	2.083	0.078	0.042	0.957	0.947	0.956

六、平台型媒体生态位三维结构模型的构建与启示

根据前期文献研究以及对"平台型媒体生态位结构模型测试量表"测试结果的数据分析,本研究认为平台型媒体生态位结构模型由三个因子构成,分别是:市场产业地位因子、组织协同能力因子、内容技术资源因子。

市场产业地位因子,主要包括该媒体总市值、合作广告商数量、广告售价、媒体品牌市场认同度、进入市场时间及市场竞争情况。平台型媒体的市场地位和产业地位决定着平台型媒体的生存和发展空间,是左右平台型媒体发展与演化的序参量。平台型媒体的市场产业地位产生于市场竞争,新的市场竞争又将导致其市场地位和产业地位的重塑,推动平台型媒体生态系统的演化与发展。

组织协同能力因子,主要包括该媒体具有良好的项目协作意识;具有合理的项目协作机制;具有进行项目协作的互补性资源;该媒体与联盟内各主体间交流频次高;与联盟内各主体间交流的信息利用率高。组织协同能力是平台型媒体与其所在生态系统中其他主体通过项目协作、信息交流等方式有效推动资源整合,实现自身发展的能力,是平台型媒体在系统竞争环境下创造价值、获取竞争优势的重要保障。具有较强组织协同能力的平台型媒体通过构建合理的项目协作机制和高频有效的信息交流机制可以促进生态系统内不同组织的要素流动和资源整合,激活各个主体的创新潜力,发挥"1+1>2"的协同效应,实现价值共创的最大化。

内容技术资源因子,主要包括该媒体能够获取优质内容、能够获取大量内容、能够多渠道获取内容、能够将行业前沿技术应用于相关业务。互联网时代平台型媒体参与市场竞争,以

内容为王,靠技术赋能。内容资源和技术资源是平台型媒体的核心资源,也是构建其竞争优势的基础。平台型媒体要想获得生存和发展,就要有效获取、利用内容资源和技术资源创建适合自身发展的生态位,形成差异化的发展战略和竞争优势,避免与其他媒体生态位重叠。

平台型媒体生态位结构方程模型为我们揭示了平台型媒体生态位这一概念的三维结构。三个因子分别对应三个维度:市场产业地位因子对应市场产业地位维度;组织协同能力因子对应组织协同能力维度;内容技术资源因子对应内容技术资源维度。对某一平台型媒体而言,每一个生态位因子对该媒体的发展都有一个合适的阈值,这些阈值所限定区间构成的三维立体图形即为平台型媒体的生态位。如图 2 所示,X 轴、Y 轴和 Z 轴分别代表内容技术资源维度、市场产业地位维度和组织协同能力维度,线段 AA' 代表适宜的市场产业地位阈值,线段 BB' 代表适宜的内容技术资源阈值,线段 CC' 代表适宜的组织协同能力阈值,立体图形 $ABCA'B'C'$ 即为平台型媒体生态位。立体图形 $ABCA'B'C'$ 内部任意一点即为该平台型媒体

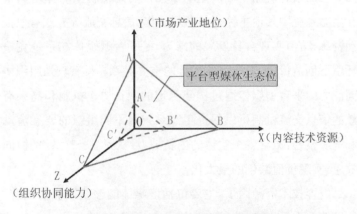

图 2　平台型媒体生态位三维结构模型

市场产业地位、组织协同能力水平与内容技术资源水平的某一组合状态,立体图形内部任意一点所代表的组合状态都能够支撑该平台型媒体的生存与发展。

七、结语

本研究采用质化研究与量化研究相结合的方式对平台型媒体生态位概念的结构维度进行探析,发现其由市场产业地位、组织协同能力、内容技术资源三个维度构成,进而构建了平台型媒体生态位三维结构模型。该模型的构建有效推动媒体生态位研究从发挥学术想象力的隐喻研究向可操作、可应用的量化研究迈进。在实际应用层面,该模型的构建为平台型媒体生态位的优化提供了调整市场产业地位阈值、组织协同能力阈值和内容技术资源阈值三条路径,并为平台型媒体生态位评价体系的构建提供了参考。

注释

[1] 何天平:《在公共性和商业化之间:反思平台型媒体的"流量崇拜"与生态治理》,《青年记者》2021 年第 3 期。

[2] Grinnell, J. (1917). The Niche-relationship of the Californiatrasher. *The Auk* . 34(4).

[3] Elton, C. S. (1927). Animal Ecology. *Nature* . 119(2988) .

[4] Hutchinson, G. E. (1957). Concluding Remarks. *Cold Spring Harbor Symp Quant Biol* . 22(1507).

[5] Hannan, M. T. & Freeman, J. (1984). Structural Inertia and Organizational Change. *American Sociological Review*. 49(2).

[6] 万伦来:《企业生态位及其评价方法研究》,《中国软科学》2004 年第 1 期。

[7] 林晓:《基于生态位理论的企业竞争战略分析》,《南京林业大学学报》(人文社会科学版)2003 年第 3 期。

[8] Baum, Joel, A., C. & Singh, J. V. (1994). Organizational Niches and the Dynamics of Organizational Mortality. *Organization Science*.5(4).

[9] Penrose, E. (1959). *The Theory of the Growth of the Firm*. Oxford: Oxford University Press, p.88.

[10] 张淑玲:《原生代平台型媒体的"去平台"转向——〈赫芬顿邮报〉的衰变及对我国媒体平台化转型的思考》,《中国出版》2021 年第 10 期。

[11] 谢新洲、杜燕:《深入"主战场":融媒体在网络信息内容生态中的生存和发展》,《传媒》2021 年第 20 期。

[12] 韩兵、张鹏飞、匡海波等:《基于生态位选择的港口企业价值链分工策略》,《系统工程理论与实践》2018 年第 4 期。

[13] 陶喜红、周也馨:《生态位理论视角下平台型媒体价值链生成逻辑》,《中国编辑》2021 年第 7 期。

[14] 陈瑞群、张婉宁:《组织生态学视角下〈知音励志〉的盛衰解读》,《出版发行研究》2019 年第 9 期。

[15] 仓蔚静:《基于企业生态位理论的竞争者识别与竞争策略研究》,同济大学硕士学位论文,2006 年。

[16] 唐睿:《基于企业生态位理论的 TPL 竞争策略研究》,西南财经大学硕士学位论文,2009 年。

[17] 沈大维、曹利军、成功等:《企业生态位维度分析》,《科技与管理》2006 年第 2 期。

[18] 胡振华、张宁辉:《基于生态位构建的企业动态核心竞争力分析》,《当代财经》2010 年第 2 期。

[19] 万伦来:《企业生态位及其评价方法研究》,《中国软科学》2004 年第 1 期。

[20] 许强、郑晓丹:《母子公司组织协同、知识协同与创新绩效的关

系研究》,《科技进步与对策》2010 年第 16 期。

[21] 闫安、达庆利:《企业生态位及其能动性选择研究》,《东南大学学报》(哲学社会科学版)2005 年第 1 期。

[22] 李文华、韩福荣:《企业生态位参数计测方法研究》,《北京工业大学学报》2006 年第 4 期。

[23] 唐睿:《基于企业生态位理论的 TPL 竞争策略研究》,西南财经大学硕士学位论文,2009 年。

[24] 喻国明、焦建、张鑫:《"平台型媒体"的缘起、理论与操作关键》,《中国人民大学学报》2015 年第 6 期。

[25] 张红琪、鲁若愚、蒋洋:《服务创新过程中顾客知识管理测量工具研究:量表的开发及检验——以移动通信服务业为例》,《管理评论》2013 年第 2 期。

Research on the Construction of Three-dimensional Structure Model of Platform Media Niche

LIU Qian, LI Jiahan, FANG Nannan,
WANG Zhanyu

Abstract: This paper puts forward the concept of platform media niche from the perspective of niche theory, which provides a new perspective to explain the relationship between platform media and external dynamic complex environment. From the multi-dimensional hypervolume characteristics of platform media niche, this paper analyzes the structural dimensions of the concept of platform media niche by combining qualitative research with quantitative research.

It is found that it is composed of three dimensions: position in the market and industry, organizational synergy capacity and content and technical resources, and then a three-dimensional structure model of platform media niche is constructed. The study of media niche can be promoted from the metaphorical study of academic imagination to the quantitative study of practical application. Our study effectively promotes the research of media niche from the metaphorical research of academic imagination to the quantitative research of operation and application.

Key words: Platform Media; Niche; Factor Analysis; Structural Model

营销 4.0 理念下的农产品电商直播传播效果及其优化

易旭明　张宜颖

摘　要　农产品电商直播已成为助力乡村振兴、传媒行业垂直发展新领域,本文对其进行研究,发现在认知层面,其知晓度高,但黏合度低,新冠疫情成为农产品电商直播催化剂;在态度层面,总体满意度较高,但对主播专业性满意度较低,主播身份与平台特征能影响农产品电商直播信任度,公益助农人文价值能提升情感认同;在行为层面,农产品电商直播购买率高,但复购率低,消费行为总体理性。营销 4.0 理论强调基于人文价值优化营销接触点的互动传播,助农、"乡愁"概念可以提高农产品电商直播关注度,但持续优化其营销传播效果的根本,则是提高农产品品质与标准性、营销传播专业性、综合服务的规范性。

关键词　农产品　电商直播　传播效果　营销 4.0 理论

农产品电商直播在新冠疫情期间多次"出圈",众多县长、

作者简介　易旭明,博士,上海师范大学影视传媒学院教授、博导。研究方向:传媒经济、传媒体制。电子邮箱:yixuming@shnu.edu.cn。张宜颖,重庆动脉橙科技有限公司编辑。研究方向:营销传播。电子邮箱:1079310105@qq.com。
基金项目　教育部人文社科一般项目"嵌入国家治理体系的县级融媒体中心运营模式研究"(编号 21YJA860016)

村长和网红做农产品直播引发大量热搜,"直播带货"已经成为网民了解农货信息的主要渠道[1]。因为参与主体海量、传播渠道众多、产品全景呈现、乡村景观想象,加之脱贫攻坚和乡村振兴的政策背景,农产品电商直播成为一种前景广阔的新兴传播现象。有机构还提出了农产品带货、专业平台建设和提升农民职业水平的定位[2],农产品直播已经成为助力乡村振兴、传播行业垂直发展新领域。

　　与此同时,农产品直播也出现了产品标准性差、优质主播缺和物流配送难等种种不足[3],甚至出现数据造假、主播诱导和售后困难等弊端[4]。现有文献较多关注农产品电商直播的现状、问题、对策、路径、模式、营销策略等实务议题[5],关注其助农的政策功能[6],亦有文献从理论角度论述其中新的信息交互机制与信任机制[7],分析社交电商中的信任因素和风险感知[8]。

　　从营销传播的角度看,农产品直播实质是在移动社交视频传播对相关主体形成更充分的连接关系中,优化产品信息、品牌形象、服务互动;是在渠道多元、主体纷杂的信息与实物传播过程中,优化用户对营销传播的信息获知、信任态度和行为转化。菲利普·科特勒提出的营销 4.0 理论认为在高度"连通性"的数字时代,基于人文关怀的品牌并通过了解、吸引、问询、行动和拥护这"5A"关键触点的信息互动传播,可以优化参与者的"连通性",提高营销传播效果[9]。传播过程传受双方处于讯息传递、接受、反馈的互动关系[10],所以深入分析农产品直播中的用户信息接受行为,则可以深化理解信息传播及其信任、行为形成过程,从而针对 5A 营销传播环节优化传播效果。文本着重从认知、态度和行为三个层面,分析移动社交互动营销传播场景中农产品直播用户的信息接触、价值认同、传播评价、购买行为、购买类型,进而探讨营销传播过程中的信任形成、消费决策和需求结构特征,并基于此探讨优化农产品直播营销传播的路径。

本文于 2021 年 4—5 月对我国农产品电商直播现象进行了系统问卷调查和深度访谈,问卷调查采用便利抽样方法,以问卷星平台和微信、QQ 等线上社交平台发放问卷为主,共收回问卷 584 份,其中有效问卷 573 份。受访者中女性 390 名,占比 68.06%;受访者地域分布覆盖全国 30 个省、直辖市、自治区,其中东部的上海、西部的重庆和南方的广东相对较多,占比分别为 10.65%、15.18% 和 10.12%。本文采用 SPSSAU 系统进行量表信度分析,信度系数值为 0.976,KMO 值为0.943,数据信效度表现良好。

一、农产品电商直播认知层面传播效果

数字营销模式丰富多样,移动网络直播带货应用近年来快速拓展,已经形成了一套比较稳定的直播营销体系;2020 年突然爆发的新冠疫情导致线下交易受阻,加之政府机构和商业机构大力推广,则促成了农产品电商直播信息覆盖率和到达率迅猛提高。

(一)知晓度高、黏合度低

本文调查显示,我国受众对农产品电商直播有高接触度和知晓度。在本次调查的 573 份有效问卷中,选择观看过农产品电商直播的受访者为 340 人,占比 59.34%;超过从未观看过该类信息的人数约 20%,与国家统计局在广东中山调研结果"81%以上的消费者经常或偶尔看售卖特色农产品的直播"[11]具有一致性。这说明农产品电商已经突破小众新锐市场,成为大众了解并关注的直播类型,在营销传播的第一接触点具有良好基础。

　　尽管农产品电商直播的受众接触率和知晓度较高,但受众观看行为却呈现出随意性强、主动性低、在场时间短的特征。本文调查显示,在 340 名看过农产品电商直播的受访者中,观看频率为"几乎不看,偶然看过"以及"一个月一两次"的人数最多,均为 109 人,占比 32.06%,合计占比超过 60%;观看频率"一周两到三次"的受众 63 人,占比 18.53%;观看频率为"一周一次"的受众人数为 46 人,占比 13.53%;观看频率为"一周四到五次"以及"每天都看"的受众占比最低,仅 2%左右和 1%左右。这说明,多数农产品电商直播的用户黏度较低,半数以上的受众观看行为出自偶然,未能培养起固定的观看习惯。当然,基于我国超十亿的巨大网民数量,即便是 3%左右的高黏合度用户也意味着巨大的市场容量和营销传播商机。2020 年中国农产品电商销售超 6000 亿元,直播带货被认为将"激活农货消费新活力"[12]。农产品电商市场潜力大但是农产品直播受众黏度低,这意味着传播内容和配套服务等因素可能未能满足用户内在需求;从另一个角度看,这也意味着农产品电商的传播和服务等环节还存在优化的巨大空间,下文对受众态度、行为的调查将进一步揭示农产品直播营销效果及其效果优化的启示。

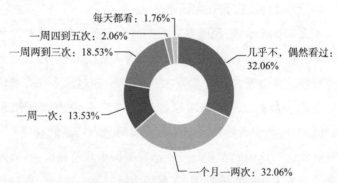

图 1　用户观看农产品电商直播的频率

（二）新冠疫情成农产品电商直播催化剂

尽管涵盖直播带货业务的"网络直播元年"是 2016 年,但社会真正高度关注农产品直播带货却始于 2020 年的新冠疫情期间。2016 年 3 月淘宝直播上线,标志着电商直播带货的诞生;之后,电商直播带货借助 4G 等技术,在经历了 2018 年的"成长期"和 2019 年的"引爆期"后,2020 年迎来"巅峰期"。根据艾媒咨询发布的《2020—2021 中国在线直播行业年度研究报告》,电商直播是受众最常观看的直播类型,"农产品直播"和"公益直播"也位列网络直播行业发展"年度十大关键词"。

本文调查则显示,选择"观看过农产品电商直播"的受访者中有 47.94%是在新冠疫情期间第一次观看农产品电商直播,有 38.24%的受访者在新冠疫情之前就开始观看,另有 13.82%的用户表示"不记得了"。

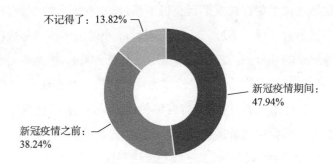

图 2　用户第一次观看农产品电商直播的时间

由此可见,新冠疫情或已成为农产品直播,甚至整个电商直播市场的催化剂。在新冠疫情环境下,实体产业生产受到限制,农产品传统的销售渠道遭遇重创,而电商直播则利用"零接触、可互动"的独特优势在零售市场另辟蹊径,在特殊时期打开农产品销售与购买的双向渠道,大大提高了用户购物需求、安全需求满足程度,也促进了受众对农产品电商直播的关注。抗疫期间的政策环境也推动了农产品直播发展,尤其是 2020 年,习近平总书记走进柞水县小岭镇金米村培训中心和木耳直播间,指出电商作为新兴业态,既可以推销农副产品、帮助群众脱贫致富,又可以推动乡村振兴,是大有可为的[13],次日淘宝直播间涌入 2000 万消费者,24 吨木耳秒光[14]。由此可见农产品电商直播不仅是新兴市场行为,也成为脱贫致富和乡村振兴的政策现象,成为政府执政为民、社会关心乡村的公益文化现象,社会关注度由此大大提高。

高接触率和高知晓度为农产品销售的全产业链带来长足发展。疫情期间,以央视主持人朱广权和直播带货网红、在 2020 年 4 月 6 日晚上的直播"谢谢你,为湖北拼单"为例,累计观看次数 1.22 亿,直播间点赞数达 1.6 亿,共计销售总价值 4014 万元;与此同时,非专业的农产品直播异军突起,进一步为农产品电商直播造大声势,如荆州市委常委、洪湖市委书记张远梅直播卖藕在央视平台获得了超过 2000 万人次观看,在拼多多平台获得了超过 72.5 万人观看,1 小时的留言弹幕数达到破纪录的 9 万条。农产品属于用户消费必需品,加之名人参与、官方推动,农产品直播已然成为持续的热点社会现象,从营销 4.0 理论角度看,这意味着营销传播在关注、吸引这两个接触点上已经获得独特接触优势。

(三)青年、高学历、二三线城市用户关注多

信息充分连通的数字时代客户有着积极的彼此联系,用户消费不仅通过所接收的营销信息直接进行消费决策,而且在消费接触路径中增加了"问询"环节,伴随互联网成长且网络使用时间很长的"数字原生网民"尤其如此。电商直播意味着一种较为新锐的信息传播与购物消费方式,面向的主要用户正是这信息交互能力很强的青年网民,其身份特征对农产品电商直播效果有直接影响。

本文调查显示,农产品电商直播用户以青年为主,学历程度和收入水平高,二三线城市用户关注多。

表1卡方检验结果($\chi^2=22.993$,$P=0.000<0.001$)表明,不同年龄的受访者对"是否观看农产品电商直播"存在显著差异,青年是观看农产品电商直播的主力,青少年与老年人对农产品电商的关注度较低。其中,18—25岁、26—30岁以及31—40岁受访人群接触该类信息的人数占比均过半,尤其是26—30岁人群观看农产品电商直播的占比达到76.04%,而41岁以上群体观看比例降至50%以下。

表2卡方检验结果($\chi^2=21.842$,$P=0.000<0.01$)显示,不同学历的受访者对"是否观看过农产品电商直播"存在显著差异,高学历群体对农产品电商直播关注度更高。表3卡方检验结果($\chi^2=17.568$,$P=0.003<0.01$)也显示,不同收入的受访者对"是否观看过农产品电商直播"存在显著差异,中高收入人群对农产品电商直播关注度更高。尤其是月收入在1万至2万元的受访者,看过农产品电商直播的关注度达到71.64%。一般而言,中青年、高学历、高收入用户的信息获取能力和网络互动能力较强,尤其是在网络社区互动活跃度较高。如果说高连通性时代的营销传播存在着拥护者和差评者并存、用户信息丰富和注意力分散两种悖论[15],那么对青年、高学历用户这种悖论特征则更加显著,这显然既是机遇,也是挑战。成功的传播能够带来更多的转发倡导,反之则是更多的差评,这给带货直播各个接触点优化传播提出了更高的要求。

电商直播用户比较类似营销4.0理论所描述的"有影响的数码亚文化群"。年轻人通常是"试用者、弄潮儿和变革者"[16],对世界的变化反应更快,对社会公益行动、在线社群也有更高的认同。数字原生代网民对在线交流和信息分享轻车熟路,年轻网民也更愿意分享网络消费的意见和情感,比其他年龄段

表 1 不同年龄用户观看农产品电商直播的差异

题目	名称	您的年龄段:(%)						总计	χ²	P
		18 岁以下	18—25 岁	26—30 岁	31—40 岁	41—50 岁	50 岁以上			
您有看过农产品电商直播吗?	有	3(27.27)	153(55.84)	73(76.04)	91(62.33)	17(45.95)	3(33.33)	340(59.34)	22.993	0.000**
	没有	8(72.73)	121(44.16)	23(23.96)	55(37.67)	20(54.05)	6(66.67)	233(40.66)		
总计		11	274	96	146	37	9	573		

* $P<0.05$ ** $P<0.01$

表 2 不同学历用户观看农产品电商直播的差异

题目	名称	您的学历是:(%)				总计	χ²	P
		初中及以下	高中	专科	本科及以上			
您有看过农产品电商直播吗?	有	4(21.05)	31(43.66)	57(61.29)	248(63.59)	340(59.34)	21.842	0.000**
	没有	15(78.95)	40(56.34)	36(38.71)	142(36.41)	233(40.66)		
总计		19	71	93	390	573		

* $P<0.05$ ** $P<0.01$

表 3 不同收入用户观看农产品电商直播的差异

题目	名称	您的月均收入大概是:(%)						总计	χ²	P
		3000元及以下	3000—5000元	5000—7000元	7000—10000元	10000—20000元	20000元以上			
您有看过农产品电商直播么?	有	100 (49.26)	66 (59.46)	55 (64.71)	54 (70.13)	48 (71.64)	17 (56.67)	340 (59.34)	17.568	0.004**
	没有	103 (50.74)	45 (40.54)	30 (35.29)	23 (29.87)	19 (28.36)	13 (43.33)	233 (40.66)		
总计		203	111	85	77	67	30	573		

* $P<0.05$ ** $P<0.01$

有更多的点赞、评分、评论、照片上传、消费推荐等行为,这也意味着一种不同于传统广告说服影响的传播模式。当然,年轻网民追随的热点经常具有随意性,其消费偏好经常呈现碎片化特征。有学者认为,在移动社交电子商务消费中,系统质量、信息质量、产品质量、服务质量均不同程度正向影响消费者的信任感知,消费者网络购物经验及个体特征等形成的网购认知对感知信任具有较强的正向影响[17],因此,进一步调查分析用户对农产品电商直播的态度与行为,将有助于深入理解用户需求特征、提升用户信任并为优化传播效果提供启示。

二、农产品电商直播态度层面传播效果分析

网络购物因为消费者不能现场鉴别产品,所以需要销售者提供更充分的产品信息和品牌信息以供客户决策,而电商直播带货模式中的主播则成为最重要的信息发布者,成功的主播也能形成品牌效应。农产品因为不像工业品那样高度标准化,且产品保质期相对较短,所以其产品信息不确定性更强,从而对主播产品信息传播有着更高要求。当然,农产品直播所附加的乡村风光、生态想象,以及公益助农的社会价值,也能成为优化用户对农产品电商直播信任态度的因素。

(一)总体满意度较高,对主播传递信息满意度较低

调查显示,受众对农产品直播总体满意度较高,尤其是对农产品本身满意度较高,但是对主播的满意度相对较低——尤其是对许多主播介绍信息时准确性不足和浮夸的"忽悠"态度不满意。本文设置的矩阵量表题中,观看过农产品直播的受访者对平台、主播、内容、产品分别进行了满意度评价,量表平均分为 2.89,平均分数较高,表明农产品电商直播的总体满意度较高。其中,受众对农产品电商直播的产品满意度最高("很满

意"占比 22.98％、"满意"占比 58.72％,合计超过八成),而对主播的满意度在各项评价中最低("很满意"占比 17.65％、"满意"占比 46.47％,合计 64.12％)。南方财经全媒体集团旗下机构2021 年 6 月发布的报告也显示,有 63.82％的消费者反映了"主播素质参差不齐"的问题[18]。本文做的深度访谈表明,主播的表现影响受访者的直播观看时长、消费购买行为,甚至影响用户对农产品电商直播行业的整体评价。受访者 Z 表示无法接受关键信息介绍不准确的非专业农产品电商直播,很反感有些主播只着重用浮夸的语言和形式吸睛,却有意无意忽略了真正重要的产品信息和服务信息,混淆了娱乐直播与购物直播的区别,颇有本末倒置的感觉。受访者 W 表示,她印象最深的是一个卖橘子的直播,切开橘子,一挤,果汁"就像水龙头开了一样,结果买回来并没有那样,我只感觉像水龙头堵了"。当然,W 对农产品电商直播总体还是打出了 8 分评价——她认为农货直播总体还是值得肯定的,当问及扣的两分扣在哪儿,她回答"就是虚假信息,过度夸大吧"。研究文献也认为,直播主体的信息传递能力是农产品电商直播中消费者信任形成的先决条件[19],传播信息不准确、给用户造成虚假夸张印象的传播显然难以取得持续信任。总体而言,农产品电商直播的头部效应明显、两极分化严重,一般性非专业主播 UGC 内容的确评价不高、关注较少。

(二)"公益助农"人文价值提升情感认同

菲利普科特勒的营销4.0 理论延续了其3.0 理论对人文价值的重视,但进一步突出了营销接触点的互询环节,认为消费决策中客户往往受到自我、他人和外部三个因素共同影响[20]。这种人文价值带动营销和信息互询影响决策的现象在农产品电商直播中也得到显著体现。

调查显示,"公益助农"的概念吸引受众关注农产品电商直播。受访者中有 24.1％认为"农产品电商直播最吸引您的地方"在于进行选择"可以助农",选择比例在 8 个选项中位居第二;在未看过农产品电商直播的受访者中,也有 34.76％的人选择会"为了参加助农活动"而观看农产品电商直播。"公益助农"是能够促使受众观看农产品电商直播的第二大原因,其响应率的绝对比例仅低于首位选项 3.46 个百分点。另外,受访者对助农直播评价"优秀"的比例为 26.18％,评价"好"的比例为 61.18％,合计达 87.36％。由此可见,公益助农不仅是官方倡导的政策行为,也是网民由衷认同的人文价值;农村是需要现代工业社会反哺的区域,也是广大网民个人以合理可行的方式参与社会帮扶的目标。

进一步探究助农直播的作用,72.7％的受访者认为"提高了农民疫情期间的收入",66.55％的受访者认为"减少了疫情期间农产品的浪费",56.31％的受访者认为"提升了当地农产品品牌知名度",50.17％的受访者认为"推进了农村农产品电商网络的构建与完善"。这说明大多数受访者对农产品电商直播的正面评价关键在于特殊时期该类信息的公益性和非营利性。《2020—2021 中国在线直播行业年度研究报告》也显示,网民对直播认可度较高,其中公益直播获 65.6％的用户认可,认可度高居首位。社会公益性和非营利性是用户对直播认可度的关键。超五成用户支持助农直播,"公益直播"也是 2020中国在线直播行业年度十大热点词汇之一[21]。对于受众而言,一方面,在疫情环境下,"一方有难八方支援"的友爱精神得到极大体现与发扬,受众通过农产品电商直播购买农产品能够对农户、农村经济有所帮助也是人们购买农产品的重要意愿;另一方面,公益性和非营利性的助农直播具有较多约束以及诚信支持,因为较多公益性和非营利性的助农直播是大型平台、政府部门、志愿部门牵头举办,所以受众对农产品电商直播的公益性和非营利性更加认可。

从营销 4.0 理念主张突出人文关怀价值进而促进用户互动沟通和购买行为的观点来看,政府、平台和志愿者多方推动公益助农,正是农产品直播所蕴含的人文关怀因素,后疫情时代公益助农理念也能成为持续提升农产品直播人文价值、提升营销传播吸引力的有利因素。

(三) 主播身份与平台特征影响农产品电商直播信任度

在营销传播各个接触点中,新冠疫情中的政府推动、公益助农因素只是提高了农产品电商直播的关注和人文关怀吸引力,而主播的身份与直播平台的特征也直接影响农产品电商直播信任度与传播效果。

本文调查显示,当地政府人员、公益部门或志愿者和农民担任主播最受用户信任,选择比例分别达到 38.53%、21.47% 和 20%。由此可见政府工作人员的公信力在网络空间仍然不可替代、遥遥领先,认为最信任企业高管的受访者也有14.71%。有学者认为,权威主播作为农产品带货的“第三方”能够显著提高消费信任度,质量背书能力是农产品电商直播中消费者信任形成的关键因素,有公信力的第三方主体作为质量背书者更能够获得消费者信任[22]。

调查显示,尽管“主播的感染力”在优化农产品电商直播中有比较重要的作用,“因为直播的主播很有感染力”而关注直播的选项响应率为12.08%,在各选项中列第四;但是与一般印象大相径庭的是,网红博主在农产品直播中信任度却不高,只有4.41%的受访者认为他们最受信任。深度访谈中用户认为,他们主要倾向于信任真正具有品牌效应的头部网红;受访者认为对许多仅通过噱头炒作、夸张表现上位的网红,看看热闹可以,但对他们传播的实质性信息和产品并不信任。有些主播"夸张、土味、卖惨、粗鲁、不伦不类"的表现虽然能够吸引眼球,有时还能产生一定的网红效应,但时间一长人们注意到的更多是其夸大事实甚至是虚假宣传的成分,无法获得持续信任。由此可见,农产品直播毕竟不是娱乐直播,关注、受吸引之后,还须主播更加专业地展示农产品本身品质、价格和服务等要素,才能真正优化营销传播效果。

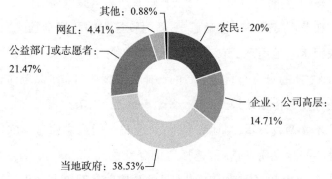

图 3 用户最信任的农产品直播博主身份

调查显示,电商平台的推荐对用户接触农产品直播影响很大,其公信力、直播技术、产品展示能力是影响用户信任度和直播效果的重要因素。关于"了解农产品电商直播的渠道",受访者选择响应率最高(29.62%)的是"电商推介",其普及率超过六成,显著高于新闻报道、朋友圈介绍等选项。对"选择该平台观看农产品电商直播的原因"这个问题,"该平台直播对农产品展示最丰富全面""该平台直播技术稳定、效果更好"和"我对该平台的农产品质量相对信任"这 3 个选项的响应率和普及率明显较高,约半数受访者认为平台的产品展示、直播技术和公信力是选择特定平台观看农产品电商直播的影响因素。

表4　用户了解农产品电商直播的渠道

选择项	响应		普及率(n=340)
	n	响应率	
新闻报道	166	23.09%	48.82%
朋友圈介绍	162	22.53%	47.65%
电商推介	213	29.62%	62.65%
视频网站推介	174	24.20%	51.18%
其他	4	0.56%	1.18%
汇总	719	100%	211.47%

拟合优度检验:$\chi^2 = 181.285$ $P = 0.000$

表5　用户选择平台观看农产品电商直播的原因

选择项	响应		普及率(n=340)
	n	响应率	
该平台直播对农产品展示最丰富全面	177	25.43%	52.06%
该平台直播技术稳定,效果更好	166	23.85%	48.82%
我对该平台的农产品质量相对信任	156	22.41%	45.88%
该平台直播优惠更丰厚	128	18.39%	37.65%
我喜欢的主播、明星在该平台	60	8.62%	17.65%
其他	9	1.29%	2.65%
汇总	696	100%	204.71%

拟合优度检验:$\chi^2 = 194.397$ $P = 0.000$

由此可见,电商平台建设在农产品直播带货营销传播中发挥了至关重要的"门户"作用;知名电商平台作为用户获取信息并直接形成交易的接触点,一般都拥有一套完整的商家资质鉴定、付款流程设计、用户评价系统和头部品牌信誉,相当程度上能够维系消费者购物的信任感。疫情期间,许多知名电商平台和直播平台举办了农产品电商直播专场活动,例如,2020年淘宝、京东、拼多多、映客和KK直播等电商平台分别举办了"2020丰收节""京心助农""农地云耕""行进乡村"和"KK-农好"等助农直播活动,带动农产品营销效果显著。仅2020年一季度,各大电商平台与农产品相关的直播超过 400 万场[23]。淘宝平台 2021 年 9 月发布数据显示,其"村播计划"上线三年开播超过 230 万场,通过直播带动农产品销售超 50 亿元[24]。无论电商平台是出于响应政策倡导还是体现自身企业责任、扩大自身交易规模的初衷,都在活动中充分展示了其助农帮困、系统组织、服务专业等特征,以其专业的信息、服务背书能力和消费者权益保护机制,一定程度上也解决了消费者在农产品在线购买中信息不对称的问题,发挥了为特定农产品电商背书的功能,提升了消费者信任。

三、农产品电商直播行为层面传播效果分析

在后疫情时代,线上生活模式和 O2O 线上线下信息物质多维连接流通已经深度介入用户日常。然而,如果仅仅依靠热点社会现象提高营销覆盖率、知晓度和情感认同,并不能保证用户持续关注,更不能维持营销交易增长。本文进一步调查的农产品电商直播购买、决策过程,有助于深入理解营销传播中用户的价值需求和行为特征。

(一) 农产品电商直播的购买率高、复购率低

调查显示,在所有观看过农产品电商直播的受众中,有 68.82% 的人群表示曾通过农产品电商直播购买过农产品,这表明农产品电商直播用户有很高的购买率,营销传播效果良好。该调查结果与市场表现具有一致性,统计数据显示 2020 年全国农产品网络零售额达到 5750 亿元,同比增长 37.9%,许多农产品电商平台的增长都在 200%—300%[25]。《广州日报》的调研结果则显示,41.0% 的受众是在新冠肺炎疫情后开始通过直播平台购买农产品[26],且"线上购买"已成为公众购买农产品的第三大渠道,仅次于"农贸市场"和"大型便利超市",这

说明农产品电商直播拥有广泛的用户基础。与此同时,该调研也发现,用户对电商直播农产品复购率却比较低,只有3.0%的受访消费者表示经常通过网络平台购买农产品[27]。

深度访谈则显示,用户对农产品电商直播复购积极性不高的原因主要有二:首先是直播带货的农产品与线下购买的农产品在品质和价格上差别不大,但运输物流时间更长、产品不确定性更强、如果有问题寻求售后服务也比较麻烦;其次,有不少受众只是在特殊时期——如疫情严重、社会管控时期——关注农产品电商信息,因为这时线上购买农产品安全性更高,且具有公益助农的价值,但疫情相对缓解时期则常常转回线下购买。总体看来,用户在线消费直播营销农产品时仍然十分看重安全便利、价格优势、购物可靠、配送服务等因素。

用户农产品电商直播购买和复购决策中,常常体现出营销4.0理论论述的个人体验与偏好、亲友圈子推荐和外部网络信息搜寻比较这三种力量影响的特征。在深访中用户W表示,她使用电商购物时会仔细看用户评价、月销量,一般会选评价好、月销多的商家和产品,尤其是月销量千件以上的产品。选中了产品,也会用半小时左右时间细看各种反馈信息,如果没选中,则反复比较几天都有可能。W表示虽然也会复购农产品,但总体不多。她遇到过购买农产品被坑的情况,花了近两百元买葡萄,下单之前就价格还专门咨询了客服,得到回复说是新品种,所以价格比较高,但是收货以后却发现,说是三斤,结果感觉两斤都没有。后来她也懒得找售后,"找售后他也不会给我补发啊,也没想着赔偿啥的,没想那么多,只想着下次不买就行了,还是在线下买吧"。受访者T先生也表示,他看农产品电商直播也"很害怕买到坏的,然后售后就很麻烦",还表示有一段时间他在抖音上看一个卖苹果的直播,主播长得很好看,而且是在水中直播,"(看了)十多分钟吧。但我不买。我只看人"。有直播农产品购买和复购经历的受访者 L 则表示,她"有时看到别人分享水果,有一些是自己想买的品种,就直接到拼多多上搜索,选择价格相对划算、评价比较好的、最好包赔的商家","在拼多多买菜主要是为了方便,会买可以直接送到小区的产品"。关于消费决策过程,L 表示"一般不会和别人商量,大多数时候只参考买家评论,在拼多多上搜索加上看上面的评价和商家介绍,有时可能会搜索关于我想购买的商品的具体介绍","质量好一般都会考虑回购,或者说质量一般但是比较方便,也会回购";L 表示自己购买后向别人推荐不多,"最多是向同学、朋友偶尔进行安利"。营销 4.0 理论认为,数字连通时代网络消费 5A 接触点中,问询——包括向亲友圈子和网络系统的信息咨询——是一个相对传统消费显著不同的接触点[28],问询中消费者能够获得更充分的信息和信任保障,也能够发布自己的积极评论或负面评论,形成圈子信息分享和权益保障机制。从营销者的角度来看,这意味着用户对其产品信息传播以及系列配套服务信息提出了更高的要求和挑战,而用户对所信任信息的分享转发也意味着商家获得更大的潜在营销机遇。

显然,面对农产品消费者对产品、信息、服务和人文价值等立体的需求结构,面对传统"农贸市场"和"大型便利超市"的新鲜便捷等竞争优势,农产品电商直播要保持用户关注热度、购买和复购行为还有许多工作要做。在电商直播的竞争红海市场中,农产品直播目前属于新风口,但若不能进一步通过销售服务优化、细化、专业化,那么在疫情平稳、管控放松时期,农产业电商直播行业的热度或将回落。

(二)受众消费行为理性,看重实惠和品质

充分的信息问询和谨慎的购买过程是为了保证用户看重的消费目标实现,那么农产品电商用户消费中究竟看重哪些因素呢? 本文调查显示,"农产品性价比""农产品质量绿色安全"

是用户关注、观看和消费电商直播农产品最为看重的因素；尽管助农直播具有公益性人文价值，但是用户消费行为仍然理性。调查显示"能够促使受众观看农产品电商直播"的原因首先就是"直播卖的东西更实惠"，其普及率和响应率分别是41.63％和20.95％；也有较多受访者选择"能够直观看到农产品本身以及它的生产加工过程"选项，因为这样能够直观感受农产品品质，同时也领略到作为农产品产地的乡村自然环境美感。关于受访者"最初关注农产品电商直播原因"，调查发现最重要的则是"因为农产品电商直播有助于自己了解农产品是否绿色安全"，该选项普及率和响应率分别达到52.06％和20.56％，这说明用户对农产品品质的需求达到了更高、更立体的标准。深度访谈中Z认为，青年尤其是学历较高青年网购消费者的辨别和判断能力较强，对消费品质和社会人文价值有较高的追求，但同时对网络购物保持着警惕，网络媒体使用时间长、碎片化、目的性强，消费多理智保守，基于自身需求和能力。

由此可见，营销传播本质是一个价值传播和创造、满足用户立体需求结构的过程，这种需求涵盖了性价比、信息准确、产品基础品质、更高的绿色安全品质、物流速度、售后服务以及人文公益价值等层次。社交媒体时代的品牌营销传播中情感、思想价值固然逐步提高，但实证研究表明功能价值仍是品牌传播中最基础的价值，与此同时也追求情感、思想层次的价值[29]。所以，只有持续优化所售农产品品质，让用户得到更多实惠，同时优化信息、物流、售后等服务措施，在保证功能性价值得以实现的基础上拓展人文公益价值，农产品直播带货模式才能持续发展。

（三）用户偏好初级加工的生鲜食品

农产品电商用户的理性特征不但表现在决策过程、价格与品质追求上，还表现在具体产品种类的选择上。本文调查显示，各种农产品类型中，用户最偏好的是"新鲜的瓜果蔬菜"，其普及率和响应率分别为 70.59％和 25.75％,深度访谈中用户表示,直播充分展示了果蔬绿色新鲜的诱人品质,许多果蔬直接在果园菜地直播则更具乡村田园诱惑,加上包装良好、实用,平常消费多,价格也不高,自己顺手就买了。调查显示用户选择率居次的产品类型是"粮油米面",普及率和响应率分别为 47.06％和 17.17％,用户常选择价格比较合理、送货上门便利的此类产品进行购买。其他初级加工的生鲜食品,如肉禽蛋奶(普及率 28.82％、响应率 10.52％)、新鲜水产品(普及率 25.88％、响应率 9.44％)等均具备较大市场潜力。对于生活品质逐渐提高的用户来说,花卉苗木也和食品一样是日常消费品,有 30.88％的普及率和 11.27％的响应率,也是一个较大的市场。而"棉、麻、柳"等非食用类生活用品,以及活禽活畜、木材药材等未加工的食品和动植物附属品在直播时操作困难、受关注度小,实际购买率低。由此可见,新鲜瓜果蔬菜在农产品电商直播中因其充分展示"绿色""乡村"价值且价格较合适而最受用户追捧,粮油米面类大宗消费中价格、配送具有优势的营销者受欢迎,其他各类产品也因在价格、便利度等各个层面满足用户需求结构程度而具有相应的市场空间,农产品电商直播用户消费类型依然有理性的规律可循。

四、优化农产品电商直播传播效果的启示

当人们普遍注意到农产品带货直播主播专业性总体不高、产品质量不够稳定和服务系统不完善等具体问题时,从营销传播 4.0 理念看,这其实是营销者在"高连通性"营销传播系统需要全面优化各个接触点、强化传播品牌的问题。营销传播不仅是产品销售,而且是用户信任获取、品牌建构、价值信息互动和社会关系联动的过程。农产品营销因移动互联视频传播而带

来更加充分的信息与产品连接,也带来更多利益相关者的互动,各个被连接的不同主体建构了农业发展、乡村振兴、商业运作、政府推动的农产品传播新生态。当然,在买方市场条件下,农产品直播用户的知晓、信任、购买和转发倡导可谓是营销传播的最优目标,本文所分析的用户对农产品直播带货认知、态度和行为特征,可以在认识其营销传播规律、优化其传播效果方面获得几点启示:

首先,用户对农产品电商直播的知晓度因新冠疫情中各界大力推广而达到较高水平,但持续关注的黏度却不高;用户敏锐地关注新现象,但普遍对产品信息的准确性有较高的要求,也有较强的信息深度搜寻与互动能力,这显然对农产品电商主播的信息传播能力提出了更高的要求。不准确、不充分的信息无法持续吸引用户,一些浮夸、虚假的直播宣传——尽管这种较常见的直播风格能在短时间内博取眼球——更是损害了用户消费信心和对营销者的信任。显然,准确、可信、充分的产品信息传播和营销形象才是品牌建构的关键,所以优化农产品电商营销传播效果的第一步就是在直播环节提高主播信息传播的专业性。

其次,用户对农产品电商直播的人文公益价值认可程度高,具有公信力和权威性的主播和平台的身份能够影响用户信任态度。另外,反哺农业已经是工业社会的重要人文价值,乡村振兴已经是重大的国家战略,所以优化农产品电商直播效果的另一重要路径,就是充分发挥政府背书、公益扶助的力量来提高农产品直播的关注度,并通过展示农产品背后的绿色环保理念、地方文化特色理念、乡村振兴理念,尤其是充分吸引本地在外工作生活人士的"乡愁",形成具有人文价值的网络社群和产品销售社群。

最后,用户对农产品电商直播购买率高但是复购率低,并且在购买决策过程中会充分考虑自身体验、圈层问询和网络评论信息,消费过程看重实惠和品质,只有产品质量可靠、价格合理、信息准确、物流和售后可靠的农产品电商才能持续吸引用户复购,消费的功能价值和人文价值等因素构成了用户多层次需求。这种充分问询的传播过程,一方面对营销者的产品本身及其信息传播、系统服务提出了更高要求,另一方面也提供了营销传播新机遇,因为信息互询过程会使真正价值高的产品得到更多的分享传播。这正是营销 4.0 理论定义的营销传播最终目标——"倡导",即用户在信任、购买后主动倡导发布积极信息,使营销传播转化率大大超出原有消费者本身,并且这种倡导经常是亲友圈层的高信任度传播、兴趣圈层的高关联性传播,转化率相对一般受众更高。这种互动询问传播正是数字连通时代营销传播与传统营销时代根本性的区别所在,也由此形成了大数据时代社群营销、数字营销的新触点和新机制。

总体而言,优化农产品电商直播营销效果的根本方向,是建设更为专业的农产品传播商业主体,通过提高信息质量和人文价值提升产品信任度和转化率,进而提高农产品带货直播的产品品质与标准性、营销传播专业性、综合服务的规范性和系统性,真正满足用户多层次需求结构。目前农产品带货直播多少还带有"电子集市"叫卖的特征,品牌的稳定性、服务和物流连接的系统性尚在建设之中,直播过程及其日常信息发布、信息查询、互动传播还未能充分满足用户需求。产品的差异化品质特色、地方化文化特色尚未充分凸显,主播富于感染力和公信力、专业性的形象未充分建立,利用地域文化和网络、忠实消费者建构特色社群并形成转发、"倡导"、"复购"的传播效果尚未形成。农产品直播带货如果仅仅停留在"直播叫卖"的初级层面,营销信息与服务等功能性价值未充分凸显,那么情感性、人文性要素的营销价值也会迅速贬值。

注释

[1] 艾媒网：《农产品行业数据分析：2021年中国 38.4％网民通过带货直播了解农货消费信息》，2021年7月29日，来源：https：∥www.iimedia.cn/c1061/79933.html。

[2] 21世纪经济报道：《俞敏洪称将转型直播带货农产品，新东方的新业务？》，2021年11月9日，来源：http：∥www.21jingji.com/article/20211109/herald/c0b3a86b 094b39566f780cc5051a52ef.html。

[3] 韩喜红：《从县长直播风来看疫情后贫困地区农产品直播营销新发展》，《江苏农业科学》2020年第13期。

[4] 傅泽：《数字经济背景下电商直播农产品带货研究》，《农业经济》2021第1期。

[5] 余训培、余晨威：《农产品电商直播的现状及趋势》，《中国农业信息》2016年第9期；马迪：《电商直播在农产品销售领域的应用研究》，《农村经济与科技》2020年第8期；刘志坚、蒋玉红、吴琼：《农产品直播电商发展对策研究》，《安徽农学通报》2020年第11期。

[6] 郭红东、曲江：《直播带货助农的可持续发展研究》，《人民论坛》2020年7月(中)。

[7] 熊雪、朱成霞、朱海波：《农产品电商直播中消费者信任的形成机制：中介能力视角》，《南京农业大学学报》(社会科学版)2021年第7期。

[8] 王兴标、谷斌：《基于信任的移动社交电子商务购买意愿影响因素》，《中国流通经济》2020年第4期。

[9] [美]菲利普・科特勒、[印尼]何麻温・卡塔加雅、[印尼]伊万・塞蒂亚万：《营销革命4.0：从传统到数字》，王赛译，北京：机械工业出版社，2021年，第49—54页。

[10] 戴元光：《传播学研究理论与方法》(第二版)，上海：复旦大学出版社，2008年，第22页。

[11] 新浪网：《直播带货农产品"明星"不敌"农民"》，2020年9月18日，来源：https：∥tech.sina.com.cn/roll/2020‐09‐18/doc-iivhvp-wy7349566.shtml。

[12] 艾媒网：《2021年中国农产品电商发展报告》，2021年10月24

日,来源:https://www.iimedia.cn/c400/81609.html。

[13] 熊洁、杨驰、陈一帆等:《习近平时间|电商,推动乡村振兴大有可为》,2021 年 3 月 16 日,来源:https://baijiahao.baidu.com/s?id=1694385782808761806&wfr=spider&for=pc。

[14] 电商报网:《全网抢购柞水木耳 电商直播变身"新农活"》,2020 年 4 月 22 日,来源:https://www.dsb.cn/118486.html。

[15] [美]菲利普·科特勒、[印尼]何麻温·卡塔加雅、[印尼]伊万·塞蒂亚万:《营销革命 4.0:从传统到数字》,王赛译,北京:机械工业出版社,2021 年,第 22—23 页。

[16] [美]菲利普·科特勒、[印尼]何麻温·卡塔加雅、[印尼]伊万·塞蒂亚万:《营销革命 4.0:从传统到数字》,王赛译,北京:机械工业出版社,2021 年,第 28 页。

[17] 王兴标、谷斌:《基于信任的移动社交电子商务购买意愿影响因素》,《中国流通经济》2020 年第 4 期。

[18] 农业行业观察网:《2020 年中国农产品电商直播报告》,2021 年 7 月 5 日,来源:http://www.nyguancha.com/bencandy.php?fid=55&id=14740。

[19] 熊雪、朱成霞、朱海波:《农产品电商直播中消费者信任的形成机制:中介能力视角》,《南京农业大学学报》(社会科学版)2021 年第 7 期。

[20] [美]菲利普·科特勒、[印尼]何麻温·卡塔加雅、[印尼]伊万·塞蒂亚万:《营销革命 4.0:从传统到数字》,王赛译,北京:机械工业出版社,2021 年,第 54—56 页。

[21] 艾媒网:2020—2021 中国在线直播行业年度研究报告,2021 年 3 月 15 日,来源:https://www.iimedia.cn/c400/77452.html。

[22] 熊雪、朱成霞、朱海波:《农产品电商直播中消费者信任的形成机制:中介能力视角》,《南京农业大学学报》(社会科学版)2021 年第 7 期。

[23] 农业行业观察网:《2020 年中国农产品电商直播报告》,2021 年 7 月 5 日,来源:http://www.nyguancha.com/bencandy.php?fid=

55&id＝14740。

[24] 钱江晚报：《淘宝直播公布 3 年助农成绩单：11 万农民开直播，带动农产品成交超 50 亿》，2021 年 9 月 7 日，来源：https：//baijiahao. baidu. com/s?id＝1710232363002342413&wfr＝spider&for＝pc。

[25] 人民网：《2020 年全国农产品网络零售额达 5750 亿元　同比增长37.9％》，2021 年 7 月 27 日，来源：https：//baijiahao. baidu. com/s?id＝170639873391 2065420&wfr＝spider&for＝pc；搜狐网：《农产品电商为什么这么火?》，2020 年 10 月 30 日，https：//www. sohu. com/a/428498138_355256。

[26] 新浪网：《直播带货农产品"明星"不敌"农民"》，2020 年 9 月 18 日，来源：https：//tech. sina. com. cn/roll/2020－09－18/doc-iivhvp-wy7349566. shtml。

[27] 新浪网：《直播带货农产品"明星"不敌"农民"》，2020 年 9 月 18 日，来源：https：//tech. sina. com. cn/roll/2020－09－18/doc－iivhvp-wy7349566. shtml。

[28] [美]菲利普·科特勒、[印尼]何麻温·卡塔加雅、[印尼]伊万·塞蒂亚万：《营销革命 4.0：从传统到数字》，王赛译，北京：机械工业出版社，2021 年，第 49 页。

[29] 易旭明、潘琳：《社交媒体环境下的品牌互动传播研究——以小米公司为案例》[J]，《传媒经济与管理研究》，南京：南京大学出版社，2020 年，第 3—25 页。

Research on the Communication Effect and its Optimizing of Livestreaming of Agricultural Products E-Commerce under the Theory of Marketing 4.0

YI Xuming, ZHANG Yiying

Abstract: Livestreaming of agricultural products e-commerce has become a new field to help rural revitalization and vertical development of the media industry. The paper researchs its communication effect and finds that it has high awareness but low adhesion at the cognitive level. The COVID-19 pandemic has become the catalyst for livestreaming of agricultural products e-commerce. In level of attitude, the degree of overall satisfaction is high, but the satisfaction with anchors is low. The identity of anchors and platform characteristics can affect the trust degree of livestreaming of agricultural products e-commerce, and the humanistic value of public welfare to help farmers can improve users' emotional identity. In level of behavior, the online purchase rate of it is high but the repurchase rate is low, and the consumption behavior is generally rational. Marketing 4.0 theory emphasizes the interactive communication of optimizing marketing contact points based on humanistic values. The concept of helping farmers and nostalgia can raise the awareness of livestreaming of agricultural products. However, the fundamental of continuous optimization of marketing communication effect is to improve the quality and standard of agricultural products, Professionalism of marketing and standardization of comprehensive services.

Key words: Agricultural Products; Livestreaming of E-commerce; Communication Effect; Theory of Marketing 4.0